中華文化促進會主持編纂

國家“十一五”~“十四五”重點圖書出版規劃項目

中國社會科學院哲學社會科學創新工程學術出版資助項目

出品人　王石　段先念

今注本二十四史

舊五代史

宋 薛居正等 撰

陳智超 紀雪娟 主持校注

二 梁書【二】

中國社會科學出版社

舊五代史　卷四

梁書四

太祖紀第四

　　開平二年春正月癸酉朔,[1]帝御金祥殿,[2]受宰臣文武百官及諸藩屏陪臣稱賀。諸道貢舉一百五十七人,見于崇元門。[3]幽州劉守光進海東鷹鶻、蕃馬、氊罽、方物。[4]丁酉,渤海國朝貢使、殿中少令崔禮光以下各加爵秩,[5]並賜金帛有差。[6]己亥,宰臣上表請郊天、謁太廟,命有司擇日備儀,因先布告嶽牧方伯。於是太常禮院選用四月二十四日有事于南郊。[7]壬寅,應郊祀大禮儀仗車輅鹵簿、法物、祭器、樂懸,各令所司修饎。[8]以河南尹張宗奭充都點集諸司法物使。[9]荊州奏開白小河。[10]此河環遶州郭,以導大江,近年壅塞,舟楫不通。是時疏之,頗爲民便,運漕商賈之利,復如曩歲。[11]改臨安縣爲安國縣,廣義鄉爲衣錦鄉。[12]吐蕃遣使喎末朝貢。[13]改正觀殿爲文明殿,含元殿爲朝元殿。[14]追封皇從子友寧爲安王,友倫爲密王。[15]河東節度使李克用薨，帝聞之，喜，詔諭中外。[16]其略曰："楊行密方命討除，不經年而自滅；李克用纔引削奪，未逾歲而云亡。暫憑天命之誅，不假兵威之勢。"[17]

[1]開平：後梁太祖朱温年號（907—911）。

[2]金祥殿：五代都城開封府宮城中内殿名。位於今河南開封市。

[3]崇元門：城門名。五代都城開封府宮城城門。位於今河南開封市。　"開平二年春正月癸酉朔"至"見于崇元門"：《宋本册府》卷一九七《閏位部·朝會門》。"春"，據本紀四時記載規則補；"朔"字，據《通鑑》卷二六六補。"見于崇元門"，中華書局本有校勘記："《册府》卷一九七同，句下殿本、劉本有'封從子友寧爲安王，友倫爲密王'十三字，事見《五代會要》卷一一。"見《會要》卷一一封建條。

[4]幽州：州名。治所在今北京市。　劉守光：人名。深州樂壽（今河北獻縣）人。唐末盧龍節度使劉仁恭之子。劉守光囚父自立，後號大燕皇帝，爲晉王李存勗俘殺。傳見本書卷一三五、《新五代史》卷三九。　幽州劉守光進海東鷹鶻、蕃馬、氈罽、方物：《宋本册府》卷一九七《閏位部·納貢獻門》。"劉守光"，中華書局本沿《輯本舊史》作"劉守文"，並有校勘記："《册府》卷一九七同，劉本作'劉守光'。據本書卷一三五《劉守光傳》，天祐四年四月，守光自爲幽州節度，其兄守文在滄州。"今從《輯本舊史》卷一三五《劉守光傳》改。本條之後，《舊五代史考異》："案《五代春秋》：正月，晉王克用薨。"

[5]渤海國：古國名。武周聖曆元年（698），粟末靺鞨首領大祚榮建立政權。唐玄宗先天二年（713），唐朝册封大祚榮爲渤海郡王，其國遂以渤海爲名。傳見本書卷一三八、《新五代史》卷七四。
殿中少令：渤海國官職。　崔禮光：人名。渤海國使者。本書僅

此一見。

[6]"丁酉"至"並賜金帛有差"：《宋本册府》卷九七六《外臣部·褒異門三》。"丁酉"，據《新五代史》卷二《梁太祖紀下》補。

[7]太常禮院：官署名。即太常寺。北齊始置，掌禮樂祭祀活動之機構。隋唐兩代下設郊廟、太廟、諸陵、太樂、鼓吹、太醫、太卜、廩犧等八署，長官爲太常寺卿，正三品。唐高宗龍朔年間曾改稱奉常，武則天光宅年間又曾稱爲司禮，後均復舊。歷代沿置。

南郊：意爲都城南面之郊。代指南面郊區之祭天場所（圜丘），亦指祭天之禮（郊天）。古人用"郊""南郊""有事於南郊"指代在南郊之圜丘舉行的郊天典禮。 "己亥"至"於是太常禮院選用四月二十四日有事于南郊"：《宋本册府》卷一九三《閏位部·崇祀門》。"己亥"，據《新五代史》卷二補。

[8]鹵簿：帝后出行時的儀仗。蔡邕《獨斷》卷下："天子出，車駕次第謂之鹵簿。" 樂懸：鐘磬的懸掛制度。此處指大祭所用之樂器。

[9]河南尹：官名。唐開元元年（713）改洛州爲河南府，治所在今河南洛陽市。以河南府尹總其政務。從三品。 張宗奭：人名。濮州臨濮（今山東鄄城縣臨濮鎮）人。唐末、五代將領。傳見本書卷六三、《新五代史》卷四五。 都點集諸司法物使：官名。爲使職，臨時設置，負責統籌禮儀所需法物諸事項。 "壬寅"至"以河南尹張宗奭充都點集諸司法物使"：《宋本册府》卷一九三《閏位部·崇祀門》。

[10]荆州：州名。治所在今湖北荆州市。 白小河：水名。流經今湖北荆州市，注入長江。

[11]大江：水名。指今長江。 "荆州奏開白小河"至"復如曩歲"：明本《册府》卷四九七《邦計部·河渠門》。

[12]臨安縣（安國縣）：縣名。治所在今浙江杭州市臨安區。廣義鄉（衣錦鄉）：鄉名。臨安縣（安國縣）所轄鄉。位於今浙

江杭州市臨安區。　改臨安縣爲安國縣，廣義鄉爲衣錦鄉：《通鑑》卷二六八乾化三年（913）三月條胡注引《薛史》。"爲安國縣"四字，據《吳越備史》卷一《武肅王下》補，並據以繫此條於本月。

［13］吐蕃：唐朝時藏族先民在青藏高原建立的政權。自 7 至 9 世紀，共歷九主，二百餘年。五代時，吐蕃政權已經瓦解，此處指回鶻西面的吐蕃一部。參見才讓《吐蕃史稿》，人民出版社 2010 年版。　嗢末：人名。吐蕃使者，本書僅此一見。另外，晚唐五代河隴地區吐蕃奴部亦被稱爲嗢末。　吐蕃遣使嗢末朝貢：《宋本册府》卷九七二《外臣部·朝貢門五》。

［14］正觀殿：宮殿名。後梁改爲文明殿。爲五代洛陽宮城的正殿，大朝會、大册拜等禮儀活動在此舉行。位於今河南洛陽市。含元殿：宮殿名。後梁改爲朝元殿。五代洛陽宮城中大殿。後唐同光二年（924），改名明堂殿。位於今河南洛陽市。　改正觀殿爲文明殿，含元殿爲朝元殿：《會要》卷五大内條。

［15］友寧：人名。即朱友寧。朱温之侄，唐末將領。傳見本書卷一三。　友倫：人名。即朱友倫。朱温之侄，唐末將領。傳見本書卷一二、《新五代史》卷一三。　追封皇從子友寧爲安王，友倫爲密王：《會要》卷一一封建條。

［16］河東：方鎮名。治所在太原（今山西太原市西南晋源鎮）。　李克用：人名。沙陀部人，生於神武川新城（一説是今山西朔州市朔城區之梵王寺村，一説是今山西應縣縣城，一説在今山西懷仁縣之日中城）。唐末軍閥，受封晋王。五代後唐太祖。紀見本書卷二五、卷二六，《新五代史》卷四。

［17］楊行密：人名。廬州合淝（今安徽合肥市）人。唐末軍閥，五代十國南吳政權奠基人，後被追爲吳國太祖。傳見本書卷一三四、《新五代史》卷六一、《新唐書》卷一八八。　"河東節度使李克用薨"至"不假兵威之勢"：《通曆》卷一二《梁太祖》。

二月癸亥，濟陰王殂於曹州，追諡曰唐哀皇帝。[1]辛未，帝以上黨未收，因議撫巡，便往西都赴郊禋之禮。[2]乃下令曉告中外，取三月一日離東京，[3]以宰臣韓建權判建昌宮事，[4]兵部侍郎姚洎爲鹵簿使，[5]開封尹、博王友文爲東都留守。[6]契丹王阿保機遣使貢良馬、方物。[7]自去冬少雪，春深農事方興，久無時雨，兼慮有災疾，帝深軫下民，遂命庶官遍祀於羣望，掩瘞暴露，令近鎮案古法以禳祈，旬日乃雨。[8]李思安等攻潞州，[9]久不下，士卒疲弊，多逃亡。晉兵猶屯余吾寨，帝疑晉王克用詐死，欲召兵還，恐晉人躡之，乃議自至澤州應接歸師，且召匡國節度使劉知俊將兵趣澤州。[10]

[1]濟陰王：即唐末帝李柷，昭宗第九子。天祐元年（904）即位，天祐四年朱全忠建後梁，奉爲濟陰王。開平二年（908），爲朱全忠所害，諡曰哀皇帝。後唐明宗時諡曰昭宣光烈孝皇帝，廟號“景宗”。紀見《舊唐書》卷二〇下、《新唐書》卷一〇。　曹州：州名。治所在今山東曹縣。　二月癸亥，濟陰王，殂於曹州，追諡曰唐哀皇帝：《通鑑》卷二六六開平二年二月癸亥條。“濟陰王殂於曹州”，原作“酖殺濟陰王於曹州”，據本紀書寫體例改。《舊五代史考異》：“案《通鑑》：二月癸亥，酖殺濟陰王於曹州。《新唐書·昭宣帝紀》亦云二月遇弒。《歐陽史》作正月己亥，卜郊于西都，弒濟陰王，與諸書異。”見《新唐書》卷一〇《昭帝紀》、《新五代史》卷二《梁太祖紀下》）。

[2]上黨：即潞州。治所在今山西長治市。　西都：地名。指洛陽，治所在今河南洛陽市。後梁升汴州爲開封府，建爲東都。以唐東都洛陽爲西都。廢京兆府爲雍州。

[3]東京：地名。又稱東都，即開封府。治所在今河南開封市。

　　[4]韓建：人名。許州長社（今河南許昌市）人。唐末、五代軍閥。傳見本書卷一五、《新五代史》卷四〇。　　判：官制用語。即以他官兼代某職，稱判職或判某職事。始於北齊。唐、五代以高官兼掌低職曰判。　　建昌宮：宮殿名。開平元年以朱溫在藩時管領兵車、稅賦、諸色課利的建昌院建置。位於今河南開封市。

　　[5]兵部侍郎：官名。隋始置。尚書省兵部次官。協助兵部尚書掌武官銓選、勳階考課之政。正四品下。　　姚泊：人名。籍貫不詳。後梁宰相。事見本書本卷、卷八、《新五代史》卷三。　　鹵簿使：官名。掌帝后出行車駕儀仗。

　　[6]開封尹：官名。五代除後唐外均定都開封，因置開封府尹。執掌京師政務。從三品。　　友文：人名。朱溫養子，本姓康名勤。封爵博王。因長於財政軍需而受朱溫器重，後被朱友珪所殺。傳見本書卷一二、《新五代史》卷一三。　　東都留守：官名。後梁以開封爲東都，皇帝不在時設置，例由開封府尹兼。　　“辛未”至“開封尹、博王友文爲東都留守”：明本《册府》卷二〇五《閏位部·巡幸門》。“辛未”，據《通鑑》卷二六六補。“以宰臣韓建權判建昌宮事”，《舊五代史考異》：“案《五代會要》：十月，以尚書兵部侍郎李皎爲建昌宮副使。”見《會要》卷二四建昌宮使條。“兵部侍郎姚泊爲鹵簿使”，“姚泊”，中華書局本有校勘記：“原作‘姚泊’，據殿本、劉本改。按本書卷八《梁末帝紀上》、卷一四八《選舉志》有姚泊。”見《輯本舊史》卷八《梁末帝紀上》乾化三年九月甲辰條、卷一四八《選舉志》開平元年四月條。“開封尹、博王友文爲東都留守”，中華書局本有校勘記：“《册府》卷二〇五同，句下殿本、劉本有‘辛未契丹主安巴堅遣使貢良馬’十三字。殿本《考證》：‘安巴堅舊作阿保機，今改。’本書下文出現‘安巴堅’，均係輯録《舊五代史》時所改，今一律恢復爲原文，不另出校。”

　　[7]契丹：古部族、政權名。公元 4 世紀中葉宇文部爲前燕攻破，始分離而成單獨的部落，自號契丹。唐貞觀中，置松漠都督

府，以其首領爲都督。唐末强盛，916 年迭剌部耶律阿保機建立契丹國（遼）。先後與五代、北宋並立，保大五年（1125）爲金所滅。參見張正明《契丹史略》，中華書局 1979 年版。　阿保機：人名。姓耶律。契丹迭剌部人。唐末契丹族首領、遼開國皇帝。紀見《遼史》卷一、卷二。　契丹王阿保機遣使貢良馬、方物：《宋本册府》卷九七二《外臣部·朝貢門五》。本條之日期亦爲“辛未”，《册府》無，據殿本、《新五代史》卷二補。

[8]瘞（yì）：埋葬。　“自去冬少雪”至“旬日乃雨”：《大典》卷二六三一至二六三三“災”字韻。《輯本舊史》作卷二六三○，中華書局本有校勘記：“檢《永樂大典目録》，卷二六三○爲‘萊’字等韻，與本則内容不符，恐有誤記。陳垣《舊五代史輯本引書卷數多誤例》謂應作卷二六三一‘災’字韻。本卷以下三則引《永樂大典》卷二六三○同。”

[9]李思安：人名。河南陳留（今河南開封市陳留鎮）人。後梁將領。傳見本書卷一九。　潞州：州名。治所在今山西長治市。

[10]澤州：州名。治所在今山西澤州縣。　節度使：官名。唐時在重要地區所設掌握一州或數州軍事、民事、財政的長官。　劉知俊：人名。徐州沛縣（今江蘇沛縣）人。唐末、五代將領。先後隸時溥、朱温、李茂貞、王建。傳見本書卷一三、《新五代史》卷四四。　“李思安等攻潞州”至“且召匡國節度使劉知俊將兵趣澤州”：《通鑑》卷二六六開平二年二月條。

　　三月壬申朔，帝親統六軍，巡幸澤潞。是日寅時，車駕西幸，宰臣并要切司局皆扈從，晚次中牟。[1]丙子，幸懷州。[2]丁丑，幸澤州。[3]戊寅，以鴻臚卿李嶤唐室宗屬，爲二王後，封萊國公。[4]辛巳，以同州節度使劉知俊爲潞州行營招討使。[5]壬午，宴扈駕羣臣并勞知俊，賜以金帶、戰袍、寶劍、茶藥。[6]甲申，登東北隅逍遥樓，蒐閱騎乘，旌甲滿野。[7]癸巳，帝以魏博、鎮定助修西都宮內工役方興，禮容未備，其郊天謁廟，宜於秋冬別選良日。[8]門下侍郎、同平章事張文蔚卒。帝以李思安久無功，亡將校四十餘人，士卒以萬計，更閉壁自守，遣使召詣行在。甲午，削思安官爵，勒歸本貫充役。斬監押楊敏貞。[9]丙申，招討使劉知俊上章請車駕還東京，蓋小郡湫隘，非久駐蹕之所。達覽，帝俞其請。[10]長子令劉群率人戶來見，且言久在山谷，保護親族，每與軍前潛探報蕃賊行止，時亦供餒芻粟，遞相告報。帝嘉其忠節，乃賜群章服，百姓賑而遣之。[11]下詔，以去年六月後，昭義行營陣歿都將吏卒死于王事，追念忠赤，乃錄其名氏，各下本軍，令給養妻孥，三年內官給糧賜。[12]

[1]中牟：縣名。治所在今河南中牟縣。　"三月壬申朔"至"晚次中牟"：明本《册府》卷二〇五《閏位部·巡幸門》。"朔"字，據《新五代史》卷二《梁太祖紀下》補。

[2]懷州：州名。治所在今河南沁陽市。　丙子，幸懷州：《新五代史》卷二。本條之記載，僅見於《新五代史》，《册府》《通鑑》《大典》均未載。

[3]丁丑，幸澤州：《大典》卷一六七四六"宴"字韻"宴享（三）"事目。又見《宋本册府》卷一九七《閏位部·宴會門》。

[4]鴻臚卿：官名。秦稱典客，漢初改大行令，漢武帝時改大鴻臚，北齊置鴻臚寺，以鴻臚寺卿爲主官，後代沿置。掌四夷朝貢、宴飲賞賜、送迎外使等禮儀活動。從三品。　李褆：人名。唐朝宗室。事見本書本卷。　二王後：新王朝成立後，封賜前兩個王朝的後裔王爵，以示尊崇。　戊寅，以鴻臚卿李褆唐室宗屬，爲二

王後，封萊國公：《通曆》卷一二《梁太祖》。本條記日據《新五代史》卷二補。又見明本《册府》卷二一一《閏位部·繼絶門》亦載，較《通曆》詳。

[5]辛巳，以同州節度使劉知俊爲潞州行營招討使：《大典》卷一六七四六。"辛巳"，《舊五代史考異》："案：辛巳，《歐陽史》《通鑑》俱作壬午。"見《新五代史》卷二、《通鑑》卷二六六。

[6]壬午，宴扈駕羣臣并勞知俊，賜以金帶、戰袍、寶劍、茶藥：《大典》卷一六七四六。

[7]甲申，登東北隅逍遥樓，蒐閲騎乘，旌甲滿野：明本《册府》卷二一四《閏位部·訓兵門》。

[8]魏博：方鎮名。亦稱"天雄軍"。唐天祐元年（904）以魏博節度使號爲天雄軍，治所在魏州貴鄉縣（今河北大名縣）。　鎮定：州名。此處代指節度使。"鎮"代指成德軍節度使，治所在鎮州（今河北正定縣）。"定"代指義武軍節度使，治所在定州（今河北定州市）。　"癸巳"至"宜於秋冬别選良日"：《宋本册府》卷一九三《閏位部·崇祀門》。"癸巳"，據《新五代史》卷二補。

[9]門下侍郎：官名。門下省副長官。唐後期三省長官漸爲榮銜，中書侍郎、門下侍郎却因參議朝政而職位漸重，常常用爲以"同三品"或"同平章事"任宰相者的本官。正三品。　同平章事：官名。全稱"同中書門下平章事"。唐高宗以後，凡實際任宰相之職者，常在其本官後加同平章事的職銜，後成爲宰相專稱。後梁沿置。後晋天福五年（940），升中書門下平章事爲正二品。　張文蔚：人名。瀛洲河間（今河北河間市）人。唐末、後梁大臣。傳見本書卷一八、《新五代史》卷三五。　楊敏貞：人名。籍貫不詳。本書僅此一見。　"門下侍郎"至"斬監押楊敏貞"：《通鑑》卷二六六開平二年（908）三月癸巳、甲午條。

[10]"丙申"至"帝俞其請"：《明本册府》卷二〇五《閏位部·巡幸門》。

[11]長（zhǎng）子：縣名。治所在今山西長子縣。　劉群：

卷四

梁書四

太祖紀第四

人名。籍貫不詳。本書僅此一見。　　“長子令劉群率人戶來見”至“百姓賑而遣之”：《宋本册府》卷七〇一《令長部·褒異門》。

[12]昭義：方鎮名。又稱澤潞。治所在潞州（今山西長治市）。　　“下詔”至“三年内官給糧賜”：《宋本册府》卷一九五《閏位部·恤征役》。

夏四月癸卯，門下侍郎、同平章事楊涉罷爲右僕射；[1]以吏部侍郎于兢爲中書侍郎，[2]翰林學士奉旨張策爲刑部侍郎，並同平章事。[3]丙午，車駕離澤州。丁未，駐蹕于懷州，宴宰臣文武百官。辛亥，至鄭州。壬子，幸東京。[4]甲寅，淮寇侵軼潭、岳邊境，欲援朗州，以戰艦百餘艘揚帆西上，泊鼎口。湖南馬殷遣水軍都將黄瑀率樓船遮擊之，賊衆沿流宵遁，追至鹿角鎮。[5]丙寅，車駕幸繁臺觀稼。[6]鄢陵居人程震以兩歧麥穗并畫圖來進。[7]以戶部尚書致仕裴迪復爲右僕射。[8]

[1]楊涉：人名。同州馮翊（今陝西大荔縣）人。唐宰相楊收之孫，吏部尚書楊嚴之子。唐哀帝時拜中書侍郎、同中書門下平章事。傳見《新五代史》卷三五。　　右僕射：官名。秦始置。隋唐前期以左、右僕射佐尚書令總理六官，綱紀庶務；如不置尚書令，則總判省事，爲宰相之職。唐後期多爲大臣加銜。從二品。

[2]吏部侍郎：官名。尚書省吏部次官。協助吏部尚書掌文選、勳封、考課之政。正四品上。　　于兢：人名。河南洛陽人。唐宰相于志寧之後，後梁宰相。善畫牡丹。事見本書本卷、卷八，《新五代史》卷三。　　中書侍郎：官名。中書省副長官，唐後期三省長官漸爲榮銜，中書侍郎、門下侍郎却因參議朝政而職位漸重，常常用爲以“同三品”或“同平章事”任宰相者的本官。正三品。

[3]翰林學士奉旨：官名。爲翰林學士之首。掌拜免將相、號令征伐等詔令的起草。《舊唐書》卷四三《職官志二》翰林院條："例置學士六人，內擇年深德重者一人爲承旨，所以獨承密命故也。"後梁避朱溫之父朱誠諱，改"承旨"爲"奉旨"。　張策：人名。河西敦煌（今甘肅敦煌市）人。後梁宰相。傳見本書卷一八、《新五代史》卷三五。　刑部侍郎：官名。尚書省刑部次官。協助刑部尚書掌天下刑法及徒隷、勾覆、關禁之政令。正四品下。

"夏四月癸卯"至"並同平章事"：《通鑑》卷二六六開平二年（908）四月癸卯條。"夏"字據本紀四時記載規則補。《册府》卷一九九《閏位部・命相門》作："以吏部侍郎于兢爲中書侍郎、平章事，以翰林奉旨學士張策爲刑部侍郎、平章事。時帝在澤州，拜二相於行在。"《新五代史》卷二亦載。《舊五代史考異》："案《通鑑》：癸巳，門下侍郎、同平章事張文蔚卒。癸卯，門下侍郎、同平章事楊涉罷爲右僕射。是拜二相於行在，所以代張文蔚、楊涉也。梁代避諱，改'承旨'爲'奉旨'，《通鑑》誤作'承旨'。"

[4]鄭州：州名。治所在今河南鄭州市。　"丙午，車駕離澤州"至"壬子，幸東京"：明本《册府》卷二〇五《閏位部・巡幸門》。《舊五代史考異》："案：《五代春秋》作丙午，帝還東都。《歐陽史》作壬子，至澤州。惟《通鑑》與《薛史》同。"《通鑑》作"丙午，自澤州南還；壬子，至大梁"。本條所載之梁太祖之起止行程與《通鑑》同。

[5]淮：此處指淮南。方鎮名。治所在揚州（今江蘇揚州市）。　潭：州名。即潭州，治所在今湖南長沙市。　岳：州名。即岳州，治所在今湖南岳陽市。　朗州：州名。治所在今湖南常德市。　鼎口：水名。在今湖南常德市漢壽縣東北一百二十里。《太平寰宇記》卷一一八《武陵縣》："有水名鼎口，則沅、澧二江最深之處，尤多魚。"　湖南：方鎮名。又稱武安軍節度。治所在潭州（今湖南長沙市）。　馬殷：人名。許州鄢陵（今河南鄢陵縣）人。五代十國南楚開國君主。傳見本書卷一三三、《新五代史》卷六六。

黃瑀：人名。籍貫不詳。湖南節度使將領。本書僅此一見。 鹿角鎮：鎮名。在今湖南岳陽市。 "甲寅"至"追至鹿角鎮"：明本《冊府》卷二一七《閏位部·交侵門》。《輯本舊史》之影庫本粘籤："'侵軼'，原本作'侵釈'，今據文改正。"又，此條內容，中華書局本沿《輯本舊史》在"丙寅"條之後，並有校勘記："是月辛丑朔，甲寅爲十四日，上文丙寅爲二十六日，甲寅不當在丙寅後。按本卷輯自各處，疑原本綴置失序。"但未改，今據此調整條目順序。

[6]繁（pó）臺：古臺名。相傳爲春秋時師曠吹樂之臺，漢梁孝王增筑。五代後梁曾作爲講武臺。位於今河南開封市東南禹王臺公園內。 丙寅，車駕幸繁臺觀稼：明本《冊府》卷二〇五《閏位部·巡幸門》。

[7]鄢陵：縣名。治所在今河南鄢陵縣。 鄢陵居人程震以兩歧麥穗并畫圖來進：《宋本冊府》卷二〇二《閏位部·祥瑞門二》。

[8]戶部尚書：官名。戶部長官。掌管全國土地、戶籍、賦稅、財政收支諸事。正三品。 裴迪：人名。河東聞喜（今山西聞喜縣）人。後梁大臣。傳見本書附錄、《新五代史》卷四三。 以戶部尚書致仕裴迪復爲右僕射：明本《冊府》卷二一一《閏位部·求舊門》。

五月壬申，更以許州忠武軍爲匡國軍，同州匡國軍爲忠武軍，陝州保義軍爲鎮國軍。[1]丁丑，王師圍潞州將及二年，李進通窮危旦夕，不俟攻擊，當自降。太原李存勗以厚幣誘結北蕃諸部，並其境內丁壯，悉驅南征決戰，以救上黨之急。部落帳族，馳馬甲兵，數路齊進，於銅鞮樹寨，旗壘相望。[2]癸未，淮賊寇荊州石首縣，襄陽舉舟師沿灉港襲敗之。[3]己丑，王師敗于潞州。[4]令下諸州："去年有蝗蟲下子處，蓋前冬無雪，至今春亢陽，致爲災沴，實傷隴畝。必慮今秋重困稼穡，自知多在荒陂榛蕪之内，所在長吏各須分配地界，精加芟撲，以絶根本。"[5]契丹遣使貢方物。[6]壬辰，軍前行營都將康懷英、孫海金已下主將四十三人，於右銀臺門進狀待罪。帝以去年發軍之日不利，有違兵法，並釋放，兼各賜分物酒食勞問。[7]夜，火星犯月。太史奏："災合在荆楚。"乃令設武備，寬刑罰，恤人禁暴以禳之。[8]帝賞牛存節全澤州之功，以爲六軍馬步都指揮使。[9]丁酉，朗州軍前奏捷，雷彦恭没溺於江。[10]朗州奪得淮賊舟船大小共四十隻，斬首百餘級，以捷來告。[11]制：義昌軍節度使劉守文加中書令，封大彭郡王；盧龍軍節度使劉守光封河間郡王；許州節度使馮行襲封長樂郡王。[12]戊戌，立唐三廟。[13]静江節度使、同平章事李瓊卒，楚王馬殷以其弟永州刺史存知桂州事。[14]

[1]許州：州名。治所在今河南許昌市。　忠武軍：方鎮名。後梁改爲匡國軍。治所在許州（今河南許昌市）。　同州：州名。治所在今陝西大荔縣。　匡國軍：方鎮名。治所在同州（今陝西大荔縣）。唐時設置。後梁開平二年（908），改名忠武軍。後唐復改匡國軍。後周顯德五年（958）廢。　陝州：州名。治所在今河南三門峽市陝州區。　保義軍：方鎮名。治所在陝州（今河南三門峽市陝州區）。唐時設置。後梁開平二年，改名鎮國軍。後唐同光元年（923）復改爲保義軍。　鎮國軍：方鎮名。後梁開平二年，改保義軍爲鎮國軍，治所在陝州（今河南三門峽市陝州區）。後唐同

光元年改感化軍爲鎮國軍，治所在華州（今陝西渭南市華州區）。

"五月壬申"至"陝州保義軍爲鎮國軍"：《通鑑》卷二六六開平二年五月壬申條。

[2]李進通：人名。籍貫不詳。後唐將領。事見本書本卷、卷二。　太原：府名。治所在今山西太原市。　李存勗：人名。代北沙陀部人。李克用子。五代後唐開國皇帝。923 年至 926 年在位。紀見本書卷二七至卷三四、《新五代史》卷四、卷五。　銅鞮：古邑名。位於今山西沁縣南。　"丁丑"至"旗壘相望"：明本《册府》卷二一七《閏位部・交侵門》。

[3]石首縣：縣名。治所在今湖北石首市。　襄陽：縣名。治所在今湖北襄陽市。　癸未，淮賊寇荆州石首縣，襄陽舉舟師沿瀺港襲敗之：《册府》卷二一七。

[4]己丑，王師敗于潞州：《大典》卷一四二一二。本條所載之《大典》卷次爲"地"字韻"相地（三）"事目，恐誤。又見明本《册府》卷二〇九《閏位部・寬恕門》。"己丑"，《大典》本條不載，據《新五代史》卷二《梁太祖紀下》補。又，《舊五代史考異》："案：潞州之敗，《歐陽史》作五月己丑，《通鑑》作壬申。"

[5]"令下諸州"至"以絶根本"：《大典》卷二六三一至二六三三"災"字韻。本條原載之卷次爲卷二六三〇爲"萊"字韻，誤。又見《宋本册府》卷一九三《閏位部・弭災門》。

[6]契丹遣使貢方物：《宋本册府》卷九七二《外臣部・朝貢門五》。

[7]康懷英：人名。兖州（今山東濟寧市兖州區）人。唐末、五代將領。本名懷貞，避後梁末帝朱友貞諱改懷英。傳見本書卷二三、《新五代史》卷二二。　孫海金：人名。籍貫不詳。本書僅此一見。　銀臺門：宮門名。開封府宮城之門。位於今河南開封市。

"壬辰"至"兼各賜分物酒食勞問"：《大典》卷一四二一二。本條所載之卷次爲"地"字韻"相地（三）"事目，恐誤。"壬辰”，據明本《册府》卷二〇九《閏位部・宥過門》補。

[8]“夜”至“恤人禁暴以禳之”：《大典》卷二六三一至二六三三“災”字韻。本條原載之卷次爲“菜”字韻，誤。又，“災合在荆楚”，中華書局本有校勘記：“《册府》卷一九三作‘災分合在荆楚’。”

[9]牛存節：人名。青州博昌（今山東博興縣）人。唐末、五代將領。傳見本書卷二二、《新五代史》卷二二。　馬步都指揮使：官名。即馬步軍都指揮使。五代時侍衞親軍長官，多爲皇帝親信。

帝賞牛存節全澤州之功，以爲六軍馬步都指揮使：《通鑑》卷二六六開平二年五月壬辰條。

[10]雷彦恭：人名。武陵（今湖南常德市）人。唐末、五代軍閥，領朗州節度使。事見本書卷一三三。　丁酉，朗州軍前奏捷，雷彦恭没溺於江：《通鑑》卷二六六開平二年五月丁酉條之《考異》引《梁太祖實録》。

[11]朗州奪得淮賊舟船大小共四十隻，斬首百餘級，以捷來告：明本《册府》卷四三五《將帥部・獻捷門二》。

[12]義昌軍：方鎮名。即橫海軍。治所在滄州（今河北滄縣舊州鎮）。　劉守文：人名。深州樂壽（今河北獻縣）人。唐末盧龍節度使劉仁恭長子。唐末、五代軍閥。後梁開平三年，被其弟劉守光殺死。事見本書本卷、卷二、卷九八及《新五代史》卷五六、卷七二。　中書令：官名。漢代始置，隋、唐前期爲中書省長官，屬宰相之職；唐後期多爲授予元勳大臣的虛銜。正二品。　郡王：勛爵名。唐制從一品。　盧龍軍：方鎮名。治所在幽州（今北京市）。　劉守光：人名。深州樂壽（今河北獻縣）人。唐末盧龍節度使劉仁恭之子。唐末、五代軍閥。因父殺兄自立。後自稱大燕皇帝，年號應天。被李存勗擊敗，俘後被斬。傳見本書卷一三五、《新五代史》卷三九。　馮行襲：人名。均州（今湖北丹江口市）人。唐末、五代軍閥。傳見本書卷一五、《新唐書》卷一八六、《新五代史》卷四二。　“制”至“許州節度使馮行襲封長樂郡

王"：《宋本册府》卷一九六《閏位部·封建門》。"制"，中華書局本有校勘記："原作'封'，據殿本改。"又，劉守文、馮行襲所封之王號，原均無"郡"字，據《會要》卷一一封建條補。又，《輯本舊史》之影庫本粘籤："河間，原本作'河潤'，今據文改正。"

[13]戊戌，立唐三廟：《新五代史》卷二。

[14]靜江：方鎮名。即靜江軍。治所在桂州（今廣西桂林市）。 李瓊：人名。籍貫不詳。本書僅此一見。 永州：州名。治所在今湖南永州市。 刺史：官名。漢武帝始置。州一級行政長官。總掌考核官吏、勸課農桑、地方教化等事。唐中期以後，節度使、觀察使轄州而設，刺史爲其屬官，職任漸輕。從三品至正四品下。 存：人名。即馬存。籍貫不詳。南楚開國君主馬殷之弟。本書僅此一見。 桂州：州名。治所在今廣西桂林市。 知：官制用語。主持、掌管之義。亦稱權知、掌知、知某事等。唐以佐官代理長官亦用此稱。 靜江節度使、同平章事李瓊卒，楚王馬殷以其弟永州刺史存知桂州事：《通鑑》卷二六六開平二年五月條。本條内容在《通鑑》中位於本月"壬申"條前，但由於無具體日期，故仍將其列於月末。

六月壬寅，同州節度使劉知俊爲西路行營招討使，以伐岐。己酉，殺右金吾衛上將軍王師範，滅其族。[1]辛亥，以亢陽，慮時政之闕，乃詔曰："邇者下民喪禮，法吏舞文，銓衡既失於選求，州鎮又無其舉刺，風俗未厚，獄訟實繁，職此之由，上遭天譴。"至是，決遣囚徒及戒勵中外。[2]丙辰，邠、岐來寇雍西，編户因于逃避，且芟害禾稼，結營自固。踰月，同州劉知俊領所部兵擊退，襲至幕谷，大破之，俘斬千計，收其生器甲，宋文通僅以身免。[3]壬戌，岳州爲淮寇所據。上以此郡五嶺、三湘水流會合之地，委輸商賈，靡不由斯，遂令荊襄、湖南皆舉舟師，悉力攻討。王師既集，淮夷毀壁焚俘郭而遁。[4]丙寅，月犯角宿。帝以其分野在兗州，乃令長吏治戎事，設武備，省獄訟，恤疲病，祈福禳災，以順天戒。[5]帝欲自將擊潞州，丁卯，詔會諸道兵。[6]詔曰：“敦尚儉素，抑有前聞，斥去浮華，期臻至理。如聞近日貢奉，競務奢淫，或奇巧蕩心，或雕鐫溢目，徒殫資用，有費工庸。此後應諸道進獻，不得以金寶裝飾戈甲劍戟，至於鞍勒，不用塗金及雕刻龍鳳。如有此色，所司不得引進。”[7]邑州奏，鎮鄉山僧法通、道璘有道行，各賜紫衣。[8]授王檀邢州保義軍節度使、檢校司徒。[9]

[1]行營招討使：官名。唐始置。戰時任命，兵罷則省。常以大臣、將帥或地方軍政長官兼任。掌招撫討伐等事務。　岐：封國名。時鳳翔節度使李茂貞爲岐王，故稱。　右金吾衛上將軍：官名。唐置，掌宮禁宿衛。唐代置十六衛，即左右衛、左右驍衛、左右武衛、左右威衛、左右領軍衛、左右金吾衛、左右監門衛、左右千牛衛，各置上將軍，從二品；大將軍，正三品；將軍，從三品。
王師範：人名。青州（今山東青州市）人。唐末、五代軍閥。傳見本書卷一三、《新五代史》卷四二。　“六月壬寅”至“滅其族”：《新五代史》卷二《梁太祖紀下》。
[2]“辛亥”至“決遣囚徒及戒勵中外”：原作《大典》卷二六三○“萊”字韻，誤。似應爲卷二六三一至卷二六三三三“災”字韻。又見《宋本冊府》卷一九三《閏位部·弭災門》。“上遭天譴”，中華書局本有校勘記：“‘遭’，《冊府》卷一九三作‘貽’。”
[3]邠：方鎮名。即邠寧軍，治所在邠州（今陝西彬縣）。

幕谷：地名。一作“漠谷”。位於今陝西乾縣西北。《舊五代史考異》：“案：《歐陽史》作漠谷，《五代春秋》仍作幕谷。”　宋文通：人名。即李茂貞之本名。深州博野（今河北蠡縣）人。唐末、五代軍閥。傳見本書卷一三二、《新五代史》卷四〇。　“丙辰”至“宋文通僅以身免”：明本《册府》卷二一七《閏位部·交侵門》。《通鑑》卷二六六開平二年（908）六月丙辰條、《新五代史》卷二亦載。此條内容，中華書局本沿《輯本舊史》繫於丙寅條後，並有校勘記：“是月庚子朔，丙辰爲十六日，上文丙寅爲二十六日，丙辰不當在丙寅後。按本卷輯自各處，疑原本綴置失序。”但未改，今據此調整。

[4]岳州：州名。治所在今湖南岳陽市。　五嶺：山名。今湖南、江西和廣東、廣西邊境上大庾、騎田、都龐、萌渚、越城五嶺的總稱。　三湘：湖泊名。洞庭在古謂之三湘，謂瀟湘、沅湘、資湘。　荆襄：方鎮名。即山南東道，治所在襄州（今湖北襄陽市）。

“壬戌”至“淮夷毀壁焚郛郭而遁”：明本《册府》卷二一六《閏位部·征伐門》。《輯本舊史》之影庫本粘籤：“此郡，原本作‘北郡’，今據文改正。”“靡不由斯”，《册府》卷二一六作“靡由於斯”，據同書卷二一七改。“遂令荆襄、湖南皆舉舟師，悉力致討”，中華書局本有校勘記：“‘襄’，原作‘湘’；‘皆’，原作‘北’，據《册府》卷二一六改。”

[5]角宿：星宿名。二十八宿中東宮蒼龍七宿的首宿。共兩星。星次屬壽星，分野主鄭地兗州。　兗州：此處指九州之一，在今山東西部、河南東北部、河北東南部，在古黄河與古濟水之間。“丙寅”至“以順天戒”：原作《大典》卷二六三〇“萊”字韻，誤。似應爲卷二六三一至卷二六三三“災”字韻。又見宋本《册府》卷一九三。

[6]帝欲自將擊潞州，丁卯，詔會諸道兵：《通鑑》卷二六六開平二年六月丁卯條。

[7]“詔曰”至“所司不得引進”：本條出處，中華書局本沿

《輯本舊史》作《大典》卷一九五九九，並有校勘記："檢《永樂大典目録》，卷一九五九九爲'屋'字'事韻一'，與本則内容不符，恐有誤記。按此則又見《册府》卷一九八。"見《宋本册府》卷一九八《閏位部·節儉門》。

[8]邕州：州名。治所在今廣西南寧市。 鏌鎁山：山名。即今廣西南寧市武鳴區東北大明山。 法通：僧人法名。籍貫不詳。本書僅此一見。 道璘：僧人法名。籍貫不詳。本書僅此一見。紫衣：古代皇帝賜予僧道紫色袈裟，以表榮貴，始於唐代法朗。邕州奏，鏌鎁山僧法通、道璘有道行，各賜紫衣：《宋本册府》卷一九四《閏位部·崇釋老門》。

[9]王檀：人名。京兆（今陝西西安市）人。後梁將領。傳見本書卷二二、《新五代史》卷二三。 邢州：州名。治所在今河北邢臺市。 保義軍：方鎮名。後梁開平二年（908）改昭義軍置，貞明二年（916）併歸晋，改名安國軍。治所在邢州（今河北邢臺市）。 檢校司徒：官名。爲散官或加官，以示恩寵加此官，無實際執掌。司徒，與太尉、司空並爲三公。 授王檀邢州保義軍節度使、檢校司徒：《宋本册府》卷三八六《將帥部·褒異門一二》。

　　秋七月，楚王馬殷奏於汴、荆、襄、唐、郢、復州置回圖務，運茶於河南、北，賣之亦易繒纊、戰馬而歸，仍歲貢茶二十五萬斤，詔許之。[1]湖南由是富贍。壬申，淮南將吏請於李儼，承制授楊隆演淮南節度使、東面諸道行營都統、同平章事、弘農王。[2]甲戌，大霖雨，陂澤泛溢，頗傷稼穡，帝幸右天武軍河亭觀水。[3]癸巳，以禪代已來，思求賢哲，乃下令搜訪牢籠之，期以好爵，待以優榮，各隨其材，咸使登用。宜令所在長吏切加搜訪，每得其人，則疏姓名以聞。如在下位不能自振者，有司薦導之；如任使後顯立功勞，別加遷陟。[4]甲午，以高明門外繁臺爲講武臺。是臺，西漢梁孝王之時，嘗按歌閱樂於此，當時因名曰吹臺。其後有繁氏居於其側，里人乃以姓呼之。時代綿寢，雖官吏亦從俗焉。帝每登眺，蒐乘訓戎，宰臣以是事奏而名之。[5]幸高僧臺，閱禁衛六軍。[6]詔曰：“車服以庸，古之制也；貴賤無別，罪莫大焉。應内外將相，許以銀飾鞍勒，其刺史、都將、内諸司使以降，祇許用銅飾。冀定尊卑，永爲條制，仍令執法官糾察之。”[7]敕禁屠宰兩月。[8]湖南節度使馬殷奏，天軍先與本道兵士同收復朗州，進賞犒將士錢十萬貫。魏博節度使羅紹威進絹三萬匹。時虜寇臨汾，諸將征討，日聞其捷，紹威進以備犒師之用。[9]詔曰：“祀祭之典，有國之大事也。如聞官吏慢於展敬，禮容牲饌，有異精虔，宜令御史疏其條件以聞。”詳定禮儀使奏：“得太常禮院狀，選用今年十一月己丑冬至有事於南郊。”奉敕：“西都宮内修造，尚未畢功，過此一冬，方當絶手。宜令于來年正月内選日申奏。”[10]河陽節度使、檢校太保，同平章事張歸霸卒。[11]青州北海令尹崇規殘虐於民，賄賂彰顯。委本道長吏斃之。[12]

[1]汴：州名。即汴州，治所在今河南開封市。　襄：州名。即襄州，治所在今湖北襄陽市。　唐：州名。即唐州，治所在今河南泌陽縣。　郢：州名。即郢州，治所在今湖北鍾祥市。　復州：州名。治所在今湖北天門市。　回圖務：機構名。又稱博易務、回易務。爲五代時江南諸國設在中原地區的官方貿易機構。

[2]李儼：人名。籍貫不詳。後爲徐知誥所殺。事見《新五代史》卷六一。　楊隆演：人名。廬州合淝（今安徽合肥市）人。楊行密之子，楊渥之弟。五代十國吳國國主。908年至920年在位。傳見《新五代史》卷六一。　行營都統：官名。唐末設置，作爲各道出征兵士的統帥。　“秋七月”至“弘農王”：《通鑑》卷二六六開平二年（908）七月條。

[3]右天武軍：軍名。後梁京城駐軍之一。《五代會要》卷一二：“開平元年四月，改左、右長直爲左、右龍虎軍，左、右內衙爲左、右羽林軍，左、右堅銳夾馬突將爲左、右神武軍，左、右親隨軍將馬軍爲左、右龍驤軍。其年九月，置左、右天興、左、右廣勝軍，仍以親王爲軍使。二年十月，置左、右神捷軍。十二月，改左、右天武爲左、右龍虎軍，左、右龍虎爲左、右天武軍，左、右天威爲左、右羽林軍，左、右羽林爲左、右天威軍，左、右英武爲左、右神武軍，左、右神武爲左、右英武軍。前朝置神虎等六軍，謂之衛士，至是以天武、天威、英武等六軍易其軍號，而任勳舊焉。”　“甲戌”至“帝幸右天武軍河亭觀水”：明本《册府》卷二〇五《閏位部·巡幸門》。

[4]“癸巳”至“別加遷陟”：明本《册府》卷二一三《閏位部·求賢門》。

[5]高明門：城門名。開封府南門。始建於唐，原名尉氏門，後梁改稱高明門。　西漢梁孝王：即劉武。封梁王，漢文帝劉恒嫡次子。傳見《漢書》卷四七。　“甲午”至“宰臣以是事奏而名之”：《宋本册府》卷一九六《閏位部·建都門》。《舊五代史考異》：“案：綿寢，原作‘綿浸’，今據《通鑑》注改正。”“案：以上又見《通鑑》注所引《薛史》，與《册府元龜》相符，惟字句稍有異同。”《通鑑》卷二八七天福十二年（947）十一月丙辰條追記，胡注引《薛史》云：“繁臺，即梁王吹臺，其後有繁氏居其側，里人乃以姓呼之。”

[6]高僧臺：古臺名。位於後梁開封（今河南開封市）開明門

外。　禁衛六軍：禁衛軍總稱。《五代會要》卷一二所記開平二年七月前京城諸軍有：左、右龍虎軍，左、右羽林軍，左、右神武軍，左、右龍驤軍，左、右天興，左、右廣勝軍等。　幸高僧臺，閱禁衛六軍：明本《册府》卷二一四《閏位部·訓兵門》。

[7]都將：官名。唐五代時節度使屬將。　内諸司使：内諸司長官群體。内諸司爲唐宋禁内各官署的統稱。　"詔曰"至"仍令執法官糾察之"：《宋本册府》卷一九一《閏位部·立法制門》。"詔曰"，《册府》作"帝曰"，《會要》卷六内外官章服雜録條作"敕"，此據影庫本。"祇許用銅"，中華書局本有校勘記："'許'原作'取'，據彭校、《册府》卷一九一、《五代會要》卷六改。'銅'下《五代會要》有'飾'字。"據《會要》卷六補"飾"字。《舊五代史考異》："案《五代會要》載七月敕曰：祭祀之儀，有國大事，如聞官吏慢于恪恭，牲具禮容有異精審，宜令御史臺疏其條件奏聞。"《會要》卷三牲牢條文字與此記載有差異，備列於此："祭祀之典，有國大事，如聞官吏慢於恪敬，禮容牲選，有異精虔。宜令御史臺疏其條件聞奏。"

[8]敕禁屠宰兩月：《宋本册府》卷一九五《閏位部·仁愛門》。

[9]朗州：州名。治所在今湖南常德市。　羅紹威：人名。魏州貴鄉（今河北大名縣）人。唐末、五代軍閥。傳見本書卷一四、《新五代史》卷三九。　臨汾：州名。即晋州，治所在今山西臨汾市。　"湖南節度使馬殷奏"至"紹威進以備犒師之用"：《宋本册府》卷四八五《邦計部·濟軍門》。

[10]御史臺：官署名。東漢始置。古代國家的中央監察機構。掌糾察官吏違法、肅正朝廷綱紀。大事廷辨，小事奏彈。　詳定禮儀使：官名。有重大禮儀事務則臨時置使，掌禮儀事務，事畢即停。　"詔曰"至"宜令于來年正月内選日申奏"：《宋本册府》卷一九三《閏位部·崇祀門》。

[11]河陽：方鎮名。全稱"河陽三城"。治所在孟州（今河南孟州市）。　檢校太保：官名。爲散官或加官，以示恩寵，無實際

執掌。　張歸霸：人名。清河（今河北清河縣）人。唐末、後梁將
領。傳見本書卷一六。　河陽節度使、檢校太保、同平章事張歸霸
卒：《大典》卷六三五〇“張”字韻“姓氏（二〇）”事目，見
《輯本舊史》卷一六《張歸霸傳》。

[12]青州：州名。治所在今山東青州市。　北海：縣名。治所
在今山東濰坊市。　尹崇規：人名。籍貫不詳。本書僅此一見。
青州北海令尹崇規殘虐於民，賄賂彰顯。委本道長吏斃之：《宋本
册府》卷七〇七《令長部·貪瀆門》。

　　八月辛亥，敕：“應有暴露骸骨，各委差人埋
瘞。”[1]甲寅，太史奏：壽星見於南方。[2]甲子，廣州上
言，白龍見，圖形以進。[3]甲子夜，東方有大流星，光
明燭地，有聲如裂帛。[4]詔禁戢諸軍節級兵士及供奉官
受旨殿直已下各修禮敬。[5]兩浙錢鏐奏，請重鑄換諸州
新印。[6]兩浙錢鏐奏，改管内紫極宫爲真聖觀，[7]改杭州
唐山縣爲吴昌縣，台州唐興縣爲天台縣。是月，又敕升
杭、越等州爲大都督府。[8]吴越王錢鏐遣寧國節度使王
景仁奉表詣大梁，陳取淮南之策。景仁即茂章也，避梁
諱改焉。[9]

　　[1]“八月辛亥”至“各委差人埋瘞”：《宋本册府》卷一九五
《閏位部·仁愛門》。
　　[2]太史：官名。西周始設，初掌起草文書、修撰史籍、校訂
曆法。後職位漸低、事權漸分，隋唐時專掌天文曆法。　壽星：星
名。又名“老人星”。十二星次之一。在十二支爲辰，在二十八宿則
起於軫宿十二度，跨角、亢二宿而至氐宿四度。《七緯》：“老人星見，
則主安；不見，則兵起。王者安静，則老人星見。”　甲寅，太史奏：

壽星見於南方：《宋本册府》卷二〇二《閏位部·祥瑞門二》。

　　[3]廣州：州名。治所在今廣東廣州市。　甲子，廣州上言，白龍見，圖形以進：《大典》卷五二〇"龍"字韻"事韻"，應爲"白龍"事目。"廣州"，中華書局本有校勘記："原作'唐州'，據《册府》卷二〇二改。按《新唐書》卷四〇《地理志四》，天祐三年，朱全忠表請唐州更名泌州。"

　　[4]甲子夜，東方有大流星，光明燭地，有聲如裂帛：《大典》卷七八六六"星"字韻"流星"事目。

　　[5]供奉官：官名。泛指侍奉皇帝左右的臣僚，亦爲東、西頭供奉官通稱。　殿直：官名。五代禁軍低級軍官。爲皇帝侍從人員，前朝未見，當是後梁始置。　詔禁戢諸軍節級兵士及供奉官受旨殿直已下各修禮敬：《宋本册府》卷一九一《閏位部·政令門》。《册府》僅列此條於二年之下，《輯本舊史》繫於八月，但無所據，暫存之。

　　[6]兩浙：地區名。浙東、浙西的合稱。泛指今浙江全省及江蘇南部一角。　錢鏐：人名。杭州臨安（今浙江杭州市）人。五代時期吳越國的建立者。傳見本書卷一三三、《新五代史》卷六七。

　　兩浙錢鏐奏，請重鑄換諸州新印：《宋本册府》卷一九一《閏位部·立法制門》。

　　[7]紫極宮：道教宮觀名。唐朝諸州建紫極宮，供奉道教祖師李耳。後梁開平元年（907），詔改諸州紫極宮爲老君廟。兩浙特奏改轄區諸州紫極宮爲真聖觀。　兩浙錢鏐奏，改管内紫極宮爲真聖觀：《宋本册府》卷一九四《閏位部·崇釋老門》。

　　[8]杭州：州名。治所在今浙江杭州市。　唐山縣：縣名。唐置，後梁開平二年改名吳昌縣。治所在今浙江杭州市臨安區昌化鎮。　台州：州名。治所在今浙江台州市。　唐興縣：縣名。唐上元二年（675），改始豐縣爲唐興縣，後梁開平二年爲天台縣，治所在今浙江天臺縣。　越：州名。即越州。治所在今浙江紹興市。大都督府：地方高級軍政機構。唐時部分府、州置都督府，分大都

督府、中都督府和下都督府三等。　"改杭州唐山縣爲吳昌縣"至
"又敕升杭、越等州爲大都督府"：《吳越備史》卷一《武肅王下》。
《舊五代史考異》："案《十國春秋·吳越世家》：八月，梁敕改唐山
縣爲吳昌縣，唐興縣爲天台縣。又敕升杭、越等州爲大都督府。復
改新城縣曰新登，長城縣曰長興，樂成縣曰樂清，避梁諱也。"對
《舊五代史考異》所引之"梁敕改唐山縣爲吳昌縣"，中華書局本
有校勘記："'改'，原作'封'，據《十國春秋》卷七八改。"見
《十國春秋》卷七八《吳越武肅王世家》。

　　[9]吳越：五代時十國之一。後梁開平元年封鎮海節度使錢鏐
爲吳越王，建都杭州，領有今浙江之地、江蘇南部及福建北部。北
宋太平興國三年（978），錢弘俶向北宋納土，吳越亡。　寧國：方
鎮名。治所在宣州（治今安徽宣城市）。　王景仁：人名。合淝
（今安徽合肥市）人。唐末、五代將領。傳見本書卷二三、《新五
代史》卷二三。　大梁：都城名。本爲戰國時魏國都城。此處代指
後梁都城開封，在今河南開封市。　"吳越王錢鏐遣寧國節度使王
景仁奉表詣大梁"至"避梁諱改焉"：《通鑑》卷二六七開平二年
八月條。

　　九月丙子，太原軍出陰地關南牧，寇掠郡縣，晋、
絳有備。[1]帝慮諸將翫寇，乃下詔親議巡幸，命有司備
行。[2]丁丑，翠華西狩，宰臣、翰林學士、崇政院使、
金吾仗及諸司要切官皆扈從，餘文武百官並在東京。[3]
壬午，達洛陽。帝御文思殿受朝參，許、汝、孟、懷牧
守來朝，澤州刺史劉重霸面陳破敵之策。[4]癸未，西幸
宿新安。[5]丙戌，至陝州駐蹕，蒲、雍、同、華牧守皆
進鎧甲、騎馬、戈戟、食味、方物。[6]丁亥，至陝州，
賜宴扈從官。[7]己丑，六軍統軍牛存節、黃文靖各領所

部將士赴行在。[8]戊子，延州賊軍寇上平關，又太原軍攻平陽，烽火羽書，晝夜繼至。[9]甲午，太原步騎數萬攻逼晉、絳，踰旬不克，知天軍至，乃自焚其寨，至夕而遁。[10]幽州都將康君紹等十人自蕃賊寨內來投。[11]又幽州騎將高彥章八十人騎先在并州，乃於晉州軍前來降。[12]至是到行在，皆賜分物衣服，放歸本道，以示懷服。[13]福州貢玳瑁、琉璃、犀象器并珍玩香藥，奇品海味，色類良多，價累千萬。[14]同州劉知俊以鄜、延歸降將健十人并捷表來獻。[15]

[1]陰地關：關隘名。位於今山西靈石縣西南。　晉：州名。即晉州。治所在今山西臨汾市。　絳：州名。即絳州。治所在今山西新絳縣。

[2]翫（wán）：同“玩”。翫寇，指消極抵抗。

[3]翠華：天子儀仗中以翠羽爲飾的旗幟或車蓋。此處代指後梁皇帝朱溫。　翰林學士：官名。由南北朝始設之學士發展而來，唐玄宗改翰林供奉爲翰林學士，備顧問、代王言。掌拜免將相、號令征伐等詔令的起草。　崇政院使：官名。爲崇政院長官。備顧問，參謀議。五代後梁開平元年（907）改樞密院置崇政院，設院使、副使各一人。後唐同光元年（923）復改崇政院爲樞密院，崇政院使亦改爲樞密使。　金吾仗：禁衛軍指揮機構。亦稱金吾仗衛、金吾衛。分置左右，掌宮禁宿衛、京城巡警、大禮儀仗等。

[4]文思殿：宮殿名。位於今河南洛陽市。　孟：州名。即孟州，治所在今河南孟州市。　懷：州名。即懷州，治所在今河南沁陽市。《輯本舊史》之影庫本粘籤：“孟、懷，原本作‘盂懷’，今據文改正。”　劉重霸：人名。籍貫不詳。五代將領。事見本書本卷、卷六、卷九、卷一三。

[5]新安：縣名。治所在今河南新安縣。

[6]蒲：州名。即蒲州，治所在今山西永濟市。　雍：州名。即雍州，治所在今陝西西安市。　華：州名。即華州，治所在今陝西渭南市華州區。　"九月丙子"至"方物"：《大典》卷一六七四六"宴"字韻"宴享（三）"事目。又見明本《册府》卷二〇五《閏位部·巡幸門》。"丙戌，至陝州駐蹕"，《舊五代史考異》："案：《通鑑》作乙酉"。"駐蹕"之"蹕"，中華書局本有校勘記："'蹕'字原闕，據《册府》卷二〇五補"。

[7]陳州：州名。治所在今河南淮陽縣。　"丁亥"至"賜宴扈從官"：《大典》卷一六七四六。中華書局本有校勘記："《册府》卷二〇五無'至陳州'三字，《册府》卷一九七作'丁亥，西幸陳州，錫宴扈從官'。按本卷上文有'丙戌，至陝州駐蹕'，丙戌、丁亥差一日，由陝州至陳州，非一日可達，下文又有'十月己亥，上在陝'，'至陳州'三字疑誤。"見《宋本册府》卷一九七《閏位部·宴會門》、明本《册府》卷二〇五《閏位部·巡幸門》。

[8]黃文靖：人名。單州金鄉（今山東金鄉縣）人。唐末、五代將領。傳見本書卷一九。　己丑，六軍統軍牛存節、黃文靖各領所部將士赴行在：明本《册府》卷二〇五《閏位部·巡幸門》。"己丑"，《册府》《輯本舊史》及中華書局本皆作"乙丑"，中華書局本有校勘記："按是月己丑朔，無乙丑，此則繫於戊子、甲午間，或爲己丑之訛。"今據干支記日先後順序改。

[9]延州：州名。治所在今陝西延安市。　上平關：關隘名。位於今山西柳林縣。　平陽：地名。位於今山西臨汾市。　"戊子"至"晝夜繼至"：明本《册府》卷二〇五《閏位部·巡幸門》。《通鑑》卷二六七亦載："戊子，岐王所署延州節度使胡敬璋寇上平關，劉知俊擊破之。"

[10]"甲午"至"至夕而遁"：明本《册府》卷二〇五《閏位部·巡幸門》。"至夕而遁"，《輯本舊史》之影庫本粘籤："原本作'至久'，今參考《通鑑》改正。"《通鑑》相關內容不詳。

［11］康君紹：人名。籍貫不詳。本書僅此一見。

［12］高彥章：人名。籍貫不詳。本書僅此一見。 并州：州名。治所在今山西太原市。

［13］"幽州都將康君紹等十人自蕃賊寨內來投"至"以示懷服"：明本《冊府》卷二一五《閏位部・招懷門》。

［14］福州：州名。治所在今福建福州市。 福州貢玳瑁、琉璃、犀象器并珍玩香藥，奇品海味，色類良多，價累千萬：《宋本冊府》卷一九七《閏位部・納貢獻門》。

［15］鄜：州名。即鄜州，治所在今陝西富縣。 同州劉知俊以鄜、延歸降將健十人并捷表來獻：明本《冊府》卷四三五《將帥部・獻捷門二》。

冬十月己亥朔，上在陝。兩浙節度使奏，於常州東洲鎮殺淮賊萬餘人，獲戰船一百二隻。[1]乙巳，御內殿，宴宰臣、扈從官共四十五人。丙午，御毬場殿，宣夾馬都指揮使尹皓、韓瑭以下將士五百人，賜酒食。[2]以行營左廂步軍指揮使賀瓌爲左龍虎統軍，以左天武軍夾馬指揮使尹皓爲輝州刺史，以右天武都頭韓瑭爲神捷指揮使，左天武第三都頭胡賞爲右神捷指揮使，仍賜帛有差，以解晉州圍之功也。[3]以尹皓部下五百人爲神捷軍。[4]庚戌，至西都，御文思殿。辛亥，宰臣百僚起居於殿前，遂宣赴內宴，賜分物有差。丁巳，至東都。[5]己未，大明節，諸道節度、刺史各進獻鞍馬、銀器、綾帛以祝壽，宰臣、百官設齋於相國寺。[6]辛酉，以劉隱爲清海、靜海節度使，以膳部郎中趙光裔、右補闕李殷衡充官告使，隱皆留之。[7]壬戌，御宣和殿，宴宰臣、文武百官。[8]敕："省諸道州府六曹掾屬，只留戶曹參軍

一員，通判六曹。"[9]帝從吳越王錢鏐之請，以亳州團練
使寇彥卿爲東南面行營都指揮使，擊淮南。[10]以尚書兵
部侍郎李皎爲建昌宮副使。[11]

　　[1]常州：州名。治所在今江蘇常州市。　東洲鎮：鎮名。位
於今江蘇常州市武進區。　"冬十月己亥朔"至"獲戰船一百二
隻"：明本《册府》卷二一七《閏位部·交侵門》。"冬"字據本紀
四時記載規則補。中華書局本有校勘記："'東州鎮'，邵本校、《册
府》卷四三五作'東洲鎮'。"中華本未改，今據改。"'一百二
隻'，《册府》卷四三五作'一百二十隻'。"見明本《册府》卷四
三五《將帥部·獻捷門二》。
　　[2]夾馬都指揮使：官名。係所部統兵將領，"夾馬"爲所部隊
番號。　尹皓：人名。籍貫不詳。後梁將領。傳見本書附錄。　韓
瑭：人名。籍貫不詳。後梁將領。事見本書本卷。　"乙巳"至
"賜酒食"：《大典》卷一六七四六"宴"字韻"宴享（三）"事
目。又見《宋本册府》卷一九七《閏位部·宴會門》。
　　[3]行營左厢步軍指揮使：官名。行營屬官，掌領出征步軍。
兵罷則省。　賀瓌：人名。濮州濮陽（今河南濮陽市）人。唐末、
後梁將領。傳見本書卷二三、《新五代史》卷二三。　左龍虎統軍：
官名。五代後梁禁衛部隊左龍虎軍統兵官。　左天武軍：禁軍名。
後梁京城駐軍之一。　輝州：州名。治所在今山東單縣。　都頭：
官名。都將的別稱。唐末、五代時，"都"爲指揮以下的軍事編制。
《武經總要》卷二："凡五百人爲一指揮，其別有五都，都一百人，
統以一營居之。"都的長官稱爲都頭。　神捷指揮使：官名。開平
二年（908）後梁置左、右神捷軍，爲禁軍中的兩軍，由指揮使統
領。　胡賞：人名。籍貫不詳。本書僅此一見。　"以行營左厢步
軍指揮使賀瓌爲左龍虎統軍"至"以解晋州圍之功也"：明本《册
府》卷二一〇《閏位部·明賞門》。

[4]以尹皓部下五百人爲神捷軍：《通鑑》卷二六七乾化元年正月條胡注引《薛史》，然胡注將“開平二年”誤作“開成二年”。

[5]“庚戌”至“至東都”：《大典》卷一六七四六。又見《宋本册府》卷一九七《閏位部·宴會門》、明本《册府》卷二〇五《閏位部·巡幸門》。“文思殿”，中華書局本有校勘記：“原作‘文明殿’，據《册府》卷一九七改。影庫本粘籤：‘文明殿，原本脱“明”字，今據《五代會要》增入。’按《册府》卷一九六記開平三年正月始改西京貞觀殿爲文明殿，此時尚無‘文明殿’之名。”見《會要》卷五大内條。本條所採之“文思殿”，據《册府》卷一九七改。“賜分物有差”，中華書局本有校勘記：“‘分物’，原作‘方物’，據《册府》（宋本）卷一九七改。”又，“丁巳”，《舊五代史考異》：“案：《通鑑考異》引《編遺録》作乙卯，《實録》作丁巳。今考《五代春秋》作丁巳，與《薛史》同。《歐陽史》作丁未，與《薛史》異。”《資治通鑑》從《實録》《薛史》作“丁巳”。

[6]大明節：後梁爲慶祝朱温生日而設之節日。按本書卷一、《會要》卷一皆云朱温生於十月二十一日。　相國寺：寺院名。又名大相國寺。位於今河南開封市内。　“己未”至“百官設齋於相國寺”：《大典》卷一六四八七“誕”字韻“帝王降誕”事目。又見《宋本册府》卷一八二《閏位部·誕生門》。“設齋於相國寺”之“於”，據《宋本册府》卷一八二補。

[7]劉隱：人名。上蔡（今河南上蔡縣）人。五代十國南漢奠基者。傳見本書卷一三五、《新五代史》卷六五。　清海軍：方鎮名。治所在廣州（今廣東廣州市）。　膳部郎中：官名。尚書省屬官。位在侍郎之下、員外郎之上。六部的郎中主持各司事務。膳部郎中主持尚書省禮部膳部司事務。從五品上。　趙光裔：人名。一説京兆奉天（今陝西乾縣）人，一説洛陽（今河南洛陽）人。唐末、後梁、南漢官員。事見本書本卷、《新五代史》卷六五。　補闕：官名。唐武則天時始置。分爲左、右，左補闕隸於門下省，右

補闕隸於中書省。掌規諫諷諭，大事可以廷議，小事則上封奏。從七品上。　李殷衡：人名。籍貫不詳。書僅此一見。　官告使：官名。唐置專送封官告身的使者。五代後梁沿置。《五代會要》卷二四："巡撫、黜陟、冊命、賑邮、弔贈、入蕃等使，選朝臣爲之，其宣慰、加官、送旌節，即以中官爲之。"　"辛酉"至"隱皆留之"：《通鑑》卷二六七開平二年十月辛酉條。

[8]宣和殿：宮殿名。位於今河南開封市。　壬戌，御宣和殿，宴宰臣、文武百官：《大典》卷一六七四六。又見《宋本册府》卷一九七《閏位部·宴會門》。

[9]六曹掾屬：府、州六曹官吏總稱。唐末州府官員，府有司錄參軍事，置工曹、倉曹、户曹、法曹、兵曹、士曹六員；州有錄事參軍，亦置六曹。户曹參軍總判户曹，掌管錢糧、簿籍等事務。　"敕"至"通判六曹"：《宋本册府》卷六三二《銓選部·條制門四》。

[10]亳州：州名。治所在今安徽亳州市。　團練使：官名。唐代中期以後，於不設節度使的地區設團練使，掌本區各州軍事。寇彦卿：人名。開封（今河南開封市）人。後梁將領。傳見本書卷二〇、《新五代史》卷二一。　行營都指揮使：官名。唐末、五代統兵將領，掌行營兵馬。　"帝從吳越王錢鏐之請"至"擊淮南"：《通鑑》卷二六七開平二年十月條。

[11]尚書兵部侍郎：官名。尚書省兵部副長官。與兵部尚書分掌武官銓選、勳階、考課之政。正四品下。　李皎：人名。籍貫不詳。後梁官員。事見本書本卷、卷七。　建昌宮副使：官名。判建昌宮事。　以尚書兵部侍郎李皎爲建昌宮副使：《會要》卷二四建昌宮使條。

　　十一月辛未，御宣和殿，宴宰臣、文武百官，以大駕還京故也。[1]定難軍節度使李思諫卒。甲戌，其子彝昌自爲留後。[2]庚辰，御宣和殿，宴宰臣、文武百官。[3]
戊子，賜文武百官帛。[4]癸巳，中書侍郎、同平章事張
策以刑部尚書致仕；以左僕射楊涉同平章事。[5]乙未，
又宴宰臣、文武百官於宣和殿。[6]保塞節度使胡敬璋卒，
靜難節度使李繼徽以其將劉萬子代鎮延州。[7]出開明門，
登高僧臺閱兵。[8]諸道節度、刺史各進賀冬田器、鞍馬、
綾羅等。[9]太常禮院奏：“選用來年正月二十四日辛卯親
祭南郊。”可之。詔以左千牛衛上將軍胡規充南郊儀仗
使，金吾衛將軍趙麓充車路法物使。時以執儀仗將軍輅
皆武士，故分二將以董之。是月冬至，命宰臣祀昊天上
帝于圜丘。[10]兩浙節度使奏：“差使押茶貨往青州，迴變
供軍布衫段送納。”[11]置崇政院直學士二員，選有政術、
文學者爲之。始以尚書吏部郎中吳靄、尚書兵部郎中李
珽充選。其後又改爲直崇政院。[12]

　　[1]十一月辛未，御宣和殿，宴宰臣、文武百官，以大駕還京
故也：《大典》卷一六七四六“宴”字韻“宴享（三）”事目。
　　[2]定難軍：方鎮名。治所在夏州（今陝西靖邊縣）。　李思
諫：人名。党項族。唐末軍閥。拓拔思恭之弟。事見《新唐書》卷
二二一上、本書卷一三二。　彝昌：人名。即李彝昌。党項族。唐
末軍閥。李思諫之子。事見本書卷一三二。　留後：官名。唐、五
代節度使多以子弟或親信爲留後，以代行節度使職務，亦有軍士、
叛將自立爲留後者。掌一州或數州軍政。　定難軍節度使李思諫
卒。甲戌，其子彝昌自爲留後：《通鑑》卷二六七開平二年（908）
十一月甲戌條。
　　[3]庚辰，御宣和殿，宴宰臣、文武百官：《大典》卷一六七
四六。又見《宋本册府》卷一九七《閏位部・宴會門》。

[4]戊子，賜文武百官帛：《宋本册府》卷一九七《閏位部·慶賜門》。

[5]刑部尚書：官名。尚書省刑部主官。掌天下刑法及徒隸、勾覆、關禁之政令。正三品。　左僕射：官名。秦始置。隋唐前期，以左、右僕射佐尚書令總理六官、綱紀庶務；如不置尚書令，則總判省事，爲宰相之職。唐後期多爲大臣加銜。從二品。　"癸巳"至"以左僕射楊涉同平章事"：《通鑑》卷二六七。《舊五代史考異》："案《歐陽史》：癸巳，張策罷，左僕射楊涉同中書門下平章事。"見《新五代史》卷二《梁太祖紀下》。

[6]乙未，又宴宰臣、文武百官於宣和殿：《大典》卷一六七四六。又見《宋本册府》卷一九七《閏位部·宴會門》。"乙未"，中華書局本有校勘記："原作'己未'，據殿本、《册府》卷一九七改。按是月己巳朔，無己未，乙未爲二十七日。"今據改。

[7]保塞：方鎮名。治所在延州（今陝西延安市）。　胡敬璋：人名。籍貫不詳。李茂貞部將。事見本書卷一三二、《新五代史》卷四〇。　靜難：方鎮名。治所在邠州（今陝西彬縣）。　李繼徽：人名。本名楊崇本。籍貫不詳。李茂貞義子。唐末、五代軍閥。傳見本書卷一三、《新五代史》卷四〇。　劉萬子：人名。五代將領。事見本書卷一三二、《新五代史》卷四〇。　延州節度使胡敬璋卒，邠州節度使李繼徽以其將劉萬子代鎮延州：《通鑑》卷二六七開平二年十一月條。

[8]開明門：城門名。後梁開封城門之一。位於今河南開封市。　出開明門，登高僧臺閱兵：明本《册府》卷二一四《閏位部·訓兵門》。

[9]諸道節度、刺史各進賀冬田器、鞍馬、綾羅等：《宋本册府》卷一九七《閏位部·納貢獻門》。

[10]左千牛衛上將軍：官名。唐置，唐十六衛之一。掌宮禁宿衛。從二品。　胡規：人名。兗州（今山東濟寧市兗州區）人。唐末、五代將領。傳見本書卷一九。　南郊儀仗使：官名。南郊祭祀

時設置。非常設官，均由他官兼領。掌總儀仗事務。　金吾衛將軍：官名。唐置，掌宮禁宿衛。唐代十六衛之一。從三品。　趙麓：人名。籍貫不詳。後梁將領。本書僅此一見。　車路法物使：官名。臨時設置，均由他官兼領。掌總南郊祭祀車仗法物等事。昊天上帝：昊天爲天之總神。上帝爲南郊所祭受命帝。《周禮·春官·大宗伯》：“以禋祀祀昊天上帝。”鄭玄注：“昊天上帝，冬至於圜丘所祀天皇大帝。”　圜丘：又名圓丘。古代帝王祭天的祭壇。《周禮·春官·大司樂》：“冬日至，於地上之圜丘奏之。”賈公彥疏：“案《爾雅》：土之高者曰丘。取自然之丘，圜象天圓。”“太常禮院奏”至“命宰臣祀昊天上帝于圜丘”：《宋本册府》卷一九三《閏位部·崇祀門》。

[11]“兩浙節度使奏”至“迴變供軍布衫段送納”：《宋本册府》卷四八四《邦計部·經費門》。

[12]崇政院直學士：官名。五代後梁置，選有政術、文學者充任。後改爲直崇政院。後唐同光元年（923），改樞密院直學士。充皇帝侍從，備顧問應對。　尚書吏部郎中：官名。尚書省吏部頭司吏部司長官。掌文官階品、朝集、禄賜，給其告身、假使以及選補流外官等事。《新唐書》記正五品上。　吳翯：人名。籍貫不詳。本書僅此一見。　尚書兵部郎中：官名。尚書省兵部頭司兵部司長官。唐高祖改兵曹郎置，員二人，一掌武官階品、衛府名數、校考、給告身之事，一掌軍籍、軍隊調遣名數、朝集、禄賜、告假等事。高宗、武則天、玄宗時，一度隨本部改名司戎大夫、夏官郎中、武部郎中。五代因之。從五品上。　李珽：人名。燉煌（在今甘肅敦煌市）人。唐末、後梁文臣。傳見本書卷二四。　“置崇政院直學士二員”至“其後又改爲直崇政院”：《會要》卷二四樞密使條。

　　十二月己亥，立二王三恪。南郊禮儀使狀：“伏以

《詩》稱有客，《書》載虞賓，實因禪代之初，必行興繼之命。俾之助祭，式表推恩，兼垂恪敬之文，別示優崇之典。徵於歷代，襲用舊章。謹案唐朝以後魏元氏子孫韓國公爲三恪，以周宇文氏子孫爲介國公，隋朝楊氏子孫爲酅國公，爲二王後。今伏以國家受禪，封唐朝子孫李嵸爲萊國公。今參詳合以介國公爲三恪，酅國公、萊國公爲二王後。"[1]癸丑，獵畋于含耀門外。[2]帝將遷都洛陽。[3]改左右天武爲左右龍虎軍，左右龍虎爲左右天武軍，左右天威爲左右羽林軍，左右羽林爲左右天威軍，左右英武爲左右神武軍，左右神武爲左右英武軍。前朝置龍虎等六軍，謂之衛士，至是以天威、天武、英武等六軍易其軍號，而任勳舊焉。[4]詔禁戢諸軍節級兵士及供奉官受旨殿直已下各修禮敬。[5]

[1]二王三恪：魏晋南北朝到隋唐五代時期封前朝的皇室後裔，給以爵位，以示敬重。參見謝元魯《隋唐五代的特殊貴族——二王三恪》，《中國史研究》1994年第2期。　南郊禮儀使：官名。南郊祭祀臨時置使，掌禮儀事務，事畢即罷。　"十二月己亥"至"酅國公、萊國公爲二王後"：明本《册府》卷二一一《閏位部·繼絕門》。"己亥"，《册府》無，據《新五代史》卷二《梁太祖紀下》補。

[2]含耀門：城門名。後梁開封城門之一。位於河南開封市。　癸丑，獵畋于含耀門外：明本《册府》卷二〇五《閏位部·畋遊門》。

[3]帝將遷都洛陽：《通鑑》卷二六七開平二年（908）十二月條。

[4]羽林、龍虎、神武、天武、天威、英武：禁軍番號。龍虎、

羽林、神武爲唐時禁軍番號，天武、天威、英武爲後梁新置番號。

　　"改左右天武爲左右龍虎軍"至"而任勳舊焉"：《職官分紀》卷三五引《五代史》，又見《會要》卷一二京城諸軍條。

　　[5]詔禁戢諸軍節級兵士及供奉官受旨殿直以下各修禮敬：《宋本册府》卷一一九一《閏位部·政令門》。

　　開平三年春正月戊辰朔，帝御金祥殿，受宰臣、翰林學士稱賀，文武百官拜表於東上閣門。[1]己巳，奉遷太廟四室神主赴西京，太常儀仗鼓吹導引齋車，文武百官奉辭於開明門外。[2]壬申，以博王友文爲東都留守。[3]甲戌，發東都，百官扈從，次中牟縣。乙亥，次鄭州。丙子，次汜水縣，河南尹張宗奭、河陽節度使張歸霸並來朝。戊寅，次偃師縣。己卯，備法駕六軍儀仗入西都。是日，御文明殿受朝賀。[4]詔曰："近年以來，風俗未泰，兵革且繁，正月燃燈，廢停已久。今屬創開鴻業，初建洛都，方在上春，務達陽氣，宜以正月十四、十五、十六日夜，開坊市門，一任公私燃燈祈福。"[5]乙酉，詔曰："初宅洛都，將行郊祀，應嶽瀆名山大川及諸州有靈迹封崇神祠，各宜差官吏精虔祭告。"是日，禮儀使奏請皇帝宿齋三日。[6]庚寅，親享太廟。[7]辛卯，親祀昊天上帝於圜丘。是日，降雪盈尺，帝昇壇而雪霽。禮畢，御五鳳樓，宣制大赦天下。[8]賜南郊行事官禮儀使趙光逢以下分物。甲午，上御文思殿宴羣臣，賜金帛有差。丙申，賜文武官帛有差。命宣徽使王殷押絹一萬匹并茵褥圖帟二百六十件賜張宗奭。[9]羣臣上尊號曰睿文聖武廣孝皇帝。[10]詔曰："秩俸所以養賢而勵奉公也，兵車未戢，貢賦莫充，朝謁甚勤，禄廪蓋寡。朕今肇建都市，已畢郊禋，職采至多，費用差少，其百官逐月俸料，委左藏庫依前例全給。"[11]改西京貞觀殿爲文明殿，含元殿爲朝元殿。[12]

[1]閣門：宮門名。原作"閤門"。唐代大明宮之正殿（宣政殿）、内殿（紫宸殿）以東、西上閣門相連，閣門遂爲外朝、内朝之分界。五代宮殿承唐制，亦設閣門。　"開平三年春正月戊辰朔"至"文武百官拜表於東上閣門"：明本《册府》卷一九七《閏位部·朝會門》。

[2]太廟：又稱大廟。祭祀帝王祖宗之廟，省稱祖廟。　神主：爲已死的君主、諸侯製作的牌位。　西京：地名。治所在今河南洛陽市。　齋車：指運載太廟四室神主的車輛。　"己巳"至"文武百官奉辭於開明門外"：《宋本册府》卷一八九《閏位部·奉先門》。又見《通鑑》卷二六七，《通鑑》不及《宋本册府》詳細。

[3]壬申，以博王友文爲東都留守：《通鑑》卷二六七開平三年（909）正月壬申條。

[4]汜水縣：縣名。治所在今河南滎陽市汜水鎮。　偃師縣：縣名。治所在今河南偃師市。　法駕：天子車駕。也稱"法車"。　六軍：泛指皇帝的禁衛軍。《周禮·夏官·司馬》："凡制軍，萬有二千五百人爲軍。王六軍。"　文明殿：宮殿名。位於今河南洛陽市。　"甲戌"至"御文明殿受朝賀"：明本《册府》卷二〇五《閏位部·巡幸門》。

[5]洛都：指西都洛陽。　"詔曰"至"一任公私燃燈祈福"：《大典》卷八六六六"燈"字韻"燃燈"事目。"洛都"，中華書局本有校勘記："原作'洛陽'，據《册府》卷一九一改。"見《宋本册府》卷一九一《閏位部·政令門》。本條中華書局本沿《輯本舊史》作《大典》卷六六六六，並有校勘記："檢《永樂大典目録》，

卷六六六六爲‘江’字韻‘鎮江府三’，與本則内容不符，恐有誤記。陳垣《舊五代史輯本引書卷數多誤例》謂應作卷八六六六‘燈’字韻。”

[6]禮儀使：官名。掌五禮。凡國有大禮，皆任命大臣掌其事。
“乙酉”至“禮儀使奏請皇帝宿齋三日”：《宋本册府》卷一九三《閏位部·崇祀門》。《册府》原文在乙酉日詔書後爲“是月，禮儀使奏請皇帝宿齋三日”，之後繼載庚寅日享太廟，故“是月”當爲“是日”。

[7]庚寅，親享太廟：《宋本册府》卷一八九《閏位部·奉先門》。《新五代史》卷二《梁太祖紀下》、《通鑑》卷二六七亦載。又，中華書局本有校勘記：“本則原在上文‘詔曰近年以來’前，據殿本移此。按是月戊辰朔，庚寅爲二十三日，上文詔中有‘宜以正月十四、十五、十六日夜’之語，應在‘庚寅’之前。”

[8]五鳳樓：樓名。隋唐時在洛陽宮門正門應天門，後梁太祖朱温重修。位於今河南洛陽市。是宮門正門形制。《輯本舊史》之影庫本粘籤：“‘五鳳樓’下原本衍一‘于’字，今據文删去。”
“辛卯”至“宣制大赦天下”：《大典》卷四三七五“壇”字韻。本條原作卷四三七六，中華書局本有校勘記：“檢《永樂大典目録》，卷四三七六爲‘檀’字韻，與本則内容不符，恐有誤記。陳垣《舊五代史輯本引書卷數多誤例》謂應作卷四三七五‘壇’字韻。”“辛卯”，《通鑑》卷二六七作“辛巳”，誤。“親祀昊天上帝”，《大典》作“祀昊天上帝”。“親”，據《宋本册府》卷一九三《閏位部·崇祀門》補。“是日”，《册府》卷一九三作“是月”。

[9]趙光逢：人名。京兆奉天（今陝西乾縣）人。後梁大臣。傳見本書卷五八、《新五代史》卷三五。　宣徽使：官名。唐後期置。宣徽院長官，初用宦官，五代以後改用士人。掌内諸司及三班内侍之名籍，郊祀、朝會、宴享供帳之儀，應内外進奉，悉檢視名物，用其印。參見王永平《論唐代宣徽使》，《中國史研究》1995年第1期；王孫盈政《再論唐代的宣徽使》，《中華文史論叢》2018

年第3期。 王殷：人名。本名蔣殷。河中節度使王重盈養子。後
梁太祖時官至宣徽院使。朱友珪篡位稱帝，被任爲徐州節度使。末
帝時拒不免官，兵敗自殺。傳見本書卷一三、《新五代史》卷四三。

"賜南郊行事官禮儀使趙光逢以下分物"至"命宣徽使王殷押
絹一萬匹并茵褥圖帟二百六十件賜張宗奭"：《大典》卷一三七一
九"賜"字韻"慶賜（一）"事目。全條見《宋本册府》卷一九
七《閏位部・慶賜門》。其中，"丙申"，《册府》作"甲申"，誤。
"圖帟"，中華書局本有校勘記："原作'圖幣'，據《册府》（宋
本）卷一九七改。殿本作'帷帟'，劉本作'圍帟'。按幣，帶也；
帟，幕之小者，所以承塵。'圖帟'當爲有圍之帟，與'茵褥'相
對成文。"甲午條，又見《宋本册府》卷一九七《閏位部・宴會
門》。

[10]羣臣上尊號曰睿文聖武廣孝皇帝：《新五代史》卷二。

[11]左藏庫：官署名。後梁置。負責收納各地所輸財賦，以供
官吏、軍兵俸給及賞賜等費用。 "詔曰"至"委左藏庫依前例
全給"：《宋本册府》卷五〇八《邦計部・俸禄門四》。《會要》卷
二七諸色料錢上條，亦載此條内容，但爲節文。"職采"，《宋本册
府》作"職來"。

[12]貞觀殿：宮殿名。爲隋唐洛陽城宮城三大殿之一。後梁改
爲文明殿。位於今河南洛陽市。爲五代洛陽宮城的正殿，大朝會、
大册拜等禮儀活動在此舉行。 改西京貞觀殿爲文明殿，含元殿爲
朝元殿：《宋本册府》卷一九六《閏位部・建都門》。《通鑑》卷二
七八長興四年（933）五月甲申條胡注："《薛史》，梁開平三年改西
京貞觀殿爲文明殿。"《會要》卷五大内條記此事於開平二年元年，
"貞觀殿"作"正觀殿"。

二月丁酉朔，日有食之。[1]宴群臣於崇勳殿。[2]甲
辰，又宴群臣於崇勳殿，蓋藩臣進賀，勉而從之。[3]丙

午，宗正寺請修興極、永安、光天、咸寧陵，並合添修上下宮殿，栽植松柏。制可。[4]壬戌，講武于西杏園。[5]癸亥，敕：“豐沛之基，寢園所在，悽愴動關於情理，充奉自繫於國章。宜設陵臺，兼升縣望。其輝州碭山縣宜陞爲赤縣，仍以本縣令兼四陵臺令。”[6]甲子，同州節度使劉知俊奏，延州都指揮使高萬興部領節級家累三十八人來降。[7]改思政殿爲金鑾殿。敕東都曰：“自昇州作府，建邑爲都，未廣邦畿，頗虧國體。其以滑州酸棗縣、長垣縣，鄭州中牟縣、陽武縣，宋州襄邑縣，曹州戴邑縣，許州扶溝縣、鄢陵縣，陳州太康縣等九縣，宜並割屬開封府，仍昇爲畿縣。”[8]

[1]二月丁酉朔，日有食之：《通鑑》卷二六七開平三年（909）二月丁酉條。《吳越備史》卷一《武肅王下》：“二月朔，日有蝕之。敕選王子兩浙副使傅瑛爲駙馬都尉。”《遼史》卷一《太祖紀》：“二月丁酉朔，梁遣郎公遠來聘。”

[2]崇勳殿：宮殿名。原係唐東都洛陽城内朝殿名，後梁以洛陽爲西京，沿襲舊稱。　宴群臣於崇勳殿：《大典》卷一六七四八“宴”字韻“宴享（五）”事目。又見《宋本册府》卷一九七《閏位部·宴會門》。

[3]甲辰，又宴群臣於崇勳殿，蓋藩臣進賀，勉而從之：《大典》卷一六七四八。又見《宋本册府》卷一九七。又，丁酉、甲辰條後，中華書局本有校勘記：“本條原在下文‘丙午’條後，據殿本移此。按是月丁酉朔，甲辰爲初八，丙午爲初十。”

[4]宗正寺：官署名。北齊始置。隋唐五代相沿，爲九寺之一。掌管皇室宗族、外戚譜牒、皇室陵廟等事務。　興極：後梁肅祖宣元皇帝朱黯陵名。開平元年（907）追封尊號。位於單州碭山縣

（今安徽碭山縣）。　永安：後梁敬祖光獻皇帝朱茂琳陵名。開平元年追封尊號。位於單州碭山縣（今安徽碭山縣）。　光天：後梁憲祖昭武皇帝朱信陵名。開平元年追封尊號。位於單州碭山縣（今安徽碭山縣）。　咸寧：後梁烈祖文穆皇帝朱誠陵名。開平元年追封尊號。位於單州碭山縣（今安徽碭山縣）。　“丙午”至“制可”：《宋本冊府》卷一八九《閏位部·奉先門》。“合”，中華書局本有校勘記：“原作‘令’，據《冊府》卷一八九改。”

[5]西杏園：地名。位於今河南洛陽市。　壬戌，講武于西杏園：《新五代史》卷二《梁太祖紀下》。

[6]陵臺令：官名。唐置陵臺，掌守衛皇陵事務。五代沿用。長官爲陵臺令，從五品上。　“癸亥”至“仍以本縣令兼四陵臺令”：《宋本冊府》卷一八九《閏位部·奉先門》。“陞”字，輯本原闕，今補。

[7]都指揮使：官名。唐末、五代行軍統兵主帥。參見杜文玉《晚唐五代都指揮使考》，《學術界》1995年第1期。　高萬興：人名。河西（今甘肅武威市）人。五代將領，高懷遷之子。傳見本書卷一三二、《新五代史》卷四〇。　“甲子”至“延州都指揮使高萬興部領節級家累三十八人來降”：明本《冊府》卷二一五《閏位部·招懷門》。本條之日期，據《新五代史》卷二《梁太祖紀下》補。

[8]思政殿：宮殿名。位於河南洛陽市。　滑州：州名。治所在今河南滑縣。　酸棗縣：縣名。治所在今河南延津縣西南。　長垣縣：縣名。治所在今河南長垣縣。　陽武縣：縣名。治所在今河南原陽縣。　宋州：州名。治所在今河南商丘市睢陽區。　襄邑縣：縣名。治所在今河南睢縣。　曹州：州名。治所在今山東曹縣。　戴邑縣：縣名。後梁開平元年以考城更名戴邑。治所在今河南民權縣。　扶溝縣：縣名。治所在今河南扶溝縣。　太康縣：縣名。治所在今河南太康縣。　開封府：府名。治所在今河南開封市。　畿縣：等第名。唐宋時，京城所治之縣爲赤縣，京之旁邑爲

畿縣。唐縣分京（赤）、畿（望）、上、中、中下、下六等，畿縣是第二等，也稱次赤縣。 "改思政殿爲金鑾殿"至"仍昇爲畿縣"：《宋本册府》卷一九六《閏位部·建都門》。"改思政殿爲金鑾殿"，《會要》卷一三金鑾殿學士條繫於正月。"金鑾殿"，中華書局本有校勘記："原作'金鸞殿'，據殿本、《册府》卷一九六、《五代會要》卷一三改。本卷下一處同。按本書卷一四九《職官志》云：'前朝因金鑾坡以爲門名……梁氏因之以爲殿名。仍改"鸞"爲"鑾"，從美名也。'""扶溝縣"，中華書局本有校勘記："'縣'字原闕，據殿本、劉本、邵本校補。殿本考證云：'案"扶溝"下脱"縣"字，今據文增入。'"

三月丙寅朔，御崇勳殿視朝，遂宴群臣。[1]以高萬興檢校司徒，爲丹、延等州安撫招誘等使。[2]辛未，詔曰："同州邊隅，繼有士衆歸化，暫思巡撫，兼要指揮。今幸蒲、陝，取九日進發。"[3]渤海國遣使朝貢。[4]甲戌，車駕發西都，百官奉辭于師子門外。[5]以山南東道節度使楊師厚兼潞州四面行營招討使。[6]丁丑，次陝州。己卯，次解縣，河中節度使、冀王友謙來奉迎。庚辰，至河中府。[7]分命群臣告祭山川靈跡。[8]發步騎會高萬興兵取丹、延。[9]丙戌，以朔方節度使、兼中書令、潁川郡公韓遜爲潁川郡王。遜本靈州牙校，唐末據本鎮，朝廷因而授以節鉞。[10]辛卯，丹州刺史崔公實請降。[11]遣宰臣薛貽矩以孟夏雩祀昊天上帝，宰臣于兢薦饗太廟，並赴西都。[12]幸右軍舊杏園講武。[13]尚書户部奏："請詔天下州府，準舊章申送户口帳籍。"從之。[14]

[1]三月丙寅朔，御崇勳殿視朝，遂宴群臣：《宋本册府》卷

一九七《閏位部·宴會門》。明本《册府》作"丙辰朔"，此據宋本。

[2]丹：州名。即丹州，治所在今陝西宜川縣。 安撫招誘等使：官名。安撫使，隋代以安撫大使爲行軍主帥的兼職。唐貞觀初遣大使十三人巡省天下諸州水旱，有安撫、巡察、存撫等名，多爲安民賑恤而設。中唐以後，或以節度使兼任，合軍政民政於一人。以高萬興檢校司徒，爲丹、延等州安撫招誘等使：明本《册府》卷二一五《閏位部·招懷門》。

[3]"辛未"至"取九日進發"：明本《册府》卷二〇五《閏位部·巡幸門》。"今幸蒲、陝"，《輯本舊史》之影庫本粘籤："原本作'今宰'，今據文改正。"

[4]渤海國遣使朝貢：《宋本册府》卷九七二《外臣部·朝貢門五》。《新五代史》卷二《梁太祖紀下》亦載。

[5]師子門：城門名。位於今河南洛陽市。 甲戌，車駕發西都，百官奉辭于師子門外：明本《册府》卷二〇五。《通鑑》卷二六七亦載"甲戌，帝發洛陽"，《新五代史》卷二作"甲戌，如河中"。

[6]山南東道：方鎮名。至德二載（757）升襄陽防禦使爲山南東道節度使，文德元年（888）號爲忠義軍，治所在襄州（今湖北襄陽市）。 楊師厚：人名。潁州斤溝（今安徽太和縣阮橋鎮斤溝村）人。唐末、五代將領。傳見本書卷二二、《新五代史》卷二三。 以山南東道節度使楊師厚兼潞州四面行營招討使：《通鑑》卷二六七開平三年（909）三月甲戌條。

[7]解縣：縣名。治所在今山西運城市解州鎮。 河中：方鎮名。治所在河中府（今山西永濟市西南蒲州鎮）。 友謙：人名。即朱友謙。河南許州（今河南許昌市）人。朱温養子，唐末、五代軍閥。傳見本書卷六三、《新五代史》卷四五。 河中府：府名。治所在今山西永濟市西南蒲州鎮。 "丁丑"至"至河中府"：明本《册府》卷二〇五。

[8]分命群臣告祭山川靈跡：《宋本册府》卷一九三《閏位

部·崇祀門》。

[9]發步騎會高萬興兵取丹、延:《通鑑》卷二六七開平三年三月庚辰條。

[10]朔方:方鎮名。治所在靈州（今寧夏吳忠市）。 郡公:勛爵名。魏晉始置。唐制爲正二品。 韓遜:人名。籍貫不詳。唐末、五代軍閥。傳見本書卷一三二、《新五代史》卷四〇。 靈州:州名。治所在今寧夏吳忠市。 牙校:即節度使府軍校,爲低級武職。 "丙戌"至"朝廷因而授以節鉞":中華書局本沿《輯本舊史》作《大典》卷一九八一七,並有校勘記:"檢《永樂大典目錄》,卷一九八一七爲'服'字韻'事韻一',與本則内容不符,恐有誤記。又此則全同《通鑑》卷二六七,疑係誤輯。""潁川郡公"據明本《册府》卷一九六《閏位部·封建門》補。"潁川郡公",中華書局本沿《輯本舊史》作"潁川王",並有校勘記:"《册府》卷一九六敘其事作'進封朔方節度使、潁川郡公韓遜爲潁川郡王',本書卷一三二《韓遜傳》、《五代會要》卷一一亦作'潁川郡王'。"但未改,今據明本《册府》卷一九六及《會要》卷一一封建條改。

[11]崔公實:人名。籍貫不詳。唐末、五代將領。本書僅此一見。 辛卯,丹州刺史崔公實請降:《通鑑》卷二六七開平三年三月辛卯條。

[12]薛貽矩:人名。河東聞喜（今山西聞喜縣）人。唐末、後梁大臣。傳見本書卷一八、《新五代史》卷三五。 雩（yú）祀:古代祈雨的祭祀。《周禮·春官》:"若國大旱,則帥巫而舞雩。"《公羊傳·桓公五年》云:"大雩者何? 旱祭也。"何注云:"雩,旱請雨祭名。使童男女各八人,舞而呼雩,故謂之雩。"《禮記·月令》:"仲夏之月,命有司爲民祈祀山川百源,大雩帝,用盛樂。" 遣宰臣薛貽矩以孟夏雩祀昊天上帝,宰臣于兢薦饗太廟,並赴西都:《宋本册府》卷一九三《閏位部·崇祀門》。《册府》本條記載於本月甲戌日之前,但時間不確,故列於本月之末。

[13]幸右軍舊杏園講武：明本《册府》卷二一四《閏位部·
訓兵門》。

[14]"尚書户部奏"至"從之"：《會要》卷二五帳籍條。

夏四月丙申朔，駐蹕河中。[1]劉知俊移軍攻延州，
李延實嬰城自守。知俊遣白水鎮使劉儒分兵圍坊州。[2]
己亥，御前殿，宴宰臣及冀王友謙扈從官。[3]庚子，制：
易定節度使王處直進封北平王，福建節度使王審知封閩
王，廣州節度使劉隱封南平王，同州節度使劉知俊封大
彭郡王，山南東道節度使楊師厚封弘農郡王。[4]壬寅辰
時，駕巡于朝邑縣界焦黎店，冀王友謙及崇政内諸司使
扈從，至申時迴。[5]丙午，劉知俊克延、鄜、坊三州。[6]
甲寅，宴宰臣及扈從官於内殿。[7]岐王所署保大節度使
李彦博、坊州刺史李彦昱皆棄城奔鳳翔，鄜州都將嚴弘
倚舉城降。己未，以高萬興爲保塞節度使，以絳州刺史
牛存節爲保大節度使。[8]翰林學士鄭玨、盧文度以書詔
漏略王言，罰兩月俸。[9]幽州節度使劉守光進蕃中生異
馬一匹，鞍後毛長五寸，名烏龍。兩浙節度使錢鏐進睦
州大茶三百一十籠、洞牙弩百枝、桐木槍二千條，賜進
奉使紀君武銀帛有差。[10]追封故河中節度使王重榮爲晉
王。[11]敕："賜劉斤同進士及第，仍編入今年榜内第八
人。"[12]制授兩浙節度使錢鏐守太保，增食邑二千户、
實封二百户。[13]

[1]夏四月丙申朔，駐蹕河中：明本《册府》卷二〇五《閏位
部·巡幸門》。"夏"字據本紀四時記載之體例補。

[2]李延實：人名。籍貫不詳。本書僅此一見。　白水：縣名。治所在今陝西白水縣。　鎮使：官名。唐制，軍隊戍守之地，大者爲軍，其次爲城、鎮。每鎮置一鎮使。　劉儒：人名。籍貫不詳。劉知俊部將，后從劉投降李茂貞。事見本書本卷。　坊州：州名。治所在今陝西黃陵縣。　"劉知俊移軍攻延州"至"分兵圍坊州"：《通鑑》卷二六七開平三年（909）四月條。

[3]己亥，御前殿，宴宰臣及冀王友謙扈從官：《大典》卷一六七四八"宴"字韻"宴享（五）"事目。又見《宋本册府》卷一九七《閏位部‧宴會門》。

[4]易定：方鎮名。又名義武。治所在定州（今河北定州市）。王處直：人名。京兆萬年（今陝西西安市長安區）人。唐末、五代軍閥。傳見本書卷五四、《新五代史》卷三九。　福建：方鎮名。治所在福州（今福建福州市）。　王審知：人名。光州固始（今河南固始縣）人。五代十國閩國建立者。909 年至 925 年在位。傳見本書卷一三四、《新五代史》卷六八。　廣州：方鎮名。治所在廣州（今廣東廣州市）。　劉隱：人名。上蔡（今河南上蔡縣）人。五代十國南漢奠基者。傳見本書卷一三五、《新五代史》卷六五。"庚子"至"山南東道節度使楊師厚封弘農郡王"：《宋本册府》卷一九六《閏位部‧封建門》。《通鑑》亦載，爲節文。"庚子"據《通鑑》卷二六七補。

[5]朝邑縣：縣名。治所在今陝西大荔縣。　焦黎店：地名。位於今陝西大荔縣。　內諸司使：內諸司長官群體。內諸司爲唐宋禁內各官署的統稱。　"壬寅辰時"至"至申時迴"：明本《册府》卷二〇五。

[6]丙午，劉知俊克延、鄜、坊三州：《新五代史》卷二《梁太祖紀下》。《五代春秋》卷上《梁太祖》作"克鄜、坊、丹、延四州"。

[7]甲寅，宴宰臣及扈從官於內殿：《大典》卷一六七四八。又見《宋本册府》卷一九七《閏位部‧宴會門》。

[8]岐王：即鳳翔節度使李茂貞。深州博野（今河北蠡縣）人。唐末、五代軍閥。傳見本書卷一三二、《新五代史》卷四〇。　　保大：方鎮名。治所在鄜州（在今陝西富縣）。　　李彥博：人名。籍貫不詳。本書僅此一見。　　李彥昱：人名。籍貫不詳。本書僅此一見。　　鳳翔：方鎮名。治所在鳳翔府（今陝西鳳翔縣）。　　都將：官名。唐、五代時節度使屬將。　　嚴弘倚：人名。籍貫不詳。本書僅此一見。　　保塞：方鎮名。治所在延州（今陝西延安市）。“岐王所署保大節度使李彥博”至“以絳州刺史牛存節爲保大節度使”：《通鑑》卷二六七開平三年四月己未條。

[9]鄭珏：人名。籍貫不詳。後梁大臣。傳見本書卷五八。盧文度：人名。五代官員。事見本書本卷、卷七。　　翰林學士鄭珏、盧文度以書詔漏略王言，罰兩月俸：《宋本冊府》卷五五三《詞臣部·謬誤門》。

[10]睦州：州名。治所在今浙江建德市。　　進奉使：官名。五代諸道、外藩押送進奉物的官員。　　紀君武：人名。籍貫不詳。本書僅此一見。　　“幽州節度使劉守光進蕃中生異馬一匹”至“賜進奉使紀君武銀帛有差”：《宋本冊府》卷一九七《閏位部·納貢獻門》。

[11]王重榮：人名。太原祁（今山西祁縣）人，一說河中人。唐末軍閥。傳見《舊唐書》卷一八二、《新唐書》卷一八七。　　追封故河中節度使王重榮爲晋王：《會要》卷一一封建條。

[12]劉斤：人名。籍貫不詳。本書僅此一見。　　敕：賜劉斤同進士及第，仍編入今年榜內第八人：《會要》卷二二進士條。

[13]太保：官名。與太師、太傅並爲三師。唐後期、五代多爲大臣、勳貴加官。正一品。　　制授兩浙節度使錢鏐守太保，增食邑二千户、實封二百户：《吴越備史》卷一《武肅王下》。

五月乙丑朔，視朝，遂命宰臣及文武百官宴於内殿。[1]丁卯，帝命劉知俊乘勝取邠州；知俊難之，辭以闕食，乃召還。己巳，召佑國軍節度使重師入朝，以左龍虎統軍劉捍爲佑國留後。[2]癸酉，駕三更一點發河中。[3]己卯，車駕至西京。癸未，御崇勳殿，宴宰臣及文武官四品以上。[4]甲申，貶王重師溪州刺史，尋賜自盡，夷其族。[5]己丑，復御崇勳殿，宴宰臣、文武官四品以上。[6]升宋州爲宣武軍節鎮，仍以亳、輝、潁爲屬郡。[7]敕：“禮部所放進士薛鈞是左司侍郎薛廷珪男，方持省轄，固合避嫌，其薛鈞宜令所司落下。”[8]賜迴紇朝貢使阿福引分物。[9]

[1]五月乙丑朔，視朝，遂命宰臣及文武百官宴於内殿：《宋本册府》卷一九七《閏位部·宴會門》。中華書局本有校勘記："'視'字原闕，據《册府》卷一九七補。"

[2]邠州：州名。治所在今陝西彬縣。　佑國軍：方鎮名。治所在京兆府（今陝西西安市）。　重師：人名。即王重師。許州長社（今河南許昌市）人。唐末、後梁將領。傳見本書卷一九、《新五代史》卷二二。　劉捍：人名。開封（今河南開封市）人。唐末、後梁將領。傳見本書卷二〇、《新五代史》卷二一。　"丁卯"至"以左龍虎統軍劉捍爲佑國留後"：《通鑑》卷二六七開平三年（909）五月丁卯條。己巳條前，原有"佑國節度使王重師鎮長安數年，帝在河中，怒其貢奉不時"一句，王重師的官職據此補。

[3]癸酉，駕三更一點發河中：明本《册府》卷二〇五《閏位部·巡幸門》。

[4]"己卯"至"宴宰臣及文武官四品以上"：《大典》卷一六七四八"宴"字韻"宴享（五）"事目。"車駕至西京"，中華書

局本有校勘記："'車駕'原作'車馬'，據殿本、劉本、彭校、《册府》卷一九七改。"

[5]溪州：州名。治所在今湖南永順縣。　"甲申"至"夷其族"：《通鑑》卷二六七開平三年五月甲申條。

[6]己丑，復御崇勳殿，宴宰臣、文武官四品以上：《大典》卷一六七四八。又見《宋本册府》卷一九七《閏位部·宴會門》。

[7]宣武軍：方鎮名。治所在宋州（今河南商丘市睢陽區）。　潁：州名。治所在今安徽阜陽市。　升宋州爲宣武軍節鎮，仍以亳、輝、潁爲屬郡：《通鑑》卷二六七開平三年五月條胡注引《薛史》。

[8]禮部：官署。掌禮儀、祭享、貢舉之政。　薛鈞：人名。河東（今山西）人。薛廷珪之子。與任贊、劉昌素、高總同年擢第，所在相詬，時人謂之"相罵榜"。事見本書卷一二八。　左司侍郎：官名。即尚書左丞，五代后梁太祖開平二年（908）因避諱改。爲尚書省佐貳官。唐中期以後，與尚書右丞實際主持尚書省日常政務，權任甚重。正四品上。　薛廷珪：人名。蒲州河東（今山西永濟市西南蒲州鎮）人。唐末、五代官員。傳見本書卷六八。"敕"至"其薛鈞宜令所司落下"：《宋本册府》卷六五一《貢舉部·謬濫門》。"薛鈞"，《會要》卷二二進士條作"薛均"。

[9]迴紇：部族、政權名。又作回鶻。原係突厥鐵勒部的一支。唐天寶三載（744）建立回紇汗國，8世紀末、9世紀初，回鶻與吐蕃爭奪北庭和安西並最終取勝，統治西域。9世紀中葉，回鶻汗國瓦解。參見楊蕤《回鶻時代：10—13世紀陸上絲綢之路貿易研究》，中國社會科學出版社2015年版。　朝貢使：官名。並立政權間，或藩屬向宗主政權派遣的外交使團長官。　阿福：人名。回紇人。本書僅此一見。　賜迴紇朝貢使阿福引分物：《宋本册府》卷九七二《外臣部·朝貢門五》。

　　秋七月甲子，幽州節度使、河間郡王劉守光進封燕王。[1]商州刺史李稠棄郡西奔，本州將吏以都牙校李玟權知州事。[2]乙丑，克丹州，執其首惡王行思。[3]敕："行營將士陣歿者，咸令所在給櫬檟，津置歸鄉里。"戰卒聞之悉感涕。[4]丙寅，命宰臣楊涉赴西都，以孟秋享太廟。[5]庚午，改佑國軍曰永平。[6]癸酉，帝發陝州。[7]甲戌，詔曰："朕自膺眷佑，勉副樂推，三載于茲，多難未弭。但蒙靈貺，每竊休徵，致稼穡之有年，乃陰陽之克敘。昨者以災興右地，叛結左馮，連邠、鳳之兇狂，據關、河之險固，王師纔進，逆黨生擒，寸刃未施，重門盡啓，以致元凶自遁，道甍皆降，賊除不出於浹旬，兵罷匪逾於一月。而況時當炎暑，路涉惡山，風迎馬以納凉，雲隨車而不雨，功因捷速，而免滯留，非眇質之敢當，賴上玄之垂祐，合申告謝，用表精虔。宜令所司擇日親拜郊祀。"[8]乙亥，至自陝，文武百官於新安縣奉迎。[9]寢疾。[10]甲申，襄州軍亂，殺山南東道節度留後王班。房州刺史楊虔叛附于蜀。[11]己丑夕，寢殿棟折。詰旦，召近臣諸王視棟折之跡，帝慘然曰："幾與卿等不相見。"君臣對泣久之。遂詔有司釋放禁人，從八月朔日後減膳，進素食，禁屠宰，避正殿，修佛事，以禳其咎。[12]敕："大內皇牆使諸門，素來未得嚴謹，將令整肅，須示條章。宜令控鶴指揮使，應於諸門各添差控鶴官兩人，守帖把門。其諸司使并諸司諸色人，並勒於左、右銀臺門外下馬，不得將領行官一人輒入門裏。其逐日諸道奉進客省使，於千秋門外排當訖，

勒控鶴官昇擡至内門前，準例令黄門殿直以下昇進，輒
不得令諸色一人到千秋門内。其章善門仍令長關鎖，不
用逐日開閉。”是日，又敕：“皇牆大内，本尚深嚴，宫
禁諸門，豈宜輕易。未當條制，交下因循，苟出入之無
常，且公私之不便。須加鈐轄，用戒門閭。宜令宣徽院
使等切准此處分。”[13]改章善門爲左、右銀臺門，其左、
右銀臺門却改爲左、右興善門。[14]

[1]秋七月甲子，幽州節度使、河間郡王劉守光進封燕王：
《宋本册府》卷一九六《閏位部·封建門》。“秋”字，據本紀四時
記載之體例補。“甲子”，據《通鑑》卷二六七補，内容較《册
府》簡。

[2]商州：州名。治所在今陝西商洛市商州區。　李稠：人名。
籍貫不詳。本書僅此一見。　李玟：人名。籍貫不詳。本書僅此一
見。　權知州事：官名。簡稱“知州”。州級行政長官。參見閆建
飛《唐後期五代宋初知州制的實施過程》，《文史》2019年第1期。
商州刺史李稠棄郡西奔，本州將吏以都牙校李玟權知州事：《通
鑑》卷二六七開平三年（909）七月條《考異》引《薛史》。《新五
代史》《梁實録》亦載此事。原本作胡注引《薛史》，誤。又，“李
玟”，中華書局本有校勘記：“原作‘李玫’，據《通鑑》卷二六七
《考異》所引《薛史》改。”

[3]乙丑，克丹州，執其首惡王行思：《新五代史》卷二《梁
太祖紀下》。《通鑑》卷二六七略同。

[4]“敕”至“戰卒聞之悉感涕”：《宋本册府》卷一九五
《閏位部·恤征役門》。“敕行營將士陣殁者”，中華書局本有校勘
記：“‘行營’原作‘行宫’，據劉本、《册府》（宋本）卷一九
五改。”

[5]丙寅，命宰臣楊涉赴西都，以孟秋享太廟：《宋本册府》

卷一八九《閏位部・奉先門》。

[6]庚午，改佑國軍曰永平：《通鑑》卷二六七開平三年七月庚午條。

[7]癸酉，帝發陝州：《通鑑》卷二六七開平三年七月癸酉條。明本《册府》卷二〇五《閏位部・巡幸門》作“癸酉，駕幸陝”，誤。

[8]左馮：政區名。即左馮翊，爲漢代三輔之一，轄區相當於一郡，地屬畿輔，故不稱郡，所轄之地相當於今陝西渭河以北、涇河以東、洛河中下游地區。　“甲戌”至“宜令所司擇日親拜郊祀”：《宋本册府》卷一九三《閏位部・崇祀門》。

[9]乙亥，至自陝，文武百官於新安縣奉迎：明本《册府》卷二〇五《閏位部・巡幸門》。

[10]寢疾：《通鑑》卷二六七開平三年七月條。

[11]王班：人名。籍貫不詳。故河陽將領，累以軍功爲郡守，主留事於襄陽，被小將王求所殺。傳見本書附錄。　房州：州名。治所在今湖北房縣。　楊虔：人名。籍貫不詳。事見本書卷五。蜀：五代十國之前蜀。由王建所建，都於成都。《王建傳》見本書卷一三六、《新五代史》卷六三。　“甲申”至“房州刺史楊虔叛附于蜀”：《新五代史》卷二。《通鑑》卷二六七亦載。

[12]“己丑夕”至“以禳其咎”：　《大典》卷一六五七一“殿”字韻“事韻”。

[13]控鶴：禁軍番號。後梁稱侍衛親軍爲控鶴軍。由左右控鶴都指揮使統領。　客省使：官名。唐代宗時始置，五代沿置。客省長官，掌接待四方奏計及外族使者。　千秋門：宮門名。位於今河南開封市。　黄門殿直：官名。宮中内侍低級軍官。　章善門：宮門名。位於今河南開封市。　宣徽院使：官名。即宣徽使。“敕”至“宜令宣徽院使等切准此處分”：《宋本册府》卷一九一《閏位部・立法制門》。“奉進”，《會要》卷二四皇城使條作“進奉”。“排當訖”，中華書局本有校勘記：“‘訖’原作‘抗’，據

《册府》（宋本）卷一九一、《五代會要》卷二四改。”“其章善門仍
令長關鎖”，中華書局本有校勘記：“‘章善門’，原作‘興善門’，
據《五代會要》卷二四、《册府》卷一九一改。《舊五代史考異》
卷一：‘案：“興善”原作“章善”，今據上文及《五代會要》改正。
“長關鎖”，原作“長官關鎖”，據《册府》（宋本）卷一九一改。’
‘且公私之不便’之‘不便’，《册府》（宋本）卷一九作‘何
辨’。”

[14]興善門：宮門名。原名銀臺門。 改章善門爲左、右銀臺
門，其左右銀臺門却改爲左、右興善門：《宋本册府》卷一九六
《閏位部·建都門》。《會要》卷五大内條，記於十月。

八月甲午，以秋稼將登，霖雨特甚，命宰臣以下禱
於社稷諸祠。[1]敕：“朕以干戈尚熾，華夏未寧，宜循卑
菲之言，用致雍熙之化。起八月一日，常朝不御金鑾、
崇勳兩殿，只於便殿聽政。”[2]丁酉，賜劉玘、王廷順
物，以其違逆將之難來歸。[3]辛亥，制：“諸都如有陣殁
將士，仰逐都安存家屬，如有弟兄兒姪，便給與衣糧充
役。”[4]降死罪囚。[5]加兩浙節度使錢鏐守太尉，加實封
二百户，餘並如故。[6]甲寅，上疾小瘳，始復視朝。以
鎮國節度使康懷貞爲西路行營副招討使。[7]辛酉，均州
刺史張敬方既定其郡，又移兵尅房陵。[8]晋王引兵南下，
先遣周德威等將兵出陰地關攻晋州，刺史邊繼威悉力固
守。詔楊師厚將兵救晋州，周德威以騎扼蒙阬之險，師
厚擊破之，殺戮生禽賊將蕭萬通等，賊由是棄寨而
遁。[9]李洪寇荆南，高季昌遣其將倪可福擊敗之。詔馬
步都指揮使陳暉將兵會荆南兵討洪。[10]敕：“建國之初，

用兵之罷，諸道章表，皆繫軍機，不欲滯留，用防緩急。其諸道所有軍事申奏，令宜至右銀臺門委客省畫時引進。諸道公事，即依前四方館准例收接。"[11] 故山南東道節度使留後王珏贈太保，故同州觀察判官盧匡躬贈工部尚書。[12] 司天臺奏："今月二十七日平明前，東南丙上去山高三尺已來，老人星見，測在井宿十一度，其色光明潤大。"[13] 詔曰："封嶽告功，前王重事；祭天肆覲，有國恒規。朕以眇身，恭臨大寶，既功德未敷於天下，而災祥互降於域中。慮於告謝之儀，有缺齋虔之禮，爰修昭報，用契幽通。宜令中書侍郎、同平章事于兢往東嶽祭拜禱祀訖聞奏。"[14] 敕："所在長吏放雜差役，兩稅外不得妄有科配。自今後州府鎮縣，凡使命經過，若不執敕文券，並不得妄差人驢及取索一物已上。又今歲秋田，皆期大稔，仰所在切如條流，本分納稅及加耗外，勿令更有科率。切戒所由人更不得於鄉村乞託擾人。"[15] 制："左馮背叛，元惡遁逃，如聞相濟之徒，多是脅從之輩，若能迴心向國，轉禍全身，當與加恩，必不問罪。仍令同、華、雍等州切加招諭，如能梟斬溫韜，或以鎮寨歸化，必加厚賞，仍獎官班，兼委本界招復人戶，切加安存。"[16]

　　[1] 八月甲午，以秋稼將登，霖雨特甚，命宰臣以下禱於社稷諸祠：《大典》卷二六三一至二六三三"災"字韻。《輯本舊史》原作卷二六三〇"萊"字等韻，與本條內容不符，誤。又見《宋本冊府》卷一九三《閏位部·弭災門》。
　　[2] "敕"至"只於便殿聽政"：《宋本冊府》卷一九七《閏

位部·朝會門》。

[3]劉玘：人名。汴州雍丘（今河南杞縣）人。五代將領。傳見本書卷六四,《新五代史》卷四五。　王廷順：人名。籍貫不詳。本書僅此一見。　丁酉,賜劉玘、王廷順物,以其違逆將之難來歸：《通鑑》卷二六七開平三年（909）八月丁酉條《考異》引《梁太祖實録》。

[4]"辛亥"至"便給與衣糧充役"：《宋本册府》卷一九五《閏位部·恤征役門》。"諸都如有陣殁將士",中華書局本有校勘記："'諸都',原作'諸郡',據《册府》（宋本）卷一九五改。"

[5]降死罪囚：《新五代史》卷二《梁太祖紀下》。

[6]加兩浙節度使錢鏐守太尉,加實封二百户,餘並如故：《吴越備史》卷一《武肅王下》。又見《全唐文紀事》卷一二所收《授武肅王守太尉加實封制》。

[7]"甲寅"至"以鎮國軍節度使康懷貞爲西路行營副招討使"：《通鑑》卷二六七開平三年八月甲寅條。

[8]均州：州名。治所在今湖北丹江口市。　張敬方：人名。籍貫不詳。本書僅此一見。　房陵：州名。即房州。治所在今湖北房縣。　辛酉,均州刺史張敬方既定其郡,又移兵尅房陵：明本《册府》卷四三五《將帥部·獻捷門二》。"均州",《册府》作"城州",據《通鑑》卷二六七及《新五代史》卷二《梁太祖紀下》改。

[9]晋王：此處指李存勗。五代後唐王朝的建立者。紀見本書卷二七至卷三四、《新五代史》卷五。　周德威：人名。朔州馬邑（今山西朔州市朔城區東北）人。唐末、五代河東將領。傳見本書卷五六、《新五代史》卷二五。　蕭萬通：人名。籍貫不詳。五代後唐將領。事見本書卷二二、卷二七。　"晋王引兵南下,先遣周德威等將兵出陰地關攻晋州"至"賊由是棄寨而遁"：《通鑑》卷二六七開平三年八月條。

[10]李洪：人名。籍貫不詳。事見本書本卷、卷五。　荆南：

又稱南平。五代十國之一。後梁開平元年（907）朱温命高季興爲荆南節度使，梁末帝時封季興爲渤海王。同光二年（924）受後唐封爲南平王。　高季昌：人名。又名高季興，陝州硤石（今河南三門峽市陝州區硤石鄉）人。南平（即荆南）開國君主。傳見本書卷一三三、《新五代史》卷六九。　倪可福：人名。五代南平國將領。事見本書卷一七、《新五代史》卷六九。　陳暉：人名。籍貫不詳。唐末、五代將領。事見本書卷五、卷六、卷四五、卷七四，《新五代史》卷二、卷四五、卷四八。　“李洪寇荆南”至“詔馬步都指揮使陳暉將兵會荆南兵討洪”：《通鑑》卷二六七開平三年八月條。

[11]四方館：官署名。隋始置四方館，以通事謁者爲主官。唐、五代沿置，以通事舍人或判四方館事爲主官。掌四方往來及互市事務。　“敕”至“即依前四方館准例收接”：《宋本册府》卷一九一《閏位部・立法制門》。

[12]王玤：人名。籍貫不詳。即上文所説“王班”。　觀察判官：官名。即觀察使判官。唐肅宗以後置，五代沿置。觀察使屬官，參理田賦事，用觀察使印、署狀。　盧匪躬：人名。籍貫不詳。本書僅此一見。　工部尚書：官名。隋始置。尚書省工部主官。掌百工、屯田、山澤之政令。唐中葉後漸成虚銜，部務由侍郎主持。正三品。　故山南東道節度使留後王玤贈太保，故同州觀察判官盧匪躬贈工部尚書：明本《册府》卷二一〇《閏位部・旌表門》。“山南東道節度使留後王玤”，中華書局本作“山南東道節度使留後王班”，並有校勘記：“‘南’字原闕，據彭校、《通鑑》卷二六七補。‘王班’，《册府》卷二一〇同，殿本、劉本作‘王玤’。按《通鑑》卷二六七作《考異》：‘《薛史》作王玤，今從《實録》。’”今從《薛史》，“王玤”是。

[13]司天臺：官署名。主管觀察天象、考定曆數以及預測天象。　井宿：星宿名。係中國古代天文學中二十八宿之一，爲南方“朱雀”七宿之首，轄有八星。　“司天臺奏”至“其色光明潤

大”:《宋本册府》卷二〇二《閏位部·祥瑞門二》。“光明潤大”，中華書局本有校勘記：“‘潤’，原作‘闊’，據《册府》（宋本）卷二〇二改。”

[14]東嶽：山名。即今泰山。　“詔曰”至“禱祀訖聞奏”：《大典》卷一六九五八“詔”字韻“災異”事目。又見《宋本册府》卷一九三《閏位部·崇祀門》。“災祥互降於域中”，中華書局本有校勘記：“‘互’原作‘訝’，據殿本、《册府》卷一九三、《五代會要》卷三改。‘域’原作‘城’，據彭校、《册府》卷一九三改。”見《會要》卷三嶽瀆條。“同平章事于兢”之“同”，據《册府》卷一九三補。《輯本舊史》之影庫本粘籤：“于兢，原本作‘於兢’，今據《歐陽史》改正。”見《新五代史》卷二。

[15]“敕”至“切戒所由人更不得於鄉村乞託擾人”：《宋本册府》卷一九一《閏位部·政令門》。“仰所在切如條流”，中華書局本有校勘記：“‘切如’，《册府》（四庫本）卷一九一作‘切加’。”“勿令更有科率”，中華書局本沿《輯本舊史》作“勿令更有科索”，並有校勘記：“‘科索’，《册府》（宋本）卷一九一作‘科率’。”

[16]“制”至“切加安存”：明本《册府》卷二一五《閏位部·招懷門》。“左馮”，《輯本舊史》之影庫本粘籤：“原本作‘左憑’，今據文改正。”

　　閏八月癸酉，鴻臚寺引進契丹阿保機差首領葛鹿等，進金鍍鐵甲、金鍍銀甲及水精玉裝鞍轡等物，馬一百疋。其阿保機母、妻各進雲霞錦一疋。[1]戊寅，御文明殿，召契丹朝貢使葛鹿等五十人對見，群臣以遠蕃朝貢稱賀。罷，賜葛鹿已下酒食於客省，賚銀帛有差。[2]己卯，幸西苑觀稼。[3]襄陽叛將李洪差小將進表，帝示以含弘，特賜敕書慰諭。[4]是月，敕置蘇州吳江縣、明州靜安縣，從錢鏐之請也。[5]

[1]葛鹿：人名。契丹人。本書僅此一見。　"閏八月癸酉"至"其阿保機母、妻各進雲霞錦一疋"：《宋本册府》卷九七二《外臣部·朝貢門五》。"癸酉"，《册府》無，據《新五代史》卷二《梁太祖紀下》，補。"葛鹿"，《會要》卷二九契丹條作"葛禄"。

[2]"戊寅"至"賚銀帛有差"：《宋本册府》卷九七六《外臣部·褒異門三》。"文明殿"之"明"，《册府》缺，據《會要》卷二九契丹條補。又，"葛鹿"，《册府》本卷兩次徵引，前作"昌鹿"，又作"曷鹿"，今從《宋本册府》卷九七二，統改。

[3]西苑：皇家苑囿。位於今河南開封市。　己卯，幸西苑觀稼：明本《册府》卷二〇五《閏位部·巡幸門》。又，《宋本册府》卷一九八《閏位部·務農門》載於八月，而八月無"己卯"，故應爲閏八月。

[4]襄陽叛將李洪差小將進表，帝示以含弘，特賜敕書慰諭：明本《册府》卷二一五《閏位部·招懷門》。

[5]吳江縣：縣名。治所在今江蘇蘇州吳江區。　靜安縣：縣名。治所在今浙江寧波鎮海區。　"是月"至"從錢鏐之請也"：《吳越備史》卷一《武肅王下》。

舊五代史　卷五

梁書五

太祖紀第五

　　開平三年九月癸巳朔，[1]御崇勳殿，[2]宴群臣文武百官。賜張宗奭、楊師厚白綾各三百疋，銀鞍轡馬。[3]甲午，宴百官於崇勳殿。[4]丁酉，上幸崇政院宴內臣，賜院使敬翔、直學士李珽等繒綵有差。[5]以門下侍郎、平章事薛貽矩判建昌宮事兼延資庫使。[6]庚子，殿直王唐福自襄州走馬，以天軍勝捷逆將李洪歸降事上聞。賜唐福絹銀有加，宰臣百官上表稱賀。[7]壬寅，開封府虞候李繼業齎襄州都指揮使陳暉奏狀，以今月五日，殺戮逆黨千人，并生擒都指揮使傅霸以下節級共五百人，收復襄州人戶歸業事。[8]癸卯，帝御文明殿，以收復襄漢，受宰臣已下稱賀。[9]賜契丹朝貢使曷魯、押進將軍污鹿、副使夫達、通事王梅落及首領等銀絹有差。[10]丁未，以保義節度使王檀爲潞州東面行營招討使。[11]劉守光奏遣其子中軍兵馬使繼威安撫滄州吏民；戊申，以繼威爲義昌留後。[12] 辛亥，侍中韓建罷守太保，左僕射、同平章事楊涉罷守本官。以太常卿趙光逢爲中書侍郎，翰林奉旨、工部侍郎杜曉爲户部侍郎，並同平章事。[13] 丙辰，御崇勳殿，召韓建、楊涉、薛貽矩、趙光逢、杜曉、河南尹張宗奭、襄州節度使楊師厚、宣州節度使王景仁等賜食，賜宰臣銀鞍轡馬、方物、銀器、細茶等。[14] 庚申，御崇勳殿，宴宰臣及文武百官。[15] 辛酉，李洪、楊虔伏誅。[16] 制："内外使臣復命未見便歸私第者，朝廷命使，臣下奉行，唯於辭見之儀，合守敬恭之道。近者凡差出使，往復皆越常規，或已辭而尚在本家，或未見而先歸私第，但從己便，莫稟王程。在禮敬而殊乖，置典章而私舉。宜令御史臺别具條流事件具黜罰等奏聞。"[17] 詔曰："秋冬之際，陰雨相仍，所司擇日拜郊，或慮臨時妨事，宜令别更擇日聞奏。"是月，禮儀使奏："今據所司申奏，晝日内十一月二日冬至，祀昊天上帝于圜丘。今參詳十月十七日已後入十一月節，十一月二日冬至一陽生之辰，宜行親告之禮。"從之。[18] 河中奏，准宣，詔使有銅牌者，所至即易騎以遣。[19] 淮南遣使者張知遠脩好於福建；知遠倨慢，閩王王審知斬之，表上其書，始與淮南絶。[20]

[1] 開平：後梁太祖朱温年號（907—911）。　開平三年九月癸巳朔：中華書局本沿《輯本舊史》作"開平三年九月"並有校勘記："殿本作'九月癸巳朔'，《册府》卷一九七繫其事於'九月甲午'。"據殿本補"癸巳朔"，亦見《宋本册府》卷一九七《閏位部·慶賜門》。

[2] 崇勳殿：宮殿名。唐東都洛陽内朝殿名，後梁以洛陽爲西京，沿襲舊稱。

[3] 張宗奭：人名。濮州臨濮（今山東鄄城縣臨濮鎮）人。唐末、五代將領。傳見本書卷六三、《新五代史》卷四五。　楊師厚：人名。潁州斤溝（今安徽太和縣阮橋鎮斤溝村）人。唐末、五代將領。傳見本書二二、《新五代史》卷二三。　"開平三年九月癸巳朔"至"銀鞍轡馬"：《大典》卷一六七四六"宴"字韻"宴享（三）"事目。

[4] 甲午，宴百官於崇勳殿：《宋本册府》卷一九七《閏位部·宴會門》。

[5] 崇政院：官署名。後梁開平元年（907），改唐樞密院爲崇政院，設院使、副使各一人。名爲出納王命，實爲中樞決策機構。敬翔：人名。同州馮翊（今陝西大荔縣）人。後梁大臣。傳見本書卷一八、《新五代史》卷二一。　直學士：官名。此處指崇政院直學士。後梁開平二年於崇政院置，選有政術、文學者爲之，其後又改爲直崇政院。後唐同光元年（923），改樞密院直學士。充皇帝侍從，備顧問應對。　李珽：人名。隴西燉煌（今甘肅敦煌市）人。唐末、後梁文臣。傳見本書卷二四。"李珽"，據中華書局本有校勘記："原作'李班'，據邵本校改。按本書卷二四《李珽傳》、《通鑑》卷二六七均記時任崇政院直學士者爲李珽。"見《通鑑》卷二六七開平四年六月庚戌條。　繒（zēng）綵：亦作"繒采""繒彩"，指彩色絲織品。　丁酉，上幸崇政院宴内臣，賜院使敬翔、直學士李珽等繒綵有差：《大典》卷一六七四六。

[6] 門下侍郎：官名。唐三省之一的門下省副長官。唐後期三省長官漸爲榮銜，中書侍郎、門下侍郎却因參議朝政而職位漸重，常常用爲以"同三品"或"同平章事"任宰相者的本官。正三品。

平章事：官名。全稱"同中書門下平章事"。唐高宗以後，凡實際任宰相之職者，常在其本官後加同平章事的職銜。後成爲宰相專稱。後梁沿置。後晉天福五年（940），升中書門下平章事爲正二品。　　薛貽矩：人名。河東聞喜（今山西聞喜縣）人。唐末、後梁大臣。傳見本書卷一八、《新五代史》卷三五。　　判：官制用語。即以他官兼代某職，稱判職或判某職事。始於北齊。唐、五代以高官兼掌低職曰判。　　建昌宫：宫室名。五代後梁太祖建國時設建昌院，後改稱建昌宫，掌管所轄境内財賦收入軍需諸事。位於今河南開封市。　　延資庫使：官名。唐宣宗大中三年（849）改備邊庫爲延資庫，專門儲備全國軍費。長官稱延資庫使，以宰相兼任。後梁延續這一制度。參見杜文玉《五代十國制度研究》，人民出版社2006年版，第146—147頁。　　以門下侍郎、平章事薛貽矩判建昌宫事兼延資庫使：中華書局本有校勘記："以上二十一字原闕，據殿本補。按本書卷一四九《職官志》、《册府》卷三二九、卷四八三、《五代會要》卷一五、卷二四皆繫其事於開平三年九月。"見明本《册府》卷三二九《宰輔部·兼領門》、《宋本册府》卷四八三《邦計部·總序門》、《會要》卷一五延資庫使、卷二四建昌宫使條。

[7]殿直：官名。五代禁軍低級軍官。爲皇帝侍從人員，前朝未見，當是後梁始置，有受旨殿直、黃門殿直等。　　王唐福：人名。籍貫不詳。本書僅此一見。　　襄州：州名。治所在今湖北襄陽市。　　走馬：指馳馬稟報軍情或傳遞文書，或者指擔當此職的人。　　李洪：人名。籍貫不詳。事見本書本卷、卷四，《通鑑》卷二六七。　　"庚子"至"宰臣百官上表稱賀"：明本《册府》卷四三五《將帥部·獻捷門二》。"殿直王唐福自襄州走馬"，據中華書局本有校勘記："'襄州'，原作'襄城'，據《册府》卷四三五改。按本書卷四《梁太祖紀四》、《通鑑》卷二六七《考異》引《梁太祖實録》均記李洪據襄州叛，而襄城屬汝州。"見《通鑑》卷二六七開平三年九月庚子條《考異》引《梁太祖實録》。

[8]開封府：府名。治所在今河南開封市。　　虞候：官名。唐、五代方鎮、州府衙前之職，爲低階武官。另，後周、宋的殿前司、侍衛司置都虞候、虞候，爲禁衛官。　　李繼業：人名。籍貫不詳。

本書僅此一見。 都指揮使：唐末、五代行軍統兵主帥。參見杜文玉《晚唐五代都指揮使考》，《學術界》1995 年第 1 期。 陳暉：人名。籍貫不詳。曾任襄州都指揮使。事見本書卷六、卷四五。"陳暉"，中華書局本作"程暉"，並有校勘記："《冊府》卷四三五同，殿本、《舊五代史考異》卷一引文、《新五代史》卷二《梁本紀》、《通鑑》卷二六七作'陳暉'。《舊五代史考異》卷一：'案《歐陽史》作行營招討使、左衛上將軍陳暉。'"見《新五代史》卷二《梁太祖紀》下、《通鑑》卷二六七開平三年九月丁酉條。《舊五代史考異》："案《歐陽史》：九月壬寅，陳暉克襄州。據《薛史》則陳暉以壬寅奏捷，非以是日克城。考《通鑑》克城繫九月丁酉，與《薛史》'今月五日'正合。《歐陽史》蓋據奏捷之日而書之耳。"中華書局本引殿本："《通鑑》：八月，陳暉軍至襄州，李洪逆戰，大敗，王求死。九月丁酉，拔其城，斬叛兵千人，執李洪、楊虔等送洛陽，斬之。"對殿本所引之"王求"，據中華書局本有校勘記："原作'士求'，據《通鑑》卷二六七改。" 傅霸：人名。籍貫不詳。本書僅此一見。 "壬寅"至"收復襄州人戶歸業事"：明本《冊府》卷四三五《將帥部·獻捷門二》。

[9]文明殿：宮殿名。位於今河南洛陽市。爲五代洛陽宮城的正殿，大朝會、大冊拜等禮儀活動在此舉行。 襄漢：襄水和漢水交叉流域，指今天湖北襄陽地區。 癸卯，帝御文明殿，以收復襄漢，受宰臣已下稱賀：明本《冊府》卷四三五《將帥部·獻捷門二》。《輯本舊史》之影庫本粘籤："襄漢下原本衍'收'字，今據文刪去。"

[10]契丹：古部族、政權名。公元 4 世紀中葉宇文部爲前燕攻破，始分離而成單獨的部落，自號契丹。唐貞觀中，置松漠都督府，以其首領爲都督。唐末強盛，916 年迭剌部耶律阿保機建立契丹國（遼）。先後與五代、北宋並立，保大五年（1125）爲金所滅。參見張正明《契丹史略》，中華書局 1979 年版。 朝貢使：官名。並立政權之間，或藩屬向宗主政權派遣的外交使團長官。 曷

魯：人名。即耶律曷魯。契丹迭剌部人，遼太祖阿保機密友，曾總領契丹國軍事。傳見《遼史》卷七三。　押進將軍：契丹官名。污鹿：人名。籍貫不詳。契丹使者。本書僅此一見。　副使：官名。此指朝貢副使，契丹外交使團副職。　夫達：人名。籍貫不詳。契丹使者。本書僅此一見。　通事：官名。掌翻譯。五代時契丹置，以熟習漢俗、精通漢語之人爲之。　王梅落：人名。籍貫不詳。契丹使者。本書僅此一見。　賜契丹朝貢使曷魯、押進將軍污鹿、副使夫達、通事王梅落及首領等銀絹有差：《宋本册府》卷九七六《外臣部・襃異門三》。

[11]保義：方鎮名。治所在陝州（今河南三門峽市陝州區）。節度使：官名。唐時在重要地區所設掌握一州或數州軍事、民事、財政的長官。　王檀：人名。京兆（今陝西西安市）人。後梁將領。傳見本書卷二二、《新五代史》卷二三。　潞州：州名。治所在今山西長治市。　行營招討使：官名。唐始置。戰時任命，兵罷則省。常以大臣、將帥或地方軍政長官兼任。掌招撫討伐等事務。　丁未，以保義節度使王檀爲潞州東面行營招討使：《通鑑》卷二六七開平三年九月丁未條。

[12]劉守光：人名。深州樂壽（今河北獻縣）人。唐末盧龍節度使劉仁恭之子。因父殺兄自立，後號大燕皇帝，爲晉王李存勖俘殺。傳見本書卷一三五、《新五代史》卷三九。　中軍兵馬使：官名。唐朝元帥、都統、招討使屬官之一，出征則置一員。　繼威：人名。即劉繼威。深州樂壽（今河北獻縣）人。劉守光之子。五代將領。事見本書卷一三《張萬進傳》，《通鑑》卷二六七、卷二六八。　滄州：州名。治所在今河北滄縣舊州鎮。　義昌：方鎮名。即橫海軍。治所在滄州（今河北滄縣舊州鎮）。　留後：官名。唐、五代節度使多以子弟或親信爲留後，以代行節度使職務，亦有軍士、叛將自立爲留後者。掌一州或數州軍政。　劉守光奏遣其子中軍兵馬使繼威安撫滄州吏民；戊申，以繼威爲義昌留後：《通鑑》卷二六七開平三年九月戊申條。

[13]侍中：官名。秦始置。隋、唐前期爲門下省長官。唐後期多爲大臣加銜，不參與政務，實際職務由門下侍郎執行。正二品。　韓建：人名。許州長社（今河南許昌市）人。唐末、五代軍閥。傳見本書卷一五、《新五代史》卷四〇。　太保：官名。與太傅、太師合稱三師，唐後期、五代多爲大臣、勳貴加官。正一品。　左僕射：官名。秦始置。隋、唐前期，以左、右僕射佐尚書令總理六官、綱紀庶務；如不置尚書令，則總判省事，爲宰相之職。唐後期多爲大臣加銜。從二品。　同平章事：官名。或稱“同中書門下平章事”。　楊涉：人名。同州馮翊（今陝西大荔縣）人。唐宰相楊收之孫，吏部尚書楊嚴之子。唐哀帝時拜中書侍郎、同中書門下平章事。傳見《新五代史》卷三五。　太常卿：官名。太常寺長官。掌祭祀禮儀等事。正三品。　趙光逢：人名。京兆奉天（今陝西乾縣）人。後梁大臣。傳見本書卷五八、《新五代史》卷三五。　中書侍郎：官名。中書省副長官，唐後期三省長官漸爲榮銜，中書侍郎、門下侍郎却因參議朝政而職位漸重，常常用爲以“同三品”或“同平章事”任宰相者的本官。正三品。　翰林奉旨：官名。唐玄宗時設翰林院，翰林學士承旨爲翰林學士之首。簡稱翰林承旨。《通鑑》卷二六七《後梁紀二》胡注：“梁改翰林承旨爲翰林奉旨，以廟諱誠，避嫌諱也。”掌拜免將相、號令征伐等詔令的起草。“奉旨”，《新五代史》卷二作“承旨”。　工部侍郎：官名。尚書省工部次官。協助工部尚書掌管百工、山澤、水土之政令，考其功以詔賞罰。正四品下。　杜曉：人名。京兆杜陵（今陝西西安市）人。祖、父皆爲唐宰相。傳見本書卷一八、《新五代史》卷三五。　尚書户部侍郎：官名。尚書省户部次官。協助户部尚書掌天下田户、均輸、錢穀之政令。正四品下。　“辛亥”至“並同平章事”：《通鑑》卷二六七開平三年九月辛亥條。

[14]河南尹：官名。唐開元元年（713）改洛州爲河南府，治所在今河南洛陽市，河南府尹總其政務。從三品。　宣州：州名。治所在今安徽宣城市。　王景仁：人名。合淝（今安徽合肥市）

人。唐末、五代將領。傳見本書卷二三、《新五代史》卷二三。
"丙辰"至"賜宰臣銀鞍轡馬、方物、銀器、細茶等"：《宋本册府》卷一九七《閏位部·宴會門》。

[15]庚申，御崇勳殿，宴宰臣及文武百官：《宋本册府》卷一九七《閏位部·宴會門》。

[16]楊虔：人名。籍貫不詳。仕後梁爲房州刺史，叛附於蜀，兵敗被執。事見本書本卷。　辛酉，李洪、楊虔伏誅：《新五代史》卷二。

[17]制：帝王命令的一種。唐制，凡行大賞罰、授大官爵、厘革舊政、赦宥慮囚，皆用制書。由中書舍人起草擬定。禮儀等級較高。　使臣：奉命出使的官員。　御史臺：官署名。東漢始置。爲古代國家的中央監察機構。掌糾察官吏違法、肅正朝廷綱紀。大事廷辯，小事奏彈。　條流：條例。　"制"至"宜令御史臺別具條流事件具黜罰等奏聞"：《宋本册府》卷一九一《閏位部·政令門》。

[18]拜郊：指行郊禮。在圜丘舉行的祭天典禮。　禮儀使：官名。有重大禮儀事務則臨時置使，掌禮儀事務，事畢即罷。　昊天上帝：昊天爲天之總神。上帝爲南郊所祭受命帝。《周禮·春官·大宗伯》："以禋祀祀昊天上帝。"鄭玄注："昊天上帝，冬至於圜丘所祀天皇大帝。"　圜丘：又名圓丘。古代帝王祭天的祭壇。《周禮·春官·大司樂》："冬日至，於地上之圜丘奏之。"賈公彥疏："案《爾雅》：土之高者曰丘。取自然之丘，圜，象天圜。"　"詔曰"至"從之"：《宋本册府》卷一九三《閏位部·崇祀門》。"十一月二日冬至"：據中華書局本有校勘記："'十一月'，原作'十月'，據《册府》卷一九三、《通鑑》卷二六七及本卷下文改。句上《册府》卷一九三有'書日内'三字，按'書日'疑爲'畫日'之訛。"

[19]河中：方鎮名。治所在河中府（今山西永濟市西南蒲州鎮）。　宣：皇帝命令或傳達皇帝的命令。　銅牌：與官印配合使

用的銅鑄符契。　“河中奏”至“所至即易騎以遣”：《宋本册府》卷一九一《閏位部·政令門》。

[20]淮南：原爲唐方鎮，治所在揚州（今江蘇揚州市）。後爲割據政權，景福元年（892）爲楊行密所據，天復二年（902）封吴王，子孫世有其地，入五代爲吴國。經歷幾次更替，後發展爲南唐。　張知遠：人名。籍貫不詳。本書僅此一見。　福建：原爲唐方鎮，治所在福州（今福建福州市）。後成爲五代十國的閩國。閩：閩國。　王審知：人名。光州固始（今河南固始縣）人。五代十國閩國建立者。909 年至 925 年在位。傳見本書卷一三四、《新五代史》卷六八。　“淮南遣使者張知遠脩好於福建”至“始與淮南絶”：《通鑑》卷二六七開平三年九月條。

冬十月癸未，大明節，帝御文明殿，設齋僧道，召宰臣、翰林學士預之，諸道節度、刺史及内外諸司使咸有進獻。[1]詔以寇盜未平，凡諸給過所，並令司門郎中、員外郎出給，以杜姦詐。[2]詔曰：“太保韓建，每月旦、十五日入閣稱賀，即令赴朝參，餘時勿用入見。”示優禮也。[3]置左右軍巡使，以段明遠爲左軍巡使，鄧成爲右軍巡使。時以遷都之始，凡吾河南尹侍衛諸軍，雖合差人巡警，京都往往濫發，分曹異職，多擾於民。乃置左軍巡管水北，右軍巡管水南，各置巡院，罷諸軍巡檢人員，仍令判六軍諸衛張宗奭都管轄。[4]

[1]大明節：後梁爲慶祝太祖朱温降誕之日而設之節日。　翰林學士：官名。由南北朝始設之學士發展而來，唐玄宗改翰林供奉爲翰林學士，備顧問、代王言。掌拜免將相、號令征伐等詔令的起草。　刺史：官名。漢武帝始置。州一級行政長官。總掌考核官

吏、勸課農桑、地方教化等事。唐中期以後，節度使、觀察使轄州而設，刺史爲其屬官，職任漸輕。從三品至正四品下。　諸司使：官名。宮廷服務機構官員的統稱。唐後期始置，多以宦官充任。五代改用武官。宋初尚有實任者，後多不領本職，僅爲遷轉之階。"冬十月癸未"至"諸道節度、刺史及内外諸司使咸有進獻"：《大典》卷一六四八七"誕"字韻"帝王降誕"事目。又見《宋本册府》卷一八二《閏位部·誕生門》。"冬"字據本紀四時記載之體例補。

[2]過所：古代用於關卡通行證明的官文書。　司門郎中：官名。唐初改司門郎而置，爲尚書省刑部司門司長官，掌門關出入之籍及道路遺失之物。正五品上。"司門郎中"，《舊五代史考異》："案：司門，原本作'司關'，考《五代會要》有司門郎中，今改正。"見《會要》卷一六司門條。亦可參看《宋本册府》卷一九一《閏位部·法制門》。　員外郎：官名。此處指司門員外郎。刑部司門司副職。從六品上。　"詔以寇盜未平"至"以杜姦詐"：《輯本舊史》作《大典》卷六九二〇，中華書局本有校勘記："檢《永樂大典目録》，卷六九二〇爲'匡'字韻'《管子·大匡篇》'等，與本則内容不符，恐有誤記。疑出自卷一六九二〇'詔'字韻'詔式、詔語、詔儀'。""凡諸給過所，並令司門郎中、員外郎出給"，中華書局本有校勘記："《五代會要》卷一六叙其事云：'十月敕：過所先是司門郎中、員外郎出給，今寇盜未平，恐漏姦詐，宜令宰臣趙光逢專判。凡出給過所，先具狀經中書點檢，判下，即本司判郎中據狀出給。'《册府》卷一九一略同。"

[3]閤：指閤門。唐代大明宮之正殿（宣政殿）、内殿（紫宸殿）以東、西上閤門相連，閤門遂爲外朝、内朝之分界。因設閤門使，掌内外通報、宣旨。五代、宋朝相沿設置閤門、閤門使。　朝參：官員上朝參拜君主。　"詔曰"至"示優禮也"：《會要》卷一一功臣條。

[4]左右軍巡使：官名。即後文之左軍巡使、右軍巡使。五代

梁太祖開平三年（909）置，掌京都巡警之事。　段明遠：即段凝。後梁、後唐官員。傳見本書卷七三、《新五代史》卷四五。　鄧成：其人不詳。　侍衛諸軍：侍衛親軍的統稱，分別有控鶴、廳子都、龍驤、神捷、廣勝、天興、神威、拱宸、捉生都、神勇等諸多名目，爲後梁主力軍隊，既守衛宮城、京師，又可派駐地方，戰鬥力强，爲精鋭所在。參見杜文玉《五代十國制度研究》，人民出版社2006年版，第379—389頁。　巡院：官署名。後梁設置。掌巡警捕盗諸事。下設左右軍巡獄，羈押所屬範圍内之囚犯。　判六軍諸衛：官名。又稱"判六軍諸衛事"。後梁沿唐代舊制，置六軍諸衛，以判六軍諸衛事爲禁軍六軍與諸衛的最高統帥。　"置左右軍巡使"至"仍令判六軍諸衛張宗奭都管轄"：《會要》卷二四諸使雜録條。

　　十一月癸巳朔，帝齋於内殿，不視朝。[1]甲午，日長至，五更一點自大内出，於文明殿受宰臣已下起居，自五鳳樓出南郊，左右金吾、太常、兵部等司儀仗法駕鹵簿及左右内直、控鶴等引從赴壇，文武百官太保韓建已下班以俟至，帝昇壇告謝。[2]司天臺奏：冬至日，自夜半後，祥風微扇，帝座澄明，至曉，黄雲捧日。[3]丙申，畋于上東門外。[4]戊戌，制曰："夫嚴祀報本，所以通神明；流澤覃休，所以惠黎庶。[5]斯蓋邦家不易之道，皇王自昔之規，敢斁大猷，兹唯古義。[6]粤朕受命，于今三年，何嘗不寅畏晨興，焦勞夕惕。師唐虞之典，上則於乾功；挹殷夏之源，下涵於民極。欲使萬方有裕，六辨無愆。[7]然而志有所未乎，理有所未達，致奸兇作釁，霖霆爲災。驕將守邊，擁牙旗而背義；積陰馭氣，凌玉燭以干和。載考休徵，式昭至警。[8]朕是以仰高俯厚，靡惜於責躬；履薄臨淵，冀昭于玄鑒。兢兢慄慄，夙夜匪寧。及夫動干戈而必契靈誅，陳犧齋而克彰善應，苟非天垂丕佑，神贊殊休，則安可致夷兇渠，就不戰之功，變沴戾氣，作有年之慶。[9]況靈旗北指，喪犬羊于亂轍之間；飛騎西臨，下鄜、翟若走丸之易。息一隅之煙燧，復千里之封疆。而又掃蕩左馮，討除峴首。[10]故得外戎内夏，益知天命之攸歸；喙息蚑行，共識皇基之永固。仰懷昭應，欲報無階。爰因南至之辰，親展圜丘之禮。兹惟大慶，必及下民，乃弘涣汗之私，以錫疲羸之幸。所冀漸臻蘇息，亟致和平。[11]噫！朕自臨御已來，歲時尚爾，氛昏未殄，討伐猶頻，甲兵須議於餽糧，飛輓頻勞於編户，事非獲已，慮若納隍。宜所在長吏，倍切撫綏，明加勉諭，每官中抽差徭役，禁猾吏廣斂貪求。免至流散靡依，凋獘不濟。[12]宜令河南府、開封府及諸道觀察使切加鈐轄，刺史、縣令不得因緣賦斂，分外擾人。凡關庶獄，每尚輕刑。只候纔罷用軍，必當便議優給。德音節文内有未該者，宜令所司類例條件奏聞。"[13]己亥，以司門郎中羅廷規充魏博節度副使、知府事，仍改名周翰。時鄴王紹威病日甚，慮以後事，故奏請焉。[14]辛丑，幸穀水。[15]己酉，搜訪賢良。鎮國軍節度使康懷英伐岐。[16]戊午，御文明殿，册太傅張宗奭爲太保，韓建受册畢，金吾仗引昇輅車，儀仗導謁太廟訖，赴尚書省上。[17]幸榆林坡閲兵，教諸都馬步兵。[18]敕改乾文院爲文思院，行從殿爲興安殿，毬場爲興安毬場，又改弓箭庫殿爲宣威殿。[19]靈州奏，鳳翔賊将劉知俊率邠、岐、秦、涇之師侵迫州城。帝遣陝州康懷英、華州寇彥卿率兵攻迫邠寧，以緩朔方之寇。[20] 敕許諸道州府百姓自造麴，官中不禁。[21] 詔太常卿李燕、御史司憲蕭頎、中書舍人張袞、戶部侍郎崔沂、大理卿王鄯、刑部郎中崔誥共刪定律令格式。[22]

[1]齋：指齋戒。祭祀前沐浴更衣、整潔身心，以示虔誠。內殿：皇帝召見大臣和處理國事之處。因在皇宮內進，故稱。 不視朝：不臨朝聽政。

[2]日長至：一般指夏至，有時指冬至。此處指冬至。 五更一點：古代將黃昏到次日拂曉的夜晚（今十九時至次日五時）分爲五個時段，稱五更。每更又分爲五點。 大內：皇宮。 起居：指大臣入宮朝見皇帝。 五鳳樓：樓名。隋唐時在洛陽宮門正門應天門，後梁太祖朱溫重修。位於今河南洛陽市。 南郊：意爲都城南面之郊。代指南面郊區之祭天場所（圜丘），亦指祭天之禮（郊天）。 左右金吾：官署名。即"左右金吾衛"。唐龍朔二年（662），採用漢執金吾舊名，改左右候衛稱左右金吾衛。主管宮中及京城日夜巡查警戒，隨從皇帝出行。 太常：官署名。即太常寺。掌管宗廟祭祀的機構。北齊始設，隋、唐以後因之。 兵部：官署名。六部之一，專掌兵籍、徵兵、儀仗等軍事行政。中唐以後，軍權被侵奪，本部權任日輕，掌儀仗等。 法駕：天子車駕。也稱"法車"。 鹵簿：指帝后出行時的儀仗隊。 左右內直：官名。屬於宣徽院。 控鶴：禁軍番號。即控鶴軍。後梁侍衛親軍之一。 引從：引導跟從。 "十一月癸巳朔"至"帝昇壇告謝"：《宋本冊府》卷一九三《閏位部·崇祀門》。"文武百官太保韓建已下班以俟至"，中華書局本有校勘記："'俟'，原作'候'，據《冊府》（宋本）卷一九三改。'至'字原闕，據《冊府》卷一九三補。"

[3]司天臺：官署名。唐肅宗乾元元年（758）由太史監改名，隸秘書省。掌察天文，稽曆數；觀測風雲氣色之變化，預測天象。　黃雲：指日出時黃色的雲氣。意謂祥瑞的天子之氣。《古微書・洛書緯》：“黃帝起，黃雲扶日。”　“司天臺奏”至“黃雲捧日”：《宋本冊府》卷二〇二《閏位部・祥瑞門二》。

[4]畋：打獵遊樂。《廣韻》：“畋，取禽獸也。”　上東門：城門名。位於今河南洛陽市。　丙申，畋于上東門外：明本《冊府》卷二〇五《閏位部・巡幸門》。

[5]報本：亦作“報本反始”。受恩思報，不忘本源。　流澤：流布恩德。

[6]邦家：國家。　皇王：指古聖王。後亦泛指皇帝。　斁（yì）：懈怠、放棄。　大猷：謂治國大道。

[7]寅畏：敬畏，恭敬戒懼。　晨興：早起。　夕惕：謂至夜晚仍懷憂懼，工作不懈。　唐虞：唐堯與虞舜的並稱。亦指堯與舜的時代，古人以之爲太平盛世。　挹（yì）：汲取。　萬方：萬邦，各方諸侯。引申指全國各地。

[8]奸兇：中華書局本作“奸宄”。　霖霪：久雨。　牙旗：旗竿上飾有象牙的大旗。多爲主將主帥所用，亦用作儀仗。　玉燭：謂四時之氣和暢。形容太平盛世。《爾雅・釋天》：“四氣和謂之玉燭。”　休徵：吉祥的徵兆。　式昭：彰顯。

[9]玄鑒：明察。　靈誅：天子的征討或殺戮。　犧：古代稱做祭品用的純色牲畜。泛指祭祀。　齋：齋戒。　兇渠：兇徒的首領；元兇。　“則安可致夷兇渠”，《輯本舊史》之影庫本粘籤：“‘致’字疑有脫誤，蓋《冊府元龜》引《薛史》原文偶有舛誤也。今無別本可校，姑仍其舊。”　沴（lì）戾：因氣不和而生之災害。可引申爲自然災害、妖邪或瘟疫。　有年：豐年。《穀梁傳》曰：“五穀皆熟爲有年。”

[10]靈旗：戰旗。出征前必祭禱之，以求旗開得勝，故稱。　鄜：州名。即鄜州。治所在今陝西富縣。　翟：州名。即翟州。治

所在今陝西洛川縣東南鄜城。　走丸：比喻事勢發展順利而快速。

左馮：地區名。即左馮翊。西漢太初元年（前 104）改左內史置。爲拱衛首都長安的三輔之一。治所在長安（今陝西西安西北）。轄境約今陝西渭河以北、涇河以東洛河中下游地區。　峴首：山名。即湖北襄陽南之峴山。

[11]㖓息：喘息。　南至：指冬至。　渙汗：喻帝王的聖旨、號令。　疲羸：困苦窮乏之民。　"內夏"，《輯本舊史》之影庫本粘籤："原本作'內憂'，今據文改正。"

[12]歲時：歲月，時間。　氛昏：雲霧。喻指惑亂之人。殄：盡，絕。　餽糧：軍糧。　飛輓：飛芻輓粟的省稱。謂迅速運送糧草。　納隍：謂推入城池中。指出民於水火的迫切心情。張衡《東京賦》："人或不得其所，若己納之於隍。"

[13]觀察使：官名。又稱觀察處置使。唐肅宗乾元元年（758）停諸道採訪處置使、黜陟使而置，掌考察州縣官吏政績，後兼理民事、軍事，並兼刺史。　鈐轄：節制管轄。　縣令：官名。縣行政長官，掌治本縣。唐制縣令有赤（京）、畿（望）、上、中、中下、下六等之差，但品級不同。　庶獄：刑獄訴訟之事。　德音：用以指帝王的詔書。唐、宋詔敕之外，別有德音一體，用於施惠寬恤之事，猶言恩詔。　"戊戌"至"宜令所司類例條件奏聞"：《宋本冊府》卷一九一《閏位部·政令門》。

[14]羅廷規：人名。魏州貴鄉（今河北大名縣）人。羅紹威之子，後梁太祖朱溫之婿。事見本書本卷、卷一四。　魏博：方鎮名。治所在魏州貴鄉縣（今河北大名縣）。　節度副使：官名。唐、五代方鎮屬官。位於行軍司馬之下、判官之上。　知：官制用語。主持、掌管之義。唐以後佐官代理長官用此稱。此處指羅廷規爲魏博實際長官。　紹威：人名。即羅紹威。魏州貴鄉（今河北大名縣）人。唐末、五代軍閥。傳見本書卷一四、《新五代史》卷三九。　"己亥"至"故奏請焉"：《通鑑》卷二六七開平三年十一月己亥條《考異》引《梁太祖實錄》。據中華書局本有校勘記："殿

本作‘以羅周翰爲天雄軍節度副使、知府事，從鄴王紹威請也’。按本書卷一四《羅紹威傳》、《新五代史》卷三九《羅紹威傳》、《通鑑》卷二六七《考異》引《梁功臣列傳》均云紹威有三子：廷規、周翰、周敬。《羅周敬墓誌》（拓片刊《北京圖書館藏中國歷代石刻拓本匯編》第三十六冊）云羅紹威有子四人：廷規、周翰、周敬、周允。與本書所云廷規改名周翰不符。《通鑑》卷二六七《考異》：‘廷規更名周翰，亦恐《實錄》之誤。’”

[15]穀水：水名。即今河南澠池縣南澗河及其下游澗水。源出澠池縣東北廣陽山，東流至洛陽市西注入洛河。　辛丑，幸穀水：明本《册府》卷二〇五《閏位部·巡幸門》。

[16]陝州：州名。治所在今河南三門峽市陝州區。　康懷英：人名。兗州（今山東濟寧市兗州區）人。唐末、五代將領。本名懷貞，避後梁末帝朱友貞諱改懷英。傳見本書卷二三、《新五代史》卷二二。　岐：封國名。時鳳翔節度使李茂貞爲岐王，故稱。　己酉，搜訪賢良。陝州節度使康懷英伐岐：《新五代史》卷二《梁太祖紀下》。

[17]册：文書名。屬命令體文書。凡皇帝上尊號、追諡，帝與皇后發訃告，立后妃，封親王、皇子、大長公主，拜三師、三公、三省長官等等，均用册。　輅車：天子車駕。可分爲大輅、玉輅、金輅、象輅、革輅、木輅等。　“戊午”至“赴尚書省上”：《宋本册府》卷一九九《閏位部·命相門》。“册太傅張宗奭爲太保韓建受册畢”，中華書局本有校勘記：“《册府》（宋本）卷一九九‘太保’與‘韓建’間有空闕，殿本無‘爲’字。按本書卷一五《韓建傳》謂韓建‘九月册拜太保’。此處疑有脫誤。”《輯本舊史》之案語：“按：原本疑有脫訛。”

[18]榆林坡：地名。位於今河南洛陽市一帶。　都：軍隊編制單位。唐、五代、宋均設，以百人或千人爲都。　幸榆林坡閱兵，教諸都馬步兵：明本《册府》卷二一四《閏位部·訓兵門》。

[19]乾文院、文思院：官署名。唐代置文思院，以宦官爲文思

使。掌造宮廷所需之物。後梁開平元年（907），改乾文院。開平三年改回文思院。　行從殿、興安殿：宮殿名。位於今河南洛陽市。

毬場：古代進行擊毬游戲的場地。軍中的毬場，亦作屯兵、習武、集結之用。　弓箭庫殿、宣威殿：宮殿名。位於今河南洛陽市。　“敕改乾文院爲文思院”至“又改弓箭庫殿爲宣威殿”：《宋本册府》卷一九六《閏位部·建都門》。“行從殿爲興安殿”，中華書局本有校勘記：“‘興安殿’，原作‘興宅殿’，據殿本、《五代會要》卷五改。”　“毬場爲興安毬場”，中華書局本有校勘記：“‘興安毬場’原作‘安毬場’，據殿本、《五代會要》卷五改。”　“又改弓箭庫殿爲宣威殿”，中華書局本有校勘記：“‘宣威殿’，原作‘宣武殿’，據《册府》（宋本）卷一九六、《五代會要》卷五改。”事見《會要》卷五大内條。

[20]靈州：州名。治所在今寧夏吳忠市。　鳳翔：方鎮名。治所在鳳翔府（今陝西鳳翔縣）。　劉知俊：人名。徐州沛縣（今江蘇沛縣）人。唐末、五代軍閥。傳見本書卷一三、《新五代史》卷四四。　邠：州名。即邠州。治所在今陝西彬縣。　秦：州名。即秦州。治所在今甘肅天水市。　涇：州名。即涇州。治所在今甘肅涇川縣。　華州：州名。治所在今陝西渭南市華州區。　寇彦卿：人名。後梁將領。傳見本書卷二〇、《新五代史》卷二一。　邠寧：方鎮名。治所在邠州（今陝西彬縣）。　朔方：方鎮名。治所在靈州（今寧夏吳忠市）。　“靈州奏”至“以緩朔方之寇”：明本《册府》卷二一六《閏位部·征伐門》。《舊五代史考異》：“案《五代春秋》：十一月，秦人來侵靈州。陝州康懷英侵秦，克寧、慶、衍三州。秦人來襲，懷英師敗于昇平。”對《舊五代史考異》所引之“十一月”，中華書局本有校勘記：“《五代春秋》卷上作‘十月’。”見《五代春秋》卷上梁太祖條。

[21]麴：指酒母，釀酒或製醬用的發酵物。　敕許諸道州府百姓自造麴，官中不禁：明本《册府》卷五〇四《邦計部·榷酤門》。

[22]李燕：人名。籍貫不詳。後梁、後唐大臣。事見本書本卷、卷八、卷三二、卷一四七。　御史司憲：官名。後梁置，掌監察百官。“御史司憲”之“司”，《冊府》闕，據《會要》卷九定格令條補。　蕭頃：人名。京兆萬年（今陝西西安市長安區）人。後梁、後唐大臣。傳見本書卷五八。　中書舍人：官名。中書省屬官。掌起草文書、呈遞奏章、傳宣詔命等。正五品上。　張袞：人名。後梁大臣。事見本書本卷、卷三、卷一八。　崔沂：人名。博州（今山東聊城市）人。唐宰相崔鉉之子，後梁大臣。傳見本書卷六八。　大理卿：官名。爲大理寺長官。負責大理寺的具體事務，掌邦國折獄詳刑之事。從三品。　王鄩：人名。籍貫不詳。後梁大臣。事見本書本卷、卷一四七。　刑部郎中：官名。尚書省刑部頭司刑部司長官。掌司法及審覆大理寺及州府刑獄。從五品上。　崔誥：人名。籍貫不詳。後梁大臣。事見本書本卷、卷一四七。“詔太常卿李燕”至“刑部郎中崔誥共删定律令格式”：《宋本冊府》卷六一三《刑法部·定律令門五》。

十二月乙丑，臘，校獵于甘泉驛。[1]以蒲州肇迹之地，且因經略鄜、延，于是巡幸數月。暇日游豫至焦梨店，頗述前事，念王重榮舊功，下詔褒獎而封崇之。[2]國子監奏：“創造文宣王廟，仍請率在朝及天下見任官僚俸錢，每貫每月剋一十五文，充土木之直。”允之。是歲，以所率官僚俸錢修文宣王廟。[3]福建節度使王審知奏，捨錢造寺一所，請賜寺額。敕名大梁萬歲之寺，仍許度僧四十九人。[4]中書侍郎、同平章事、判戶部事于兢奏：“伏乞降詔天下州府，各準舊章申送戶口籍帳。”允之。[5]贈牢牆使王仁嗣司空，故同州押衙史肇右僕射，押衙王彥洪、高漢詮、丘奉言、仇瓊並刑部尚書，王筠御史司憲。初，知俊將叛，謀會諸將詢所宜，仁嗣等持正不撓，悉罹其酷，至是褒贈之。[6]開平三年，制："自開創已來，凡有赦書德音，節文內皆委諸道搜訪賢良。尚慮所在長吏未切薦揚。其有卓犖不羈，沉潛用晦，負王霸之業，蘊經濟之謀，究古今刑政之源，達禮樂質文之奧，機籌可以制變，經術可以辨疑，一事軼群，一才拔俗，並令招聘，旋具奏聞。然後試其所長，待以不次。所貴牢籠俊傑，採摭英翹。"[7]敕：條流禮部貢院，每年放明經及第，不得過二十人。[8]制："斷曹州煎小鹽耀貨。"[9]康懷英克寧、慶、衍三州。及劉知俊戰於升平，敗績。[10]以前進士鄭致雍為翰林學士，非常例也。[11]詔升尚書令為正一品。按《唐典》，尚書令正二品，至是以將授趙王鎔此官，故升之。[12]制："國之大事，唯祀與戎，祭法所標，禮經尤重，其齋心必至，備物精臻，方感召於神祇，乃降通於福祐。近者所司祠祭，或聞官吏因循，虛破支供，動多虧闕，致陰陽之失序，仍水旱以為災。每一念思，空多凜若，宜加提舉，用復敬恭，須委元臣，以專重事。自今後，應在京四時大小祀及諸色祠祭，並委宰臣貽矩專判，躬親點檢，無令怠墮，有失典常。"又詔以所率官僚俸錢修文宣王廟，分一半修武明王廟。[13]

[1]臘：以臘禮合祭神祇的日子。《說文解字》："臘，冬至後三戌，臘祭百神。"　校獵：又作"較獵"。比賽誰打獵收獲多。較，通"角"。　甘泉驛：地名。今地不詳。　十二月乙丑，臘，校獵于甘泉驛：明本《冊府》卷二〇五《閏位部·畋遊門》。

[2]蒲州：州名。治所在今山西永濟市。　延：州名。即延州。治所在今陝西延安市。　焦梨店：地名。今地不詳。　王重榮：人名。太原祁（今山西祁縣）人，一說河中人。唐末軍閥。傳見《舊唐書》卷一八二、《新唐書》一八七。　"以蒲州肇迹之地"至"下詔褒獎而封崇之"：明本《册府》卷二一一《閏位部·求舊門》。

[3]國子監：官署名。隋煬帝大業三年（607）置，主管國子學、太學等官學。　文宣王：唐朝追諡孔子的尊號。　"國子監奏"至"以所率官僚俸錢修文宣王廟"：《宋本册府》卷一九四《閏位部·崇儒門》。"充土木之直"，中華書局本作"充土木之值"，並有校勘記："'值'，原作'植'，據劉本、邵本校改。《册府》卷一九六作'直'。"《册府》應爲卷一九四，非一九六，中華書局本有校勘記誤。

[4]"福建節度使王審知奏"至"仍許度僧四十九人"：《宋本册府》卷一九四《閏位部·崇釋老門》。

[5]判户部事：官名。尚書省户部長官。　于兢：人名。洛陽（今河南洛陽市）人。唐宰相于志寧之後，後梁宰相。善畫牡丹。事見本書卷四、《新五代史》卷三。　"中書侍郎、同平章事、判户部事于兢奏"至"允之"：明本《册府》卷四八六《邦計部·户籍門》。

[6]牢牆使：官名。原爲牢城使，避後梁太祖父朱誠諱改。唐及五代前期州鎮的統兵軍官，後兼管配隸罪囚場所。參見杜文玉、王鳳翔《唐宋時期牢城使考述》，《陝西師範大學學報》2006年第2期。　王仁嗣：人名。籍貫不詳。事見本書本卷。　司空：官名。與太尉、司徒並爲三公，唐後期、五代多爲大臣、勳貴加官。正一品。　同州：州名。治所在今陝西大荔縣。　押衙：官名。即押牙。唐、五代時期節度使辟署的屬官，有稱左、右都押衙或都押衙者。爲衙署内部親信武職。掌領方鎮儀仗侍衛、統率軍隊。參見劉安志《唐五代押牙（衙）考略》，武漢大學歷史系魏晋南北朝隋唐

史研究室編《魏晉南北朝隋唐史資料》第 16 輯，武漢大學出版社
1998 年版。　史肇：人名。籍貫不詳。本書僅此一見。　右僕射：
官名。秦始置。隋、唐前期以左、右僕射佐尚書令總理六官，綱紀
庶務，如不置尚書令，則總判省事，爲宰相之職。唐後期多爲大臣
加銜。從二品。　王彥洪：人名。籍貫不詳。本書僅此一見。　高
漢詮：人名。籍貫不詳。本書僅此一見。　丘奉言：人名。籍貫不
詳。本書僅此一見。　仇瓊：人名。籍貫不詳。本書僅此一見。
刑部尚書：官名。尚書省刑部主官。掌天下刑法及徒隸、勾覆、關
禁之政令。正三品。　王筠：人名。籍貫不詳。本書僅此一見。
"贈牢牆使王仁嗣司空" 至 "至是褒贈之"：明本《册府》卷二一
〇《閏位部·旌表門》。

[7]赦書：頒布赦令的文告。　卓犖（luò）：超絕出衆。　用
晦：不顯露才能。　"開平三年，制" 至 "採摭英翹"：明本《册
府》卷二一三《閏位部·求賢門》。"其有卓犖不羈……待以不
次"，又見《宋本册府》卷六四五《貢舉部·科目門》。

[8]禮部貢院：科舉考試場所。唐玄宗開元二十四年（736）
始置禮部貢院，爲禮部主管省試的機構和場所。　明經：唐代明經
與進士二科爲科舉之基本科目，旨在考察學子對儒家經典的熟悉情
況。　敕：條流禮部貢院，每年放明經及第，不得過二十人：《宋
本册府》卷六四一《貢舉部·條制門三》。

[9]曹州：州名。治所在今山東曹縣。　煎小鹽：民間從土中
煎製的鹽。　糶貨：買賣。　制：斷曹州煎小鹽糶貨：《宋本册府》
卷四九四《邦計部·山澤門二》。

[10]寧：州名。治所在今甘肅寧縣。　慶：州名。治所在今甘
肅慶陽市。　衍：州名。治所在今甘肅寧縣南六十里政平鄉。　升
平：縣名。治所在今陝西宜君縣西北三十五里。　康懷英克寧、
慶、衍三州。及劉知俊戰於升平，敗績：《新五代史》卷二《梁太
祖紀下》。

[11]鄭致雍：人名。籍貫不詳。事見本書本卷、卷六八。　以

前進士鄭致雍爲翰林學士，非常例也：《會要》卷一三翰林院條。

[12]尚書令：官名。秦始置。隋、唐前期爲尚書省長官，與中書令、侍中並爲宰相。唐後期多爲大臣加銜，不參與政務。正二品。　《唐典》：書名。即《唐六典》。唐玄宗時編修，以三師、三公、三省、九寺、五監、十二衛等爲目，述職司、官佐、品秩。

鎔：人名。即王鎔。回鶻人。唐末、五代軍閥，朱溫封趙王。傳見本書卷五四、《新五代史》卷三九。　“詔升尚書令爲正一品”至“故升之”：《御覽》卷二一〇《職官部八》尚書令條引《五代史·梁書》。

[13]國之大事，唯祀與戎：語出《左傳·成公十三年》。　元臣：重臣。　武明王：人名。即武成王。避梁太祖父朱誠之諱改。周太公望之封號。　“制”至“分一半修武明王廟”：《宋本册府》卷一九三《閏位部·崇祀門》。

開平四年春正月壬辰朔，帝御朝元殿，受百官稱賀，始用禮樂也。[1]辛丑，以盧光稠爲鎮南留後。[2]壬寅，幸保寧毬場，錫宴宰臣及文武百官。賜宰臣張宗奭已下分物有加，賜廣王分物。[3]燕王劉守光爲其父仁恭請致仕，丙午，以仁恭爲太師致仕。守光尋使人殺其兄守文，歸罪於殺者而誅之。[4]丁未，帝出師子門，至榆林坡下閱教。[5]敕：“公事難於稽遲，居處悉皆遥遠。其逐日當直中書舍人及吏部司封知印郎官、少府監及篆印文兼書寫告身人吏等，並宜輪次于中書側近宿止。”[6]賜湖南開元寺禪長老可復號慧光大師，仍賜紫衣。[7]邕州節度使葉廣略進如洪洞生獠爨蠻一十人，赴闕朝見。前朝末，道路梗塞，遠夷進貢罕有至者。帝即位，威略柔遠，東南蠻貊相繼來庭。[8]

[1]朝元殿：宮殿名。位於今河南洛陽市。　開平四年春正月壬辰朔，帝御朝元殿，受百官稱賀，始用禮樂也：《宋本册府》卷一九七《閏位部·朝會門》。"春"字據本紀四時記載之體例補。"始用禮樂也"，中華書局本作"用禮樂也"，並有校勘記："《册府》卷一九七同，殿本作'始用禮樂也'。按《新五代史》卷二《梁本紀》：'壬辰朔，始用樂。'"今據殿本、《新五代史》卷二補。

[2]盧光稠：人名。南康（今江西贛州市南康區）人。唐末、五代十國軍閥。傳見《新唐書》卷一九〇、《新五代史》卷四一。鎮南：方鎮名。治所在洪州（今江西南昌市）。　辛丑，以盧光稠爲鎮南留後：《通鑑》卷二六七開平四年（910）正月辛丑條。

[3]廣王：封爵名。即朱全昱。朱溫兄長。傳見本書卷一二、《新五代史》卷一三。　"壬寅"至"賜廣王分物"：《大典》卷一六七四六"宴"字韻"宴享（三）"事目。又見《宋本册府》卷一九七《閏位部·慶賜門》。

[4]仁恭：人名。即劉仁恭。深州（今河北深州市）人。唐末、五代軍閥。傳見《新唐書》卷二一二。　太師：官名。與太傅、太保合稱三師，唐後期、五代多爲大臣、勳貴加官。正一品。守文：人名。即劉守文。深州（今河北深州市）人。唐末盧龍節度使劉仁恭長子。唐末軍閥。後梁開平三年，被其弟劉守光殺死。事見本書卷二、卷四、卷九八，《新五代史》卷五六、卷七二。"燕王劉守光爲其父仁恭請致仕"至"歸罪於殺者而誅之"：《通鑑》卷二六七開平四年正月丙午條。

[5]師子門：城門名。位於今河南洛陽市。　丁未，帝出師子門，至榆林坡下閱教：明本《册府》卷二一四《閏位部·訓兵門》。"帝出師子門"，中華書局本有校勘記："《册府》卷二一四同，句上殿本有'乙未'二字，《新五代史》卷二《梁本紀》繫其事於丁未。"今據《新五代史》補"丁未"二字。

[6]吏部司封知印郎官：官名。尚書省吏部司封司，掌封爵、

命婦、朝會及賜予等政。知印郎官指掌印的司封郎中或員外郎。

少府監：官名。少府監長官。隋初置，唐初廢，太宗時復置。掌百工技巧之事。從三品。　告身：授官的文憑。唐沿北朝之制，凡任命官員，不論流內、流外，均給以告身。　"敕"至"並宜輪次于中書側近宿止"：《宋本册府》卷一九一《閏位部·立法制門》。"吏部司封"，《會要》卷一二當道條作"吏部兵部司敕"。

[7]慧光大師：五代僧人。本書僅此一見。　紫衣：紫色袈裟。武則天時始賜僧人紫袈裟。　賜湖南開元寺禪長老可復號慧光大師，仍賜紫衣：《宋本册府》卷一九四《閏位部·崇釋老門》。"慧光"，原本從明本《册府》作"惠光"，今從宋本。

[8]邕州：州名。治所在今廣西南寧市。　葉廣略：人名。籍貫不詳。唐末、五代軍閥。事見本書本卷、卷一三五。　如洪洞：地名。當在今廣西，位置不詳。　生獠：僚爲中國古族名，分佈於南方地區。生獠是古代對未入編户定居的僚人的蔑稱。　爨（cuàn）：中國古族名。分佈於雲南東部地區。　蠻貊：古代稱南方和北方落後部族。亦泛指四方落後部族。　"邕州節度使葉廣略進如洪洞生獠爨蠻一十人"至"東南蠻貊相繼來庭"：《宋本册府》卷九七二《外臣部·朝貢門五》。中華書局本在正月條末引《舊五代史考異》："案《五代春秋》：正月，燕王守光克滄州。"又引《輯本舊史》之影庫本粘籤："《通鑑》引《薛史》劉守光生擒守文在三年十二月，《五代春秋》作正月克滄州，與《薛史》前後互異。今附録《五代春秋》于正月末，以備參考。"《通鑑》引《薛史》，劉守光生擒守文在開平三年十二月，克滄州在四年正月，《五代春秋》是，影庫本粘籤誤。

二月乙丑，幸甘水亭。[1]戊辰，宴於金鑾殿。甲戌，以春時無事，頻命宰臣及勳烈宴於河南府池亭。辛巳，楊師厚赴鎮于陝。寒食假，諸道節度使、郡守、勳臣競以春服賀。又連清明宴，以鞍轡馬及金銀器、羅錦進者迨千萬，乃御宣威殿，宴宰臣及文武官四品已上。[2]己丑，出光政門，至穀水觀麥。[3]帝出師子門，幸榆林東北坡，教諸軍兵事。[4]賜潞州投歸軍使張行恭錦服、銀帶并食。[5]

[1]甘水亭：地名。位於今河南洛陽市。　二月乙丑，幸甘水亭：明本《册府》卷二〇五《閏位部・巡幸門》。

[2]金鑾殿：宮殿名。後梁開平三年（909）正月，改思政殿爲金鑾殿。位於今河南洛陽市。　河南府：府名。唐開元元年（713）改洛州爲河南府，治所在今河南洛陽市。　寒食：節令名。時間多在清明節前一日或二日，農曆三月之中。寒食日禁火寒食，故名。　郡守：官名。郡級行政機構最高長官，掌治其郡。此處指地方長官。　宣威殿：宮殿名。位於今河南洛陽市。　“戊辰”至“宴宰臣及文武官四品已上”：《大典》卷一六七四六“宴”字韻“宴享（三）”事目。又見《宋本册府》卷一九七《閏位部・宴會門》。

[3]光政門：宮城門名。唐、五代洛陽宮城南面三門之一。位於今河南洛陽市。　己丑，出光政門，至穀水觀麥：《宋本册府》卷一九八《閏位部・務農門》。又見卷二〇五《閏位部・巡幸門》。中華書局本有校勘記：“‘己丑’原作‘丁卯’，據殿本、《册府》卷一九八、卷二〇五、《新五代史》卷二《梁本紀》改。本條原在上文‘戊辰，宴於金鑾殿’前，據殿本移此。按是月辛酉朔，戊辰爲初八，己丑爲二十九日。另本卷上文‘戊辰……宴宰臣及文武官四品已上’，輯自《永樂大典》卷一萬六千七百四十六。”

[4]帝出師子門，幸榆林東北坡，教諸軍兵事：明本《册府》卷二一四《閏位部・訓兵門》。

[5]軍使：官名。掌領本軍軍務，或兼理地方政務。　張行恭：人名。籍貫不詳。事見本書本卷、卷二五、卷五三。　賜潞州投歸

軍使張行恭錦服、銀帶并食：明本《册府》卷二一五《閏位部・招懷門》。

三月壬辰，幸崇政院，宴勳臣。己亥，幸天驥院，宴侍臣。壬寅，幸甘水亭，宴宰臣、勳戚、翰林學士。辛亥，宴宰臣於内殿。[1]夏州都指揮使高宗益作亂，殺節度使李彝昌。將吏共誅宗益，推彝昌族父蕃漢都指揮使李仁福爲帥，癸丑，仁福以聞。[2]丙辰，於興安毬場大饗六軍，樂春時也。[3]

[1]天驥院：官署名。唐置小馬坊，後梁改爲天驥院。掌管御馬。　“三月壬辰”至“宴宰臣於内殿”：《大典》卷一六七四六“宴”字韻“宴享（三）”事目。“宴宰臣”，《輯本舊史》之影庫本粘籤：“原本脱‘宴’字，今據文增入。”又見《宋本册府》卷一九七《閏位部・宴會門》。

[2]夏州：州名。治所在今陝西靖邊縣。　高宗益：人名。籍貫不詳。五代將領。事見本書本卷、卷一三二。　李彝昌：人名。党項族。唐末、五代軍閥。李思諫之子。事見《舊五代史》卷一三二。　李仁福：人名。党項族。五代党項首領。傳見本書卷一三二、《新五代史》卷四〇。　“夏州都指揮使高宗益作亂”至“仁福以聞”：《通鑑》卷二六七開平四年（910）三月癸丑條。

[3]六軍：既泛指皇帝的禁衛軍，又指唐代所置左、右神武天騎，左、右羽林，左、右龍武等六軍，稱“北衙六軍”。《周禮・夏官・司馬》：“凡制軍，萬有二千五百人爲軍。王六軍。”　丙辰，於興安毬場大饗六軍，樂春時也：《大典》卷一六七四六。又見《宋本册府》卷一九七《閏位部・宴會門》。

夏四月壬戌，詔曰："追養以禄，王者推歸厚之恩；欲静而風，人子抱終身之感。其以刑部尚書致仕張策及三品、四品常參官二十二人先世，各追贈一等。"[1]甲子，以李仁福爲定難節度使。[2]乙丑，宴崇政院。帝在藩及踐阼，勵精求理，深戒逸樂，未嘗命堂上歌舞，是日止令内妓昇階，擊鼓弄曲甚歡，至午而罷。[3]丁卯，宋州節度使、衡王友諒進瑞麥，一莖三穗。[4]帝覽奏不懌，曰："古來上瑞，惟在豐年，合穎兩岐，皆是虚事。"乃停穀熟縣令田光裔官，仍追毁歷任官牒，以瑞麥故也。[5]以兗海留後、惠王友能代爲宋州留後。[6]壬申，以晋、絳、沁三州爲定昌軍，以温琪爲節度使。[7]辛巳，責授寇彦卿遊擊將軍、左衛中郎將。[8]丙戌，幸建春門，閱新樓，至七里屯觀麥，召從官食于樓。河南張昌孫及蒲、同主事吏，賜物各有差。[9]帝過朝邑，見鎮將位在縣令上，問左右，或對曰："宿官秩高。"帝曰："令長字人也，鎮使捕盗耳。且鎮將多是邑民，奈何得居民父母上，是無禮也。"至是，敕天下諸州鎮使，官秩無高卑，位在邑令下。[10]葉縣鎮遏使馮德武於蔡州西平縣界殺戮山賊，擒首領張濆等七人以獻。[11]鎮海軍節度使錢鏐擊高澧於湖州，大敗之，梟夷擒殺萬人，拔其郡，湖州平。先是，澧以州叛入淮南，故詔鏐討之也。[12]進封廣州節度使劉隱爲南海王。追封皇兄存爲朗王。[13]

[1]追養：謂祭祀死者，繼盡孝養之道。　張策：人名。河西敦煌（今甘肅敦煌市）人。後梁宰相。傳見本書卷一八、《新五代

史》卷三五。　常參官：官名。唐制，文官五品以上及兩省供奉官、監察御史、員外郎、太常博士，每日朝參，稱爲常參官。"夏四月壬戌"至"各追贈一等"：明本《册府》卷二一〇《閏位部‧延賞門》。"夏"字據本紀四時記載之體例補。"先世"，《輯本舊史》之影庫本粘籤："原本作'先正'，今據文改正。"

［2］定難：方鎮名。治所在夏州（今陝西靖邊縣）。　甲子，以李仁福爲定難軍節度使：《通鑑》卷二六七開平四年（910）四月甲子條。

［3］踐阼：即登極。《禮記‧曲禮下》："踐阼，臨祭祀。"孔穎達疏："踐，履也；阼，主人階也。天子祭祀升阼階……履主階行事，故云踐阼也。"　"乙丑"至"至午而罷"：《宋本册府》卷一九七《閏位部‧宴會門》。

［4］宋州：州名。治所在今河南商丘市睢陽區。　友諒：人名。即朱友諒。朱全昱之子，後梁太祖朱温之姪。後梁建國，初封衡王，後襲封廣王。傳見本書卷一二、《新五代史》卷一三。　丁卯，宋州節度使、衡王友諒進瑞麥，一莖三穗：《宋本册府》卷二〇二《閏位部‧祥瑞門二》。《舊五代史考異》："案《通鑑》云：友諒獻瑞麥，帝曰：'豐年爲上瑞，今宋州大水，安用此爲！'詔除本縣令名，遣使詰責友諒。《容齋續筆》亦載此事，疑皆採《薛史》原文，而《册府元龜》徵引《梁書》有所删節也，謹附載于此。"見《通鑑》卷二六七開平四年丁卯條。

［5］合穎：謂禾苗一莖生二穗。古代以之爲祥瑞。　兩岐：亦作兩歧。指兩個分岔。禾苗有兩個分岔，借之稱頌地方官吏重農有方，民樂年豐。　穀熟縣：縣名。治所在今河南虞城縣穀熟鎮。田光裔：人名。籍貫不詳。本書僅此一見。　官牒：授官的文書。"帝覽奏不懌"至"以瑞麥故也"：《宋本册府》卷七〇七《閏位部‧黜責門》。

［6］兗海：方鎮名。治所在沂州（今山東臨沂市）。　友能：人名。即朱友能。朱全昱之子。朱温之姪。封惠王。傳見本書卷一

二、《新五代史》卷一三。 以兗海留後、惠王友能代爲宋州留後：《通鑑》卷二六七開平四年四月條。

[7]晉：州名。治所在今山西臨汾市。 絳：州名。治所在今山西新絳縣。 沁：州名。治所在今山西沁源縣。 定昌軍：方鎮名。治所在晉州（今山西臨汾市）。 溫琪：人名。即華溫琪。後梁大臣，傳見本書卷九〇、《新五代史》卷四七。 壬申，以晉、絳、沁三州爲定昌軍，以溫琪爲節度使：《通鑑》卷二六七開平四年四月壬申條。

[8]遊擊將軍：官名。漢朝始置，統兵出征。魏晋爲禁軍將領。唐代爲武散官。從五品下。 左衛中郎將：官名。唐置，掌宮禁宿衛。十六衛之一。將軍缺員，中郎將則代之，掌貳上將軍事。正四品下。 辛巳，責授寇彥卿遊擊將軍、左衛中郎將：《通鑑》卷二六七開平四年四月辛巳條。

[9]建春門：城門名。位於今河南洛陽市。 七里屯：地名。位於今河南洛陽市。 張昌孫：人名。籍貫不詳。後梁大臣。事見本書本卷、卷九。 “丙戌”至“賜物各有差”：明本《册府》卷二〇五《閏位部·巡幸門》。

[10]朝邑：縣名。治所在今陝西大荔縣。 字人：撫治百姓。 “帝過朝邑”至“位在邑令下”：《宋本册府》卷一九一《閏位部·立法制門》。“敕天下諸州鎮使”，中華書局本沿《輯本舊史》作“敕天下鎮使”，並有校勘記：“‘鎮使’，《册府》卷一九一同，本書卷一四九《職官志》、《五代會要》卷一九作‘諸州鎮使’。”“諸州”二字據《輯本舊史》卷一四九《職官志》、《會要》卷一九縣令上條補。

[11]葉縣：縣名。治所在今河南葉縣。 鎮遏使：官名。軍鎮長官，掌軍鎮防守工作。 馮德武：人名。籍貫不詳。本書僅此一見。 蔡州：州名。治所在今河南汝南縣。 西平縣：縣名。治所在今河南西平縣。 張濆：人名。籍貫不詳。本書僅此一見。 葉縣鎮遏使馮德武於蔡州西平縣界殺戮山賊，擒首領張濆等七人以

獻：明本《册府》卷四三五《將帥部·獻捷門二》。

[12]鎮海軍：方鎮名。治所在潤州（今江蘇鎮江市）。　錢
鏐：人名。杭州臨安（今浙江杭州市）人。五代時期吳越國的建立
者。傳見本書卷一三三、《新五代史》卷六七。　高澧：人名。籍
貫不詳。曾任湖州刺史。事見本書本卷。　湖州：州名。治所在今
浙江湖州市。　“兩浙節度使錢鏐擊高澧於湖州”至“故詔鏐討
之也”：明本《册府》卷二一六《閏位部·征伐門》。《舊五代史考
異》：“案《九國志》：高澧以三年十月叛，四年二月奔吳。《薛史》
繫于四月，蓋以奏聞之日爲據。”又，“高澧”，中華書局本有校勘
記：“原作‘高澧’，據劉本《考證》、《九國志》卷二及本卷正文
改。”見《九國志》卷二《高澧傳》。

[13]廣州：州名。治所在今廣東廣州市。　劉隱：人名。上蔡
（今河南上蔡縣）人。五代十國南漢奠基者。傳見本書卷一三五、
《新五代史》卷六五。　存：人名。即朱存。朱温的兄長。傳見
《新五代史》卷一三。　進封廣州節度使劉隱爲南海王。追封皇兄
存爲朗王：《會要》卷一一封建條。

五月己丑朔，以連雨不止，至壬辰，御文明殿，命
宰臣分拜祠廟。[1]己亥，以劉繼威爲義昌節度使。[2]自朔
旦至癸巳，内外以午日奉獻巨萬計，馬三千蹄，餘稱
是，復相率助修内壘。[3]甲辰，詔曰：“奇邪亂正，假僞
奪真，既刑典之不容，宜犯違而勿赦。應東、西兩京及
諸道州府制造假犀玉真珠腰帶、璧珥并諸色售用等，一
切禁斷，不得輒更造作。如公私人家先已有者，所在送
納長吏，對面毀棄。如行敕後有人故違，必當極法，仍
委所在州府差人檢察收捕，明行處斷。”[4]癸丑，魏博節
度使、守太師、兼中書令、鄴王羅紹威薨。帝哀慟曰：

"天不使我一海内，何奪忠臣之速也！"詔贈尚書令。[5]
詔以其子周翰爲天雄留後。[6]敕補開封府及河南、河北
倉吏，非舊典也。[7]

[1]五月己丑朔，以連雨不止，至壬辰，御文明殿，命宰臣分
拜祠廟：《大典》卷二六三二"災"字韻"弭災（二）"事目。又
見《宋本册府》卷一九三《閏位部·弭災門》。

[2]己亥，以劉繼威爲義昌節度使：《通鑑》卷二六七開平四
年（910）五月己亥條。

[3]午日：節日名。指端午。　壘：壁壘。軍營圍墻。　"自
朔旦至癸巳"至"復相率助修内壘"：《宋本册府》卷一九七《閏
位部·納貢獻門》。

[4]東、西兩京：指後梁東京開封、西京洛陽。　"甲辰"至
"明行處斷"：《宋本册府》卷一九一《閏位部·政令門》。"璧珥"，
《會要》卷六内外官章服雜録條作"簪珥"。

[5]"癸丑"至"詔贈尚書令"：明本《册府》卷二〇四《閏
位部·念良臣門》。"癸丑"，《册府》闕，據《通鑑》卷二六七補。

[6]詔以其子周翰爲天雄留後：《通鑑》卷二六七開平四年五
月條。

[7]倉吏：官名。爲掌管倉庫的小吏。　敕補開封府及河南、
河北倉吏，非舊典也：《會要》卷二七倉條。

　　六月己未朔，詔軍鎮勿起土功。[1]庚辰，匡國軍節
度使馮行襲卒。甲申，以李珽權知匡國留後。楚王馬殷
求爲天策上將，詔加天策上將軍。殷始開天策府，以弟
賨爲左相，存爲右相。[2]追封皇伯義方爲潁王，皇叔義
譚爲韶王。[3]

[1]土功：指土木工程。　六月己未朔，詔軍鎮勿起土功：《宋本册府》卷一九一《閏位部·政令門》。

[2]匡國軍：方鎮名。治所在許州（今河南許昌市）。　馮行襲：人名。均州（今湖北丹江口市）人。唐末、五代軍閥。傳見《新唐書》卷一八六、本書卷一五、《新五代史》卷四二。　馬殷：人名。許州鄢陵（今河南鄢陵縣）人。五代十國南楚開國君主。傳見本書卷一三三、《新五代史》卷六六。　天策上將軍：官名。唐高祖爲酬秦王李世民平洛陽大功而特置，掌全國征討軍事，開府置屬僚，武德九年（626）省。五代後梁時，楚馬殷亦依此故事，拜天策上將軍。　天策府：官署名。唐高祖李淵因李世民功高而爲其專設，位在王公之上，可自置官署。武德九年廢。馬殷亦仿此故事，設天策府。　賓：人名。即馬賓。許州鄢陵（今河南鄢陵縣）人。馬殷弟。事見《新唐書》卷一九○、《新五代史》卷九六。存：人名。即馬存。許州鄢陵（今河南鄢陵縣）人。馬殷弟。事見本書卷三二、卷四四、卷四七。　“庚辰”至“存爲右相”：《通鑑》卷二六七開平四年（910）六月庚辰、甲申條。

[3]義方、義譚：皆爲朱誠之兄弟，朱溫之伯叔。　追封皇伯義方爲潁王，皇叔義譚爲韶王：《會要》卷一一封建條。

　　七月壬子，宴宰臣、河南尹、翰林學士、兩街使于甘水亭。丙辰，宴群臣於宣威殿。[1]福州貢方物，獻桐皮扇。廣州貢犀玉，獻舶上薔薇水。[2]時陳、許、汝、蔡、潁五州境内有蝝爲災。俄而許州上言，有野禽群飛蔽空，旬日之間，食蝝皆盡。是歲，乃大有秋。[3]吳越王錢鏐表“宦者周延誥等二十五人，唐末避禍至此，非劉、韓之黨，乞原之。”上曰：“此屬吾知其無罪，但今革弊之初，不欲置之禁掖，可且留於彼，諭以此意。”[4]

劉知俊攻逼夏州。以宣化軍留後李思安爲東北面行營都
指揮使，陝州節度使楊師厚爲西路行營招討使。[5]改繁
臺爲講武臺。[6]

[1]兩街使：官名。即左右街使。唐制，左右金吾衛所屬有左
右街使各一人，佐助本衛翊府中郎將分察六街巡警，每日按鼓聲啓
閉坊市之門。　“七月壬子”至“宴群臣於宣威殿”：《宋本冊府》
卷一九七《閏位部·宴會門》。

[2]福州：州名。治所在今福建福州市。　福州貢方物，獻桐
皮扇。廣州貢犀玉，獻舶上薔薇水：《宋本冊府》卷一九七《閏位
部·納貢獻門》。

[3]陳：州名。治所在今河南淮陽縣。　許：州名。治所在今
河南許昌市。　汝：州名。治所在今河南汝州市。　潁：州名。治
所在今安徽阜陽市。　蝝（yuán）：蝗的幼蟲。　大有秋：大豐
收。　“時陳、許、汝、蔡、潁五州境内有蝝爲災”至“乃大有
秋”：《大典》卷五一〇九“蝝”字韻“事韻”。

[4]周延誥：人名。籍貫不詳。唐末、五代宦官。本書僅此一
見。　劉、韓之黨：《通鑑》卷二六七胡注曰：“劉、韓，謂劉季
述、韓全誨也。”劉、韓二人爲唐末宦官。　“吳越王錢鏐表”至
“諭以此意”：《通鑑》卷二六七開平四年（910）七月條。又見
《吳越備史》卷一《武肅王下》，文字略異，但梁太祖語全同。“周
延誥”，《吳越備史》作“周廷詰”。

[5]宣化軍：方鎮名。治所在鄧州（今河南鄧州市）。　李思
安：人名。河南陳留（今河南開封市陳留鎮）人。後梁將領。傳見
本書卷一九。　“劉知俊攻逼夏州”至“陝州節度使楊師厚爲西
路行營招討使”：明本《冊府》卷二一六《閏位部·征伐門》。有
關李思安及楊師厚的任命，《通鑑》卷二六七載於開平四年八月。
《輯本舊史》之影庫本粘籤：“西路行營，原本作‘兩路’，今從

《通鑑》改正。"《舊五代史考異》："案《通鑑》：岐王與邠、涇二帥各遣使告晋，請合兵攻定難節度使李仁福，晋王遣振武節度使周德威將兵會之，合五萬衆圍夏州。案《五代春秋》：八月，晋人、秦人侵夏州，與《薛史》及《通鑑》異。"對《舊五代史考異》所引之"岐王與邠涇二帥各遣使告晋"，中華書局本有校勘記："'邠'，原作'汾'，據《通鑑》卷二六七改。"事見《通鑑》卷二六七開平四年七月條、《五代春秋》卷上梁太祖條。

[6]繁臺：地名。又稱禹王臺。位於今河南開封市。　改繁臺爲講武臺：《會要》卷四講武條。

　　八月，以劉守光兼義昌節度使。壬戌，夏州節度使李仁福來告急。[1]甲子，以河南尹兼中書令張全義爲西京留守。[2]丙寅，車駕西征。[3]己巳，次陝府。是時憫雨，旦命宰臣從官分禱靈跡，日中而雨，翌日止，帝大悦。[4]辛未，老人星見。[5]是日，宴本府節度使楊師厚及扈從官于行宫，賜師厚帛千匹，仍授西路行營招討使。丙子，宴文武從官軍使已下，設龜兹樂。[6]

　　[1]"八月"至"夏州節度使李仁福來告急"：《通鑑》卷二六七開平四年（910）八月條。

　　[2]甲子，以河南尹兼中書令張全義爲西京留守：《通鑑》卷二六七開平四年八月甲子條。

　　[3]丙寅，車駕西征：《大典》卷二六三二"災"字韻"弭災（二）"事目。"丙寅"，中華書局本沿《輯本舊史》闕，據《新五代史》卷二《梁太祖紀下》、《通鑑》卷二六七補。又見《宋本册府》卷一九三《閏位部·崇祀門》、卷一九七《閏位部·慶賜門》。

　　[4]陝府：府名。治所在今河南三門峽市陝州區。　"己巳"

至"帝大悦"：《大典》卷二六三二。"旦命宰臣從官分禱靈跡"，
中華書局本有校勘記："'旦'，原作'且'，據《册府》（宋本）卷
一九三改。"見《宋本册府》卷一九三《閏位部·弭災門》。"日
中"，《册府》卷一九三作"既中"。

[5]老人星：星名。古時對南極星的別稱。又名"壽星"。《史
記·天官書》："狼比地有大星，曰南極老人。老人見，治安；不
見，兵起。"張守節正義："老人一星，在弧南，一曰南極，爲人主
占壽命延長之應。" 辛未，老人星見：《宋本册府》卷二〇二
《閏位部·祥瑞門二》。

[6]龜茲樂：樂名。《通典》卷一四六《樂六》："龜茲樂者，
起自呂光破龜茲，因得其聲……自周、隋以來，管弦雜曲將數百
曲，多用西凉樂，鼓舞曲多用龜茲樂。" "是日"至"設龜茲
樂"：《宋本册府》卷一九七《閏位部·宴會門》。

九月丁亥朔，命宰臣于兢赴西都，祀昊天上帝於圜
丘。[1]己丑，上發陝。[2]甲午，至西京，疾復作。[3]辛丑，
以久雨，命宰臣薛貽矩禜定鼎門，趙光逢祠嵩岳。[4]乙
巳，王師敗蕃寇於夏州。初，劉知俊誘沙陁振武賊帥周
德威、涇原賊帥李繼鸞合步騎五萬大舉，欲俯拾夏臺，
節度使李仁福兵力俱乏，以急來告。先是，供奉官張漢
玫宣諭在壁，國禮使杜廷隱賜幣于夏，及石堡寨，聞賊
至，以防卒三百人馳入州。既而大兵圍合，廷隱、漢玫
與指揮使張初、李君用率州民防卒，與仁福部分固守，
晝夜戮力。踰月，及鄜、延援至，天軍奮擊，敗之。河
東、邠、岐賊分路逃遁，夏州圍解。[5]丙午，詔曰："劉
知俊貴爲方伯，尊極郡王，而乃背誕朝恩，竄投賊壘，
固人神之共怒，諒天地所不容。雖命討除，尚稽擒戮，

263

宜懸爵賞，以大功名，必有忠貞，咸思憤發。有生擒劉知俊者，賞錢千萬，授節度使，首級次之；得孟審登者，錢百萬，除刺史；得將孫坑、卓瓌、劉儒、張鄴等，賞有差。"[6]辛亥，下詔曰："朕聞歷代帝王，首推堯舜；爲人父母，孰比禹湯。睿謀高出於古先，聖德普聞於天下，尚或卑躬待士，屈己求賢。俯仰星雲，慮一民之遺逸；網羅巖穴，恐片善之韜藏。延爵禄以徵求，設丹青而訪召，使其爲政，樂在進賢。蓋緣國有萬幾，朝稱百揆，非才不治，得士則昌。自朕光宅中區，迄今三載，宵分輟寐，日旰忘食，思共力於廟謀，庶永清於王道。而乃朝廷之内，或未盡於昌言；軍旅之間，亦罕聞於奇策。眷言方岳，下及山林，豈無英奇，副我延佇。諸道都督、觀察、防禦使等，或勳高翊世，或才號知人，必於塗巷之賢，備察蒭蕘之士。詔到，可精搜郡邑，博訪賢良，喻之以千載一時，約之以高官美秩，諒無求備，唯在得人。如有卓犖不羈，沉潛自負，通霸王之上略，達文武之大綱，究古今刑政之源，識禮樂質文之變，朕則待之不次，委以非常，用佐經綸，豈勞階級。如或一言拔俗，一事出群，亦當舍短從長，隨才授任。大小方圓之器，寧限九流；温良恭儉之人，難誣十室。勉思薦舉，勿至因循，俟爾發揚，慰予翹渴。仍從别敕處分。"[7]乙卯，宴會群臣於宣威殿[8]敕："魏博管内刺史，比來州務，並委督郵，遂使曹官擅其威權，州牧同于閑冗，俾循通制，宜塞異端。並宜依河南諸州例，刺史得以專達。"[9]

[1]西都：地名。即洛陽。　九月丁亥朔，命宰臣于兢赴西都，祀昊天上帝於圜丘：《宋本册府》卷一九三《閏位部·崇祀門》。

[2]陝：府名。即上文之陝府。　己丑，上發陝：《通鑑》卷二六七開平四年（910）九月己丑條。

[3]甲午，至西京，疾復作：《宋本册府》卷一九七《閏位部·宴會門》。《舊五代史考異》：“案：《五代春秋》作九月己丑，帝還西都，《歐陽史》同。《通鑑》作己丑，上發陝。甲午，至洛陽。”“疾復作”據《通鑑》卷二六七補。

[4]禜（yíng）：祭祀名。古代一種祈求神靈消除災禍的祭祀。《說文解字》：“設綿蕝（jué）爲禜，以禳風雨、雪霜、水旱、癘疫於日月星辰山川也。”　定鼎門：城門名。位於今河南洛陽市。嵩岳：山名。即嵩山。　“辛丑”至“趙光逢祠嵩岳”：《大典》二五二一“齋”字韻。本條《大典》原作卷一五二一，中華書局本有校勘記：“檢《永樂大典目録》，卷一五二一爲‘齊’字韻，與本則内容不符，恐有誤記。陳垣《舊五代史輯本引書卷數多誤例》謂應作卷二五二一‘齋’字韻。”今從陳垣之意見。又見《宋本册府》卷一九三《閏位部·弭災門》。

[5]沙陁：部族名。即沙陀。原意爲沙漠。沙陀部源出西突厥。隋文帝開皇二年（582），突厥汗國分裂爲東、西突厥。處月部爲西突厥所屬部落，朱邪是處月的別部。唐初，處月部居於金莎山（今尼赤金山）之南，蒲類海（今新疆巴里坤湖）之東，其境内有大磧（今古爾班通古特沙漠），因稱沙陀突厥。唐中期時西突厥、處月部均已衰落，朱邪部遂自號沙陀，其首領以朱邪爲姓。事見《新唐書》卷二一八《沙陀列傳》、本書卷二五、《新五代史》卷四末歐陽修考證。參見樊文禮《沙陀的族源及其早期歷史》，《民族研究》1999年第6期。　振武：方鎮名。治所在朔州（今山西朔州市朔城區）。　周德威：人名。朔州馬邑（今山西朔州市朔城區東北）人。唐末、五代河東將領。傳見本書卷五六、《新五代史》卷二五。　涇原：方鎮名。治所在涇州（今甘肅涇川縣）。　李繼鸞：

人名。即張從訓。回鶻人，後徙居太原（今山西太原市）。後唐莊宗賜名繼鸞，後改回。傳見本書卷九一。　夏臺：地名。位於夏州（治所在今陝西靖邊縣）。　張漢玫：人名。籍貫不詳。本書僅此一見。　國禮使：官名。　杜廷隱：人名。籍貫不詳。五代後梁將領。事見本書本卷、卷二七、《新五代史》卷三九、《通鑑》卷二六七。　石堡寨：寨名。位於延州（治所在今陝西延安市）。　張初：人名。籍貫不詳。本書僅此一見。　李君用：人名。籍貫不詳。本書僅此一見。　"乙巳"至"夏州圍解"：明本《冊府》卷二一六《閏位部·征伐門》。"涇原賊帥李繼鸞"，據中華書局本有校勘記："按李繼鸞本名張從訓，傳見本書卷九一，未記其嘗歷涇原。本書卷一三二《李從曬傳》記從曬自天復中鎮涇州，至同光中方代歸。按從曬原名繼曬，唐莊宗即位後賜名從曬，疑'李繼鸞'爲'李繼曬'之訛。""杜廷隱賜幣于夏"，《舊五代史考異》："案：廷隱，原本作'定隱'，下仍作廷隱，今據《九國志》改正。"本條後，《輯本舊史》有《舊五代史考異》："案《通鑑》：甲申，遣夾馬指揮使李遇、劉縮自鄜、延趨銀、夏。李遇等至夏州，岐、晉兵皆解去。"

[6]孟審登：人名。籍貫不詳。本書僅此一見。　孫坑：人名。籍貫不詳。本書僅此一見。　卓瓌：人名。籍貫不詳。事見本書本卷、卷三三。　劉儒：人名。籍貫不詳。事見本書本卷、卷一六。　張鄰：人名。籍貫不詳。本書僅此一見。　"丙午"至"賞有差"：明本《冊府》卷二一六《閏位部·征伐門》。

[7]萬幾：《尚書·皋陶謨》："無教逸欲有邦，兢兢業業，一日二日萬幾。"孔傳："幾，微也，言當戒懼萬事之微。"後以"萬幾"指帝王日常處理的紛繁政務。　百揆：指各種政務。　中區：指中原。　昌言：謂直言不諱。　延佇：引頸盼望。　都督：官名。全稱都督諸州軍事。魏晉以後，多兼任駐地州刺史，爲該地區的軍政長官。北周和隋改稱總管，唐朝又稱都督，根據州的等級設大、中、下都督府，各設都督，後多以節度使、觀察使爲地方軍政長

官，都督多名存實亡。　防禦使：官名。唐代始置，設有都防禦使、州防禦使兩種。常由刺史或觀察使兼任，實際上爲唐代後期州或方鎮的軍政長官。　塗巷：里巷。　芻（chú）蕘（ráo）：指草野之人。　十室：此處指普通人家。　"辛亥"至"仍從別敕處分"：明本《册府》卷二一三《閏位部·求賢門》。"辛亥"，《册府》缺，據《新五代史》卷二《梁太祖紀下》補。

[8]乙卯，宴會群臣於宣威殿：《宋本册府》卷一九七《閏位部·宴會門》。

[9]督郵：官名。漢始置，郡府屬吏。本名督郵書掾（或謂督郵曹掾），省稱督郵掾、督郵。主要職掌除督送郵書外，又代表郡守督察諸縣、宣達教令，兼及案擊盜賊、點録囚徒、催繳租賦等。守相自辟，其權甚重，有"督郵功曹，郡之極位"之説。三國、魏、晋、南北朝等多沿置，唐以後廢。　曹官：唐五代府州諸曹官省稱。　"敕"至"刺史得以專達"：《宋本册府》卷一九一《閏位部·立法制門》。"宜依河南諸州例"，中華書局本有校勘記："'宜'字原闕，據孔本、本書卷一四九《職官志》、《册府》卷一九一補。"

舊五代史　卷六

梁書六

太祖紀第六

　　開平四年冬十月己巳夜，月有蒼白暈，鎮與胃、昂在環中，絡奎、畢、天船、卷舌。司天監仇殷不時奏，罰兩月俸。[1]乙亥，東京留守、博王友文入覲，召之也。[2]戊寅，頒《奪馬令》。先是，王師擊賊獲馬，皆令上獻，至是乃止之，蓋欲邀其奮擊之効也。[3]己卯，以新修天驥院，開宴落之，内外並獻馬，而魏博進絹四萬匹爲駔價。[4]壬午，以冬設禁軍，幸興安鞠場，召文武百官宴。[5]幸開化門，大閱軍實。[6]以檢校司徒、郢王友珪充左右控鶴都指揮使兼管四蕃將軍。[7]遣鎮國節度使楊師厚、相州刺史李思安將兵屯澤州，以圖上黨。[8]青、宋、冀、亳水，詔令本州以省倉粟、麥等賑貸。[9]

　　[1]開平：後梁太祖朱温年號（907—911）。　月有蒼白暈：即月亮旁邊有蒼白云氣。月暈是地球大氣上層的結冰晶體折射月光

所產生的現象，古人卻認爲月暈是"月旁有氣"而由月亮直接產生的異象，並由此衍生出不同的占候内容，而占辭又與月暈所在星宿有關。參見黄一農《制天命而用：星占、術數與中國古代社會》，四川人民出版社 2018 年版，第 61 頁。　天船：古星官名。屬胃宿。位於現代星座劃分的英仙座和鹿豹座，含有九顆恒星。　卷舌：古星官名。屬昴宿，在昴北。位於現代星座劃分的英仙座，含有六顆恒星。　司天監：官署名。其長官稱司天監，掌天文、曆法以及占候等事。參見趙貞《唐宋天文星占與帝王政治》，北京師範大學出版社 2016 年版。　仇殷：人名。籍貫不詳。五代司天監官員，精於天象曆法。傳見本書卷二四。　"開平四年冬十月己巳夜"至"罰兩月俸"：《宋本册府》卷六二五《卿監部·廢黜門》。"冬"字據本紀四時記載之體例補。

〔2〕東京：指開封。　留守：官名。在陪都或軍事重鎮所設留守，由地方行政長官兼任。　博王友文：人名。即朱友文。朱温養子，後被朱友珪所殺。傳見本書卷一二、《新五代史》卷一三。乙亥，東京留守、博王友文入覲，召之也：明本《册府》卷二六八《宗室部·來朝門》。

〔3〕"戊寅"至"蓋欲邀其奮擊之効也"：《宋本册府》卷一九一《閏位部·政令門》。《册府》本卷繫事於九月，然九月無戊寅。據《宋本册府》卷六二一《卿監部·監牧門》及《會要》卷一二馬條，繫於十月。

〔4〕天驥院：官署名。唐置小馬坊，後梁改爲天驥院。掌管御馬。　魏博：方鎮名。治所在魏州貴鄉縣（今河北大名縣）。　騘（zǎng）：駿馬。　"己卯"至"而魏博進絹四萬匹爲騘價"：《宋本册府》卷一九七《閏位部·宴會門》。

〔5〕壬午，以冬設禁軍，幸興安鞠場，召文武百官宴：《宋本册府》卷一九七《閏位部·宴會門》。

〔6〕開化門：地名。今地不詳。　幸開化門，大閱軍實：明本《册府》卷二一四《閏位部·訓兵門》。

[7]檢校司徒：官名。爲散官或加官，以示恩寵，無實際執掌。
友珪：人名。即朱友珪。朱温次子，後勾結韓勍殺朱温。傳見本
書卷一二、《新五代史》卷一三。　左右控鶴都指揮使：官名。控
鶴軍主帥。控鶴爲禁軍番號，後梁稱侍衛親軍爲控鶴。主要職責爲
防守宫城。　以檢校司徒、郢王友珪充左右控鶴都指揮使兼管四蕃
將軍：明本《册府》卷二六九《宗室部‧將兵門》。

[8]鎮國：方鎮名。唐上元二年（761）置，治所在華州（今
陝西渭南市華州區）。　節度使：官名。唐時在重要地區所設掌握
一州或數州軍事、民事、財政的長官。　楊師厚：人名。潁州斤溝
（今安徽太和縣阮橋鎮斤溝村）人。唐末、五代將領。傳見本書卷
二二、《新五代史》卷二三。　相州：州名。治所在今河南安陽市。
刺史：官名。漢武帝始置。州一級行政長官。總掌考核官吏、勸
課農桑、地方教化等事。唐中期以後，節度使、觀察使轄州而設，
刺史爲其屬官，職任漸輕。從三品至正四品下。　李思安：人名。
河南陳留（今河南開封市陳留鎮）人。後梁將領。傳見本書卷一
九。　澤州：州名。治所在今山西澤州縣。　上黨：即潞州。治所
在今山西長治市。　遣鎮國節度使楊師厚、相州刺史李思安將兵屯
澤州，以圖上黨：《通鑑》卷二六七開平四年（910）十月條。

[9]青：州名。治所在今山東青州市。　宋：州名。治所在今
河南商丘市睢陽區。　冀：州名。治所在今河北衡水市冀州區。
亳：州名。治所在今安徽亳州市。　省倉：地方繫省（尚書省）倉
儲的概稱。　賑貸：政府借錢或物給需要的百姓。　青、宋、冀、
亳水，詔令本州以省倉粟、麥等賑貸：《會要》卷一一水溢條。

十一月丁亥朔，幸廣王第作樂。[1]己丑，以寧國軍
節度使王景仁充北面行營都招討使，潞州副招討使韓勍
爲副，相州刺史李思安爲先鋒使。時鎮州王鎔、定州王
處直叛，結連晉人，故遣將討之。[2]辛卯，宴文武四品

已上於宣威殿。[3]戊戌，詔曰：“自朔至今，暴風未息，諒惟不德，致此咎徵。皇天動威，罔敢不懼，宜徧命祈禱，副朕意焉。”差官分往祠所止風。[4]己亥，日南至，帝被袞冕御朝元殿，列細仗，奏樂於庭，群臣稱賀。[5]帝畋於伊水。[6]乙巳，詔曰：“關防者，所以譏異服、察異言也。況天下未息，兵民多姦，改形易衣，覘我戎事。比者有諜皆以詐敗，而未嘗罪所過地；叛將逃卒竊其妻孥而影附使者，亦未嘗詰其所經。今海内未同，而緩法弛禁，非所以息姦詐、止奔亡也。應在京諸司，不得擅給公驗。如有出外須執憑由者，其司門過所，先須經中書門下點檢，宜委宰臣趙光逢專判出給，俾由顯重，冀絶姦源。仍下兩京、河陽及六軍諸衛、御史臺，各加鈐轄。公私行李，復不得帶挾家口向西。其襄、鄧、鄜、延等道，並同處分。”[7]庚戌，幸左龍虎軍，宴群臣。[8]上疾小愈，辛亥，校獵於伊、洛之間。[9]甲寅，幸右龍虎軍，宴群臣。[10]司天言：“來月太陰虧，不利宿兵於外。”上召王景仁等還洛陽。[11]

　　[1]廣王：封爵名。即朱全昱。朱温兄長。傳見本書卷一二、《新五代史》卷一三。　十一月丁亥朔，幸廣王第作樂：明本《册府》卷二〇五《閏位部・巡幸門》。《輯本舊史》之影庫本粘籤：“幸廣王第，原本‘幸’作‘辛’，今據文改正。”

　　[2]寧國軍：方鎮名。治所在宣州（今安徽宣城市）。　王景仁：人名。合淝（今安徽合肥市）人。唐末、後梁將領。傳見本書卷二三、《新五代史》卷二三。　行營都招討使：官名。自後梁至後周均設此職，掌同招討使，負責某一路、某一道或某一方征討招

撫之事。掌管區域較大而且主官資深者，則委以諸道行營都招討使
和副都招討使職，否則爲行營招討使和副招討使。　潞州：州名。
治所在今山西長治市。　副招討使：官名。行營統兵官。位次行營
都統、招討使。掌招撫討伐事務。　韓勍：人名。籍貫不詳。後梁
將領。事見本書卷七、《新五代史》卷四五。　先鋒使：官名。負
責打探敵情、勘測地形、衝鋒陷陣等。　鎮州：州名。治所在今河
北正定縣。　王鎔：人名。回鶻人。唐末、五代軍閥，朱溫封趙
王。傳見本書卷五四、《新五代史》卷三九。　定州：州名。治所
在今河北定州市。　王處直：人名。京兆萬年（今陝西西安市長安
區）人。唐末、五代軍閥。傳見本書卷五四、《新五代史》卷三
九。　晋：指李克用之子李存勗政權。　“己丑”至“故遣將討
之”：明本《册府》卷二一六《閏位部·征伐門》。“相州刺史李思
安爲先鋒使”，《舊五代史考異》：“案：原本訛‘湘州’，今據《通
鑑》改正。”見《通鑑》卷二六七開平四年（910）十月條。

[3]宣威殿：宮殿名。位於今河南洛陽市。　辛卯，宴文武四
品已上於宣威殿：《宋本册府》卷一九七《閏位部·宴會門》。

[4]咎徵：不祥之兆，多指災異。　“戊戌”至“差官分往祠
所止風”：《大典》卷二六三二“災”字韻“弭災（二）”事目。
又見《宋本册府》卷一九三《閏位部·弭災門》。

[5]日南至：指冬至日。夏至以後，日躔自北而南；冬至以後，
又自南而北。故冬至日又稱“日南至”。　朝元殿：宮殿名。位於
今河南洛陽市。　細仗：儀仗名。皇帝出巡或朝會時所用。　“己
亥”至“群臣稱賀”：《宋本册府》卷一九七《閏位部·朝會門》。

[6]伊水：即伊河。流入洛河。　帝畋於伊水：明本《册府》
卷二〇五《閏位部·畋遊門》。

[7]公驗：政府開具的證明。　過所：古代用於關卡通行證明
的官文書。　中書門下：官署名。唐玄宗時改政事堂置，設於中書
省，爲宰相議政辦公之所，下設吏、樞機、兵、户、刑禮五房分主
衆務。　趙光逢：人名。京兆奉天（今陝西乾縣）人。後梁大臣。

傳見本書卷五八、《新五代史》卷三五。　　兩京：即東京開封府與西京河南府。　　河陽：方鎮名。全稱“河陽三城”。治所在孟州（今河南孟州市）。　　六軍：泛指皇帝的禁衛軍。《周禮·夏官·司馬》：“凡制軍，萬有二千五百人爲軍。王六軍。”　　諸衛：唐代置十六衛，即左右衛、左右驍騎、左右武衛、左右威衛、左右領軍衛、左右金吾衛、左右監門衛、左右千牛衛。總稱諸衛。　　御史臺：官署名。爲中央監察機構。　　鈐轄：節制管轄。　　襄：州名。治所在今湖北襄陽市。　　鄧：州名。治所在今河南鄧州市。　　鄜：州名。治所在今陝西富縣。　　延：州名。治所在今陝西延安市。“乙巳”至“並同處分”：《宋本册府》卷一九一《閏位部·立法制門》。《輯本舊史》之影庫本粘籤：“鄜、延，原本作‘鹿延’，今據文改正。”

　　[8]左龍虎軍：禁軍名。據《五代會要·京城諸軍》，後梁開平元年四月，“改左、右長直爲左、右龍虎軍”。　　庚戌，幸左龍虎軍，宴群臣：《宋本册府》卷一九七《閏位部·宴會門》。

　　[9]伊、洛之間：泛指伊河、洛河流域。　　上疾小愈，辛亥，校獵於伊、洛之間：《通鑑》卷二六七開平四年十一月條。

　　[10]右龍虎軍：禁軍名。與左龍虎軍類似。　　甲寅，幸右龍虎軍，宴群臣：《宋本册府》卷一九七《閏位部·宴會門》。

　　[11]司天：即司天監。　　“司天言”至“上召王景仁等還洛陽”：《通鑑》卷二六七開平四年十一月條。中華書局本沿《輯本舊史》於本月段末有《舊五代史考異》：“案《五代會要》：十一月十四日，司天奏：‘月蝕，不宜用兵。’時王景仁方總大軍北伐，追之不及。至五年正月二日，果爲後唐莊宗大敗于柏鄉。”見《會要》卷一〇月蝕條。

　　十二月辛酉，宴文武四品已上於宣威殿。[1]親閱禁軍，命格鬬於教馬亭。[2]己未，上聞趙與晉合，晉兵已屯趙州，乃命王景仁等將兵擊之。庚申，景仁等自河陽渡河，會羅周翰兵，合四萬，軍於邢、洺。[3]己巳，詔曰："滑、宋、輝、亳等州，水潦敗傷，人戶愁歎，朕爲父母，良用疾心。其令本州各等給賑貸，所在長吏監臨周給，務令存濟。"[4]壬辰，賑貸東都畿内，如宋、滑制。[5]癸酉，宰臣薛貽矩奏："太常卿李燕等重刊定到《令》三十卷、《式》二十卷、《格》一十卷、《律》並目録一十三卷、《律疏》三十卷，凡五部一十帙，共一百三卷。勒中書舍人李仁儉詣閣門奉進，伏請目爲《大梁新定格式律令》，仍頒下施行。"從之。是時，大理卿李保殷撰《刑律總要》十二卷。[6]虔州刺史盧光稠疾病，欲以位授譚全播，全播不受。光稠卒，其子韶州刺史延昌來奔喪，全播立而事之。丙寅，以延昌爲鎮南留後。延昌表其將廖爽爲韶州刺史。[7]丁丑，王景仁等進軍柏鄉。[8]兵部尚書、知貢舉姚洎奏曰："近代設詞科，選胄子，蓋所以網維名教，崇樹邦本者也。曩時進士不下千人，嶺徼海隅，偃風嚮化，近歲觀光之士，人數不多，加以在位臣僚，罕有子弟，就其寡少，復避嫌疑，實恐因循，漸爲廢墜。今在朝公卿親屬、將相子孫，有文行可取者，請許所在州府薦送，以廣毓材之義。"從之。[9]右諫議大夫盧協詣閣上表，以夏麥不稔，請勿徵，至秋熟折輸粟。帝聖武嚴毅，宸斷不測，故諫官未嘗敢言事，協奏而果俞其請，物論嘉之。[10]晉州汾西縣百姓蔡奉言論本州遊奕將軍李建不法一十二事。帝覽奏曰："李建職司防察，事極重難，若循愛憎，便罹刑網，則何以委用邊吏！"因命奉言移貫内地。[11]以李振爲建昌宫副使。[12]

[1]十二月辛酉，宴文武四品已上於宣威殿：《宋本册府》卷一九七《閏位部·宴會門》。

[2]教馬亭：地名。位於今河南洛陽市。 親閱禁軍，命格鬬於教馬亭：明本《册府》卷二一四《閏位部·訓兵門》。

[3]趙：封國名。梁太祖朱温封王鎔爲趙王，故稱。 趙州：州名。治所在今河北趙縣。 羅周翰：人名。魏州貴鄉（今河北大名縣）人。羅紹威次子。事見本書卷八、卷二七。 邢：州名。治所在今河北邢臺市。 洺：州名。治所在今河北邯鄲市永年區。"己未"至"軍於邢、洺"：《通鑑》卷二六七開平四年（910）十二月己未、庚申條。

[4]滑：州名。治所在今河南滑縣。 輝：州名。治所在今山東單縣。 "己巳"至"務令存濟"：《宋本册府》卷一九五《閏位部·惠民門》。"其令本州各等給賑貸"，中華書局本有校勘記："'各等給'，原作'分等級'，據《册府》（宋本）卷一九五改。孔本、《册府》（明本）卷一九五作'各等級'。"

[5]壬辰，賑貸東都畿内，如宋、滑制：《宋本册府》卷一九五。"壬辰"，本月丁巳朔，無壬辰，似當爲壬申。"賑貸東都畿内"，中華書局本有校勘記："原作'東郡'，據劉本、《册府》卷一九五改。"

[6]薛貽矩：人名。河東聞喜（今山西聞喜縣）人。唐末、後梁大臣。傳見本書卷一八、《新五代史》卷三五。 太常卿：官名。太常寺長官。掌祭祀禮儀等事。正三品。 李燕：人名。籍貫不詳。後梁、後唐大臣。事見本書卷五、卷八、卷三二、卷一四七。中書舍人：官名。中書省屬官。掌起草文書、呈遞奏章、傳宣詔命等。正五品上。 李仁儼：人名。籍貫不詳。後梁大臣。事見本

書本卷、卷一四七。　閤門：宮門名。原作“閣門”。唐代大明宮之正殿（宣政殿）、内殿（紫宸殿）以東、西上閤門相連，閤門遂爲外朝、内朝之分界。因設閤門使，掌内外通報、宣旨。五代、宋相沿設置閤門、閤門使。　大理卿：官名。爲大理寺長官。負責大理寺的具體事務，掌邦國折獄詳刑之事。從三品。　李保殷：人名。河南洛陽人。後梁、後唐大臣。傳見本書卷六八。　“癸酉”至“大理卿李保殷撰《刑律總要》十二卷”：《宋本册府》卷六一三《刑法部·定律令門五》。“癸酉”，《册府》缺，據《新五代史》卷二《梁太祖紀下》、《通鑑》卷二六七補。又，“是時”以下内容，《册府》中似爲注，“李保殷”之“殷”字據《輯本舊史》卷一四七《刑法志》補。

[7]虔州：州名。治所在今江西贛州市。　盧光稠：人名。南康（今江西贛州市南康區）人。唐末、五代軍閥。傳見《新唐書》卷一九〇、《新五代史》卷四一。　譚全播：人名。南康（今江西贛州市南康區）人。唐末、五代地方豪强。傳見《新五代史》卷四一。　韶州：州名。治所在今廣東韶關市。　延昌：人名。盧光稠之子。後爲叛將所殺。事見本書本卷。　鎮南：方鎮名。治所在洪州（今江西南昌市）。　留後：官名。爲節度使的子弟或親信，處理本藩鎮的軍政。　廖爽：人名。籍貫不詳。事見《通鑑》卷二六七、卷二六八。　“虔州刺史盧光稠疾病”至“延昌表其將廖爽爲韶州刺史”：《通鑑》卷二六七開平四年十二月丙寅條。

[8]柏鄉：縣名。治所即今河北柏鄉縣。　丁丑，王景仁等進軍柏鄉：《通鑑》卷二六七開平四年十二月丁丑條。

[9]兵部尚書：官名。尚書省兵部主官。掌兵衛、武選、車輦、甲械、厩牧之政令。正三品。　知貢舉：官名。唐始置，爲主持禮部會試的考官。　姚洎：人名。籍貫不詳。後梁宰相。事見本書卷四、卷八、《新五代史》卷三。　詞科：科舉名。指博學宏詞科。意在選拔博學、好文辭之人才。　“兵部尚書、知貢舉姚洎奏曰”至“從之”：《宋本册府》卷六四一《貢舉部·條制門三》。

　　[10]右諫議大夫：官名。隸中書省。唐代置左、右諫議大夫各四人，分隸門下省、中書省。掌諫諭得失、侍從贊相。正四品下。

　　盧協：人名。籍貫不詳。後梁大臣。事見本書本卷、卷一〇。

宸斷：皇帝的裁決、決斷。　　"右諫議大夫盧協詣閣上表"至"物論嘉之"：《宋本冊府》卷四六〇《臺省部・正直門》。

　　[11]晉州：州名。治所在今山西臨汾市。　　汾西縣：縣名。治所在今山西汾西縣。　　蔡奉言：人名。晉州汾西縣（今山西汾西縣）人。本書僅此一見。　　李建：人名。籍貫不詳。事見本書本卷。　　移貫：改變原先籍貫。　　"晉州汾西縣百姓蔡奉言論本州遊奕將軍李建不法一十二事"至"因命奉言移貫内地"：《宋本冊府》卷一九〇《閏位部・聰察門》。

　　[12]李振：人名。河西（甘肅武威市）人。後梁大臣。祖居西域，唐潞州節度使李抱真曾孫。祖、父在唐皆官郡守。傳見本書卷一八、《新五代史》卷四三。　　建昌宮副使：官名。五代後梁太祖建國時設建昌院，後改稱建昌宮，掌管所轄境内財賦收入。其長官稱使，以宰相任之。副使即其副職。　　以李振爲建昌宮副使：《會要》卷二四建昌宮使條。

　　乾化元年春正月丙戌朔，日有蝕之，帝素服避殿，百官守司以恭天事，明復而止。[1]制曰："兩漢以來，日蝕地震，百官各上封事，指陳得失。蓋欲周知時病，盡達物情，用緝國章，以奉天誠。朕每思逆耳，罔忌觸鱗，將洽政經，庶開言路。況兹譴見，當有咎徵。其在列辟群臣，危言正諫，極萬邦之利害，致六合之殷昌。毗予一人，永建皇極。"[2]二日，日旁有祲氣，向背若環耳，崇政使敬翔望之曰："兵可憂矣。"帝爲之旰食。是日，果爲晉軍及鎮、定之師所敗，都將十餘人被擒，餘衆奔潰。[3]王景仁及晋人戰于柏鄉，敗績。[4]庚寅，制曰：“扈氏不恭，固難去戰；鬼方未服，尚或勞師。其蟻聚餘妖，狐鳴醜類，棄天常而拒命，據地險以偷生，言事討除，將期戡定。問罪止誅於元惡，挺災可憫於遺黎，每念傷痍，良深愧歎。應天兵所至之地，宜令將帥節級嚴戒軍伍，不得焚燒廬舍，開發丘墟，毁廢農桑，驅掠士女。使其背叛之俗，知予弔伐之心。”又制曰：“戎機方切，國用未殷，養兵須藉於賦租，輓粟尚煩於力役。所在長吏，不得因緣徵發，自務貪求，苟有固違，必行重典。立法垂制，詳刑定科，傳之無窮，守而勿失。中書門下所奏新定格式律令，已頒下中外，各委所在長吏，切務遵行。盡革煩苛，皆除枉濫，用副哀矜之旨，無違欽恤之言。”[5]癸巳，詔徵陝州鎮國軍節度使楊師厚至京，見於崇勳殿。帝指授方畧，依前充北面都招討使，恩賚甚厚，使督軍進發。[6]己亥，晋王遣周德威、史建瑭將三千騎趣澶、魏，張承業、李存璋以步兵攻邢州，自以大軍繼之，移檄河北州縣，諭以利害。帝遣別將徐仁溥將兵千人，自西山夜入邢州，助王檀城守。己西，罷王景仁招討使，落平章事。[7]以天文變異，司天監仇殷不時奏，罰兩月俸。[8]敕：“許昌雄鎮，太保韓建，朕用之布政，民耕盜止，久居其位，庶可勝殘矣。宜令中書門下不計年月，勿議替移。”[9]

　　[1]乾化：後梁太祖朱温年號（911—912）。　素服：本色或白色的衣服。居喪或遭遇凶事時所穿。　避殿：皇帝離開正殿，多見於災異祈禳。　“乾化元年春正月丙戌朔”至“明復而止”：

《大典》卷二六三二爲“災”字韻“弭災（二）”事目。又見《册府》卷一九三《閏位部・弭災門》。“春”字據本紀四時記載之體例補。

[2]皇極：帝王統治天下的准則。即大中至正之道。語出《尚書・洪範》：“皇極，皇建其有極。”孔穎達疏：“皇，大也；極，中也。施政教，治下民，當使大得其中，無有邪僻。”“制曰”至“永建皇極”：《大典》卷一六三七八“諫”字韻“求諫（三）”事目。“其在列辟群臣”，據中華書局本有校勘記：“‘在’，《册府》卷一九三作‘令’。‘臣’，《册府》卷一九三作‘僚’。”

[3]祲（jìn）氣：不祥之氣。　崇政使：官名。爲崇政院長官。備顧問，參謀議。五代後梁開平元年（907）改樞密院置崇政院，設院使、副使各一人。後唐同光元年（923）復改崇政院爲樞密院，崇政使亦改爲樞密使。　敬翔：人名。同州馮翊（今陝西大荔縣）人。後梁大臣。傳見本書卷一八、《新五代史》卷二一。
旰食：指事務繁忙不能按時吃飯。　“二日”至“帝爲之旰食”：《大典》卷九三二四爲“祲”字韻。“向背若環耳”，《舊五代史考異》：“案：原本訛‘環爾’，今據《五代會要》改正。”

[4]王景仁及晉人戰于柏鄉，敗績：《新五代史》卷二《梁太祖紀下》。

[5]扈氏：族名。即有扈氏。相傳爲夏之諸侯。姒姓，啓之庶兄所封。禹傳位與啓，有扈氏不服，與啓戰於甘（今陝西西安市鄠邑區境），戰敗被滅。　鬼方：族名。殷周西北民族。《易・既濟》：“高宗伐鬼方，三年克之。”　挻（shān）災：招引災禍。遺黎：苦難中的人民。　弔伐：吊民伐罪。指撫慰受害的百姓，討伐有罪的統治者。　戎機：戰事。　輓粟：飛芻輓粟的省稱。謂迅速運送糧草。　“庚寅”至“無違欽恤之言”：《宋本册府》卷一九一《閏位部・政令門》。“挻災可憫於遺黎”，中華書局本有校勘記：“‘挻’，原作‘挺’，據彭校、《册府》卷一九一改。”“輓粟尚煩於力役”，中華書局本有校勘記：“‘輓’，原作‘稅’，據《册

府》卷一九一改。"

[6]陝州：州名。治所在今河南三門峽市陝州區。 "癸巳"
至"使督軍進發"：《宋本册府》卷一九九《閏位部·選將門》。
"癸巳"，《册府》缺，據《新五代史》卷二、《通鑑》卷二六七補。

[7]晉王：封爵名。指李克用之子李存勖。 周德威：人名。
朔州馬邑（今山西朔州市朔城區東北）人。唐末、五代河東將領。
傳見本書卷五六、《新五代史》卷二五。 史建瑭：人名。雁門
（今山西代縣）人。唐末、五代將領。傳見本書卷五五、《新五代
史》卷二五。 澶：州名。唐、五代初，治所在今河南清豐縣。後
晉天福四年（939），移治於今河南濮陽市。 魏：州名。治所在今
河北大名縣。 張承業：人名。同州（今陝西大荔縣）人。唐末、
五代宦官，河東監軍。傳見本書卷七二、《新五代史》卷三八。
李存璋：人名。雲中（今山西大同市）人。後唐將領。傳見本書卷
五三、《新五代史》卷三六。 徐仁溥：人名。籍貫不詳。後梁將
領。本書僅此一見。 王檀：人名。京兆（今陝西西安市）人。後
梁將領。傳見本書卷二二、《新五代史》卷二三。 平章事：官名。
即同中書門下平章事。唐高宗以後，凡實際任宰相之職者，常在其
本官後加同平章事的職銜。後成爲宰相專稱。後梁沿置。 "己
亥"至"落平章事"：《通鑑》卷二六七乾化元年（911）正月己
亥、己酉條。

[8]以天文變異，司天監仇殷不時奏，罰兩月俸：《宋本册府》
卷六二五《卿監部·廢黜門》。

[9]許昌：方鎮名。指忠武軍。治所在許州（今河南許昌市）。
韓建：人名。許州長社（今河南許昌市）人。唐末、五代軍閥。
傳見本書卷一五、《新五代史》卷四〇。 "敕"至"勿議替移"：
《會要》卷一一功臣條。《舊五代史考異》："案《五代春秋》：二
月，晉師侵魏州，楊師厚帥師援邢州，晉人還師。"

　　二月丙辰朔，帝御文明殿，群臣入閣。[1]己未，晋王至魏州，攻之，不克。庚申，以户部尚書李振爲天雄節度副使，命杜廷隱將兵千人衛之，自楊劉濟河，間道夜入魏州，助周翰城守。[2]壬戌，詔曰："東京舊邦，久不巡幸，宜以今月九日幸東都，扈從文武官委中書門下量閑劇處分。"宰臣上言曰："龍興天府，久望法駕，但陛下始康愈，未宜涉寒，願少留清蹕。"從之。[3]甲子，幸曜村民舍閲農事。[4]以蔡州順化軍指揮使王存儼權知軍州事。蔡人士習叛逆，刺史張慎思又衰斂無狀，帝追慎思至京，而久未命代。右厢指揮使劉行琮乘虚作亂，因縱火驅擁，爲渡淮計。存儼誅行琮而撫遏其衆，都將鄭遵與其下奉存儼爲主，而以衆情馳奏。時東京留守博王友文不先請，遂討其亂，兵至鄢陵，上聞之曰："誅行琮，功也，然存儼方懼，若臨之以兵，蔡必速飛矣。"遂馳使還軍，而擢授存儼，蔡人安之。[5]乙丑，周德威自臨清攻貝州，拔夏津、高唐；攻博州，拔東武、朝城。攻澶州，刺史張可臻棄城走，帝斬之。[6]庚午，幸白馬坡。[7]武安軍節度使馬殷進呈虔州刺史盧延昌牋表。虔州北支郡也，兵甚鋭，自得韶州，益强大，昇爲百勝軍使。始洪州之陷，盧光稠願收復使府，立功自效，上因兼授江西觀察留後。光稠卒，復命延昌領州事，方伯亦頗慰薦。楊渭遣人爲署爵秩，延昌佯受官牒，禮遣其使，因湖南自表其事曰："郡小寇迫，欲緩其奸謀，且開導貢路，非敢貳也。"以其僞制來自陳。上覽奏曰："我方有北事，不可不爾甚加撫卹。"尋兼授鎮南將軍節度使觀察留後，命使慰勞。[8]詔左右金吾大將軍、待制官各奏事。[9]泌州置善護寺。[10]敕：“食人之食者憂人之事，況丞相尊位，參決大政，而堂封未給，且無餐錢，朕甚愧之。宜令日食萬錢之半。”[11]

[1]文明殿：宮殿名。位於今河南洛陽市。爲五代洛陽宮城的正殿，大朝會、大册拜等禮儀活動在此舉行。　二月丙辰朔，帝御文明殿，群臣入閣：《宋本册府》卷一九七《閏位部·朝會門》。

[2]魏州：州名。治所在今河北大名縣。　節度副使：官名。唐、五代方鎮屬官。位於行軍司馬之下、判官之上。　杜廷隱：人名。籍貫不詳。後梁將領。事見《通鑑》卷二六七。　楊劉：地名。黃河渡口。位於今山東東阿縣。唐、五代時爲黃河下游重鎮。周翰：人名。即羅周翰。　“己未”至“助周翰城守”：《通鑑》卷二六七乾化元年（911）二月己未、庚申條。《宋本册府》卷四一四《將帥部·赴援門》亦載，文字略異。但《册府》僅載“戊午，晋軍圍魏州，軍於南門”，而未載己未事。

[3]清蹕：指帝王的車輦。　“壬戌”至“從之”：明本《册府》卷二〇五《閏位部·巡幸門》。《舊五代史考異》：“案《五代會要》：二月，敕：‘食人之食者憂人之事，況丞相尊位，參決大政，而堂封未給，且無餐錢，朕甚愧之。宜令日食萬錢之半。’”對《舊五代史考異》所引之“宜令日食萬錢之半”，中華書局本有校勘記：“‘日’字原闕，據《五代會要》卷一三補。”見《會要》卷一三中書門下條。

[4]曜村：地名。今地不詳。　甲子，幸曜村民舍閱農事：《宋本册府》卷一九八《閏位部·務農門》。又見同書卷二〇五《閏位部·巡幸門》。

[5]蔡州順化軍：州軍名。治所在今河南汝南縣。　指揮使：官名。唐末、五代軍隊、州軍多置都指揮使、指揮使，爲統兵將領。

283

王存儼：人名。後梁將領。事見《通鑑》卷二六七。　權知軍州事：官名。州軍級行政長官。　張慎思：人名。清河（今河北清河縣）人。唐末、五代將領。傳見本書卷一五。　右廂指揮使：官名。指揮使的屬官。　劉行琮：籍貫不詳。五代將領。本書僅此一見。鄭遵：人名。籍貫不詳。本書僅此一見。　鄢陵：縣名。治所在今河南鄢陵縣。　"以蔡州順化軍"至"蔡人安之"：明本《册府》卷二一四《閏位部·權略門》。"右廂指揮使劉行琮乘虚作亂"，《輯本舊史》之影庫本粘籤："行琮，原本作'行踪'，今據《通鑑》改正。"見《通鑑》卷二六七乾化元年二月條。"都將鄭遵與其下奉存儼爲主"，中華書局本有校勘記："'都將'，原作'諸將'，據殿本、孔本、《册府》卷二一四改。"

[6]臨清：縣名。治所在今河北臨西縣。　貝州：州名。治所在今河北清河縣。　夏津：縣名。治所在今山東夏津縣。　高唐：縣名。治所在今山東高唐縣。　博州：州名。治所在今山東聊城市。　東武：地名。位於朝城縣（今山東莘縣）境内。　朝城：縣名。治所在今山東莘縣。　張可臻：人名。籍貫不詳。本書僅此一見。　"乙丑"至"帝斬之"：《通鑑》卷二六七乾化元年二月乙丑條。

[7]白馬坡：地名。位於今河南洛陽市。　庚午，幸白馬坡：明本《册府》卷二〇五《閏位部·巡幸門》。"白馬坡"，中華書局本有校勘記："《册府》卷二〇五同，本書卷三八《唐明宗紀》四作'白司馬陂'。《通鑑》卷一八二有'白司馬坂'，胡注：'白司馬坂在邙山北，邙山在洛城北，阪音反。'王鳴盛《商榷》卷九八云：'坡當作坂，唐酷吏侯思止傳：思止鞫誣告人反者，輒云急承白司馬。此因洛有白司馬坂，故用歇後語誘令承反也。'"

[8]武安軍：方鎮名。治所在潭州（今湖南長沙市）。　馬殷：人名。許州鄢陵（今河南鄢陵縣）人。五代十國南楚開國君主。傳見本書卷一三三、《新五代史》卷六六。　牋表：箋記、表章。楊渭：人名。即楊隆演。廬州合淝（今安徽合肥市）人。楊行密之

子，楊渥之弟。五代時期吳國主。908 年至 920 年在位。傳見本書卷六一。　"武安軍節度使馬殷進呈虔州刺史盧延昌牋表"至"命使慰勞"：明本《册府》卷二一五《閏位部·招懷門》。"以其僞制來自陳"，《舊五代史考異》："案：原本'僞'訛'爲'，今改正。""尋兼授鎮南將軍節度使觀察留後"，中華書局本有校勘記："《通鑑》卷二六七敘其事作'以延昌爲鎮南留後'。按鎮南軍治洪州，此句疑衍'將''使'二字。"

　　[9]左右金吾大將軍：官名。唐置，掌宮禁宿衛。正三品。待制官：唐代以文官六品以上更直待制，備顧問。　詔左右金吾大將軍、待制官各奏事：《宋本册府》卷一九一《閏位部·立法制門》。

　　[10]泌州：州名。治所在今河南唐河縣。　泌州置善護寺：《宋本册府》卷一九四《閏位部·崇釋老門》。

　　[11]堂封：宰相的封邑。　"敕"至"宜令日食萬錢之半"：《會要》卷一三中書門下條。中華書局本於本月條末附《舊五代史考異》："案《九國志》：盧延昌歸命于吳，僞乞命于梁。"

　　三月乙酉朔，以天雄留後羅周翰爲節度使。[1]清海、靜海節度使兼中書令南平襄王劉隱病亟，表其弟節度副使巖權知留後；丁亥卒，巖襲位。[2]辛卯，以久旱，令宰臣分禱靈跡，翌日，大澍雨。[3]丙申，幸甘水亭，召宰臣、翰林學士、尚書侍郎孔續已下八人扈從，宴樂甚歡。[4]戊戌，幸右龍虎軍，召文武官四品已上宴於新殿。[5]甲辰，幸左龍虎軍新殿，宴文武官四品已上。[6]岐王募華原賊帥温韜以爲假子，以華原爲耀州，美原爲鼎州。置義勝軍，以韜爲節度使，使帥邠、岐兵寇長安。詔感化節度使康懷貞、忠武節度使牛存節以同華、河中

兵討之。己酉，懷貞等奏擊韜於車度，走之。[7]宗正卿
朱遜、圖譜官朱損之進所撰《述天潢源派》二軸，各
賜帛。[8]

[1]三月乙酉朔，以天雄留後羅周翰爲節度使：《通鑑》卷二
六八乾化元年（911）三月乙酉條。

[2]清海：方鎮名。治所在廣州（今廣東廣州市）。 静海：
方鎮名。治所在交州（今越南河内市）。 中書令：官名。漢代始
置。隋、唐前期爲中書省長官，屬宰相之職；唐後期多爲授予元勳
大臣的虛銜。正二品。 劉隱：人名。上蔡（今河南上蔡縣）人。
五代十國南漢奠基者。傳見本書卷一三五、《新五代史》卷六五。
巖：人名。即劉巖，又名劉龑。上蔡（今河南上蔡縣）人。劉謙
之子，劉隱之弟。五代十國南漢國建立者。傳見本書卷一三五、
《新五代史》卷六五。 “清海、静海節度使兼中書令南平襄王劉
隱病亟”至“巖襲位”：《通鑑》卷二六八乾化元年三月丁亥條。
中華書局本沿《輯本舊史》記劉隱卒於五月末，作：“清海軍節度
使、守侍中、兼中書令劉隱薨，輟朝三日，百僚詣閤門奉慰。”並
引《舊五代史考異》：“案：劉隱卒，《五代會要》《五代春秋》俱
作五月，惟《通鑑》作三月，與《薛史》異。”針對“清海軍節度
使……百僚詣閤門奉慰”，中華書局本有校勘記：“以上二十七字原
闕，據殿本補。按《册府》卷二一五無此句，事見《五代會要》
卷六。”見《會要》卷六輟朝條。

[3]大澍雨：大暴雨。 “辛卯”至“大澍雨”：《大典》卷二
五二一爲“齋”字韻。《大典》本條原作卷一五二一爲“齊”字
韻，與内容不符，誤。又見《宋本册府》卷一九三《閏位部·弭
災門》。

[4]甘水亭：地名。位於今河南洛陽市。 翰林學士：官名。
由南北朝始設之學士發展而來，唐玄宗改翰林供奉爲翰林學士，備

顧問，代王言。掌拜免將相、號令征伐等詔令的起草。 尚書侍
郎：官名。掌文書起草。 孔績：人名。籍貫不詳。後梁大臣。事
見本書本卷、卷七。 "丙申"至"宴樂甚歡"：《宋本册府》卷
一九七《閏位部・宴會門》。

[5]戊戌，幸右龍虎軍，召文武官四品已上宴於新殿：《宋本
册府》卷一九七《閏位部・宴會門》。

[6]甲辰，幸左龍虎軍新殿，宴文武官四品已上：《宋本册府》
卷一九七《閏位部・宴會門》。

[7]岐王：即李茂貞。深州博野（今河北蠡縣）人。唐末、五
代軍閥。傳見本書卷一三二、《新五代史》卷四〇。 華原：縣名。
治所在今陝西銅川市耀州區。 溫韜：人名。京兆華原（今陝西銅
川市耀州區）人。唐末李茂貞部將，五代後梁、後唐將領。傳見本
書卷七三、《新五代史》卷四〇。 美原：縣名。位於今陝西富平
縣美原鎮。 義勝軍：方鎮名。治所在耀州（今陝西銅川市耀州
區）。 邠：州名。治所在今陝西彬縣。 岐：唐州名。治雍縣
（今陝西鳳翔縣）。唐中後期稱鳳翔府，五代因之。此爲舊稱。 感
化：方鎮名。後梁置。治所在華州（今陝西渭南市華州區）。 康
懷貞：人名。兗州（今山東濟寧市兗州區）人。唐末、五代將領。
後避後梁末帝朱友貞諱改懷英。傳見本書卷二三、《新五代史》卷
二二。 忠武：方鎮名。治所在許州（今河南許昌市）。 牛存節：
人名。青州博昌（今山東博興縣）人。唐末、五代將領。傳見本書
卷二二、《新五代史》卷二二。 同華：方鎮名。治所在華州（今
陝西渭南市華州區）。 河中：方鎮名。治所在河中府（今山西永
濟市西南蒲州鎮）。 車度：地名。在今陝西蒲城縣東南四十里車
杜村。 "岐王募華原賊帥溫韜以爲假子"至"走之"：《通鑑》
卷二六八乾化元年三月己酉條。

[8]宗正卿：官名。秦始置宗正，南朝梁始有宗正卿之官。由
宗室充任。掌皇族外戚屬籍。正三品。 朱遜：人名。籍貫不詳。
本書僅此一見。 圖譜官：官名。唐宗正寺置，掌官修氏族譜牒和

皇室宗譜，亦稱知圖譜官、修圖譜官。　朱損之：人名。籍貫不詳。本書僅此一見。　宗正卿朱遜、圖譜官朱損之進所撰《述天潢源派》二軸，各賜帛：《宋本册府》卷六二一《卿監部·司宗門》。

夏四月丁卯，幸龍門，召宰臣、學士、金吾上將軍、大將軍侍宴廣化寺。[1]壬申，契丹遣使朝貢。[2]丙子，復憫雨，命宰臣分往嵩、華祈禱。[3]丁丑，幸宣威殿，宴文武官四品已上及軍使、蕃客。己卯，又幸左龍虎軍，宴羣臣。[4]詔曰："邠、岐未滅，關隴多虞，宜擇親賢，總兹戎重。應關西同、雍、華、鄜、延、夏等六道兵馬，并委冀王收管指揮。凡有抽差，先申西面都招討使，仍別奏聞，庶合機權，以寧邊鄙。"[5]制命兩浙節度使錢鏐守尚書令兼淮南宣歙等道四面行營都統，增食邑二千户、實封一百户。[6]

[1]龍門：地名。位於今河南洛陽市。　金吾上將軍：官名。即金吾衛上將軍。唐置，掌宮禁宿衛。十六衛之一。從二品。　大將軍：官名。指金吾衛大將軍。唐置，掌宮禁宿衛。正三品。"夏四月丁卯"至"賜物有差"：《宋本册府》卷一九七《閏位部·宴會門》《慶賜門》。明本《册府》卷二〇五《閏位部·巡幸門》亦載，文字略異。"夏"字據本紀四時記載體例補。"龍門"，《輯本舊史》原作"龍虎門"，中華書局本有校勘記："據《册府》（宋本）卷一九七改。"

[2]契丹：古部族、政權名。公元4世紀中葉宇文部爲前燕攻破，始分離而成單獨的部落，自號契丹。唐貞觀中，置松漠都督府，以其首領爲都督。唐末強盛，916年迭剌部耶律阿保機建立契丹國（遼）。先後與五代、北宋並立，保大五年（1125）爲金所

滅。參見張正明《契丹史略》，中華書局 1979 年版。　壬申，契丹遣使朝貢：《宋本冊府》卷九七二《外臣部·朝貢門五》。"壬申"據《新五代史》卷二《梁太祖紀下》補。

[3]嵩：山名。即嵩山。　華：山名。即華山。　丙子，復憫雨，命宰臣分往嵩、華祈禱：《宋本冊府》卷一九三《閏位部·弭災門》。

[4]軍使：官名。掌領本軍軍務，兼理地方政務。　蕃客：古代對外國商旅的泛稱。　"丁丑"至"又幸左龍虎軍，宴羣臣"：《宋本冊府》卷一九七《閏位部·宴會門》。

[5]關隴：地區名。指關中和甘肅東部一帶地區。　關西：潼關以西。　雍：州名。治所在今陝西西安市。　夏州：州名。治所在今陝西靖邊縣。　冀王：封爵名。即朱友謙。許州（今河南許昌市）人。朱溫養子，唐末、五代軍閥。傳見本書卷六三、《新五代史》卷四五。　"詔曰"至"以寧邊鄙"：明本《冊府》卷二六九《宗室部·將兵門》。

[6]兩浙：地區名。浙東、浙西的合稱。泛指今浙江全省及江蘇南部一角。　錢鏐：人名。臨安（今浙江杭州市）人。五代時期吳越國的建立者。傳見本書卷一三三、《新五代史》卷六七。　淮南：方鎮名。治所在揚州（今江蘇揚州市）。　宣：州名。治所在今安徽宣城市。　歙：州名。治所在今安徽歙縣。　行營都統：官名。唐末設諸道行營都統、副都統，作爲各道出征兵士的正、副統帥。　食邑：即封地、封邑。食邑之名，蓋取受封者不之國，僅食其租稅之意。　實封：古代名義上封賜給功臣貴戚食邑的戶數與實際封賞數往往不符，實際上賜與的封戶叫實封。　"制命兩浙節度使錢鏐"至"實封一百戶"：《吳越備史》卷一《武肅王下》。

五月甲申朔，帝被冕旒御朝元殿視朝，仗衛如式。制改開平五年爲乾化元年，大赦天下。[1]制曰："諸道節度使錢鏐、張宗奭、馬殷、王審知、劉隱各賜一子六品正員官，高季昌賜一子八品正員官，賀德倫賜一子九品正員官。"[2]詔方伯州牧，近未加恩者并遷爵秩。復大賚軍旅，溥宴于宣威殿，賜帛各有差。[3]壬辰，宴河南尹、翰林學士、軍使於宣威殿。[4]癸巳，觀稼於伊水，登建春門，幸會節坊張宗奭私第，臨亭臯視物色，賞賜甚厚。[5]甲辰，以清海節度副使劉陟爲節度使。[6]制封延州節度使高萬興爲渤海郡王。[7]詔左、右銀臺門朝參，諸司使庫使已下，不得帶從人出入，親王許一二人執條床、手簡，餘悉止門外，闌入者抵律。閽守不禁，與所犯同。先時，通內無門籍，且多勳戚，車騎衆者，尤不敢呵察。至是有以客星凌犯上言者，遂令止隔。[8]詔曰："闈是正門也，宜以時開閉，用達陽氣。委皇城使準例檢校啓門，車駕出則闔扉。"[9]

[1]冕旒：古代天子、諸侯及卿大夫的禮冠。相傳爲周制。東漢定其形制：天子之冕十二旒，三公、諸侯九旒，卿、大夫五旒。大祭祀時服。南北朝後，爲皇帝專用。參見林劍鳴、吳永琪主編《秦漢文化史大辭典》，漢語大詞典出版社 2002 年版，第 706 頁。

"五月甲申朔"至"大赦天下"：《大典》卷五一四九爲"元"字韻"改元（二）"事目。

[2]張宗奭：人名。濮州臨濮（今山東鄄城縣臨濮鎮）人。唐末、五代將領。傳見本書卷六三、《新五代史》卷四五。　王審知：人名。光州固始（今河南固始縣）人。五代十國閩國建立者。909年至 925 年在位。傳見本書卷一三四、《新五代史》卷六八。　高季昌：人名。陝州硤石（今河南三門峽市陝州區硤石鄉）人。五代十國南平（荆南）開國君主。傳見本書卷一三三、《新五代史》卷

六九。　賀德倫：人名。唐末、五代將領。其先係河西部落人，後居滑州（今河南滑縣）。傳見本書卷二一、《舊五代史》卷四四。

　　“制曰”至“賀德倫賜一子九品正員官”：明本《冊府》卷二一〇《閏位部·延賞門》。

　　[3]“詔方伯州牧”至“賜帛各有差”：《宋本冊府》卷一九七《閏位部·慶賜門》。

　　[4]河南尹：官名。唐開元元年（713）改洛州爲河南府，治所在今河南洛陽市，河南府尹總其政務。從三品。　壬辰，宴河南尹、翰林學士、軍使於宣威殿：《宋本冊府》卷一九七《閏位部·宴會門》。

　　[5]建春門：城門名。位於今河南洛陽市。　會節坊：坊名。位於今河南洛陽市。　“癸巳”至“賞賜甚厚”：明本《冊府》卷二〇五《閏位部·巡幸門》。

　　[6]劉陟：人名。初名劉巖，後改名劉龑。五代十國南漢建立者。傳見本書卷一三五、《新五代史》卷六五。　甲辰，以清海節度副使劉陟爲節度使：《通鑑》卷二六八乾化元年（911）五月甲辰條。

　　[7]高萬興：人名。河西（今甘肅武威市）人。五代將領，高懷遷之子。傳見本書卷一三二、《新五代史》卷四〇。　制封延州節度使高萬興爲渤海郡王：《宋本冊府》卷一九六《閏位部·封建門》。

　　[8]左、右銀臺門：宮牆門。據《唐六典》，大明宮宣政殿東牆有左銀臺門，西牆有右銀臺門。此處指洛陽後梁禁中的宮牆門。參見楊鴻年《隋唐宮廷建築考》，陝西人民出版社 1992 年版，第 377 頁。　諸司使庫使：官名。宮廷服務機構官員的統稱。唐後期始置，多以宦官充任。五代改用武官。宋初尚有實任者，後多不領本職，僅爲遷轉之階。　手簡：書牘；手書。　客星淩犯：又稱客星犯。兩個天體之間的距離很近，其光芒可以相及時稱“犯”。《晉書·天文志》：“客星犯紫宮中坐，大臣犯主。”參見徐振韜主編《中國古代天文學詞典》，中國科學技術出版社 2009 年版，第 124

頁。　　"詔"至"遂令止隔"：《宋本册府》卷一九一《閏位部·立法制門》。"左右銀臺門"，中華書局本有校勘記："'右'字原闕，據《册府》卷一九一、《五代會要》卷五補。"見《會要》卷五雜録條。"不得帶從人出入"，中華書局本有校勘記："'出入'，原作'入城'，據《册府》卷一九一、《五代會要》卷五改。""通内無門籍"，中華書局本有校勘記："'通'上原有'門'字，據《册府》（宋本）卷一九一删。"

[9]闈：皇宫的正門。　　"詔曰"至"車駕出則闔扉"：《會要》卷二四皇城使條。

　　六月乙卯，命北面都招討使、鎮國軍節度使楊師厚出屯邢、洺。[1]丁巳，鎮、定鈔我湯陰，詔曰："常山背義，易水傲尤，誘其蕃戎，動我邊鄙，南侵相、魏，東出邢、洺，是用遣將徂征，爲人除害。但初頒赦令，不欲食言，宥而伐之，諒非獲已。況聞謀始，不自帥臣，致此屬階，並繇姦佞。密通人使，潛結犬戎，既懼罪誅，乃生離叛。今雖行討伐，已舉師徒，亦開詔諭之門，不阻歸降之路。矧又王鎔、處直未曾削爵除名，若翻然改圖，不遠而復，必仍舊貫，當保前功。如有率衆向明，拔州效順，亦行殊賞，冀狗來情，免令受弊於疲民，用示惟新於污俗。宜令行營都招討使及陳暉軍前，准此赦文，散加招諭。將安衆懼，特舉明恩。鎮州只罪李弘規一人，其餘一切不問。"[2]詔修天宫佛寺。又湖南奏，潭州僧法思、桂州僧歸真並乞賜紫衣。可之。[3]以劉守光爲河北道採訪使，遣閣門使王瞳、受旨史彦群，册命之。命楊師厚將兵三萬屯邢州。[4]

[1]六月乙卯，命北面都招討使、鎮國軍節度使楊師厚出屯邢、洺：明本《册府》卷二一五《閏位部·招懷門》。“邢洺”，《册府》原作“邢雒”，“雒”即“洛”，但據文意應爲“洺”。

[2]湯陰：縣名。治所在今河南湯陰縣東。　常山：古郡名。鎮州之別稱。此處借指位於鎮州的王鎔。　易水：河流名。發源於河北易縣，流入白洋淀。此處借指位於定州的王處直。　厲階：禍端。　犬戎：古族名。戎人的一支。舊時對少數民族的蔑稱。此處指沙陀李存勗勢力。　陳暉：人名。籍貫不詳。唐末、五代將領。事見本書本卷、卷五。　李弘規：人名。籍貫不詳。唐末、五代宦官。事見本書卷五四、卷六二。　“丁巳”至“其餘一切不問”：《宋本册府》卷二一五《閏位部·招懷門》。“湯陰”，《舊五代史考異》：“案：原本作‘蕩陰’，今從《通鑑》及《歐陽史》改正。”“潛結犬戎”，中華書局本沿《輯本舊史》作“潛結沙陀”。“當保前功”，中華書局本有校勘記：“‘前’，原作‘全’，據彭校、《册府》卷二一五改。”

[3]潭州：州名。治所在今湖南長沙市。　法思：人名。五代僧人。本書僅此一見。　桂州：州名。治所在今廣西桂林市。　歸真：人名。五代僧人。本書僅此一見。　紫衣：紫色袈裟或上衣。朝廷賜僧人紫色僧衣，以示寵貴。　“詔修天宮佛寺”至“可之”：《宋本册府》卷一九四《閏位部·崇釋道門》。“可之”，中華書局本沿《輯本舊史》作“從之”。

[4]劉守光：人名。深州樂壽（今河北獻縣）人。唐末盧龍節度使劉仁恭之子。劉守光因父殺兄自立，後號大燕皇帝，爲晉王李存勗俘殺。傳見本書卷一三五、《新五代史》卷三九。　河北道：道名。唐貞觀十道、開元十五道之一。開元以後治魏州（今河北大名縣）。轄境相當於今北京、天津，河北、遼寧大部，河南、山東古黃河以北地區。　採訪使：官名。唐玄宗開元二十一年（733）置十五道採訪使，唐肅宗乾元元年（758）改爲觀察使。無旌節，故地位低於節度使。掌一道州縣官的考績及民政。　閤門使：官

名。唐代中期始置，掌供朝會、贊引百官。初以宦官充任，五代改用武階。　王瞳：人名。籍貫不詳。五代官員。事見本書本卷。史彥群：人名。籍貫不詳。五代官員。事見本書本卷。　"以劉守光爲河北道採訪使"至"命楊師厚將兵三萬屯邢州"：《通鑑》卷二六八乾化元年（911）六月條。

　　秋七月，帝不豫，稍厭秋暑。自辛丑幸會節坊張宗奭私第，宰臣視事於歸仁亭子，崇政使、内諸司及翰林院並止於河南令廨署，至甲辰，復歸大内。[1]光禄卿李翼坐進廟胙色敗，有詔罰兩月俸。[2]封保義節度使王檀爲瑯琊郡王。[3]

　　[1]内諸司：官署名。唐宋禁内各官署機構的統稱，長官統稱諸司使。參見顏品忠等主編《中華文化制度辭典》，中國國際廣播出版社1998年版，第147頁；唐長孺《唐代的内諸司使及其演變》，《山居存稿》，中華書局1989年版。　翰林院：官署名。始創於唐朝。主要集結各類文學、醫卜、方伎、書畫方面的人才，伴隨皇帝，爲非正式官署。唐玄宗分出翰林學士院，負責爲皇帝起草詔旨，爲機要之司。前者主要爲内廷供奉機構。五代因之。　"秋七月"至"復歸大内"：明本《册府》卷二〇五《閏位部・巡幸門》。《五代史闕文》引《梁史》："上不豫，厭秋暑，幸宗奭私第數日，宰臣視事於仁岐亭，崇政使諸司並止于河南令廨署。"與《册府》略同。"秋"字據本紀四時記載之體例補。
　　[2]光禄卿：官名。南朝梁天監七年（508）改光禄勳置，隋唐沿置。掌宮殿門户、帳幕器物、百官朝會膳食等。從三品。　李翼：人名。籍貫不詳。五代大臣。事見本書本卷。　胙（zuò）：祭祀時供的肉。　光禄卿李翼坐進廟胙色敗，有詔罰兩月俸：《宋本册府》卷六二五《卿監部・廢黜門》。

[3]保義：方鎮名。治所在陝州（今河南三門峽市陝州區）。
封保義軍節度使王檀爲琅琊郡王：《宋本冊府》卷一九六《閏位部·封建門》。

八月庚申，幸保寧殿，閲天興、控鶴兵事，軍使、將校各有賜。[1]癸亥，詔宰臣、文武百寮宴於河南府。[2]老人星見。[3]甲子，劉守光即皇帝位，國號大燕，改元應天。以梁使王瞳爲左相，盧龍判官齊涉爲右相，史彦群爲御史大夫。[4]戊辰，幸故上陽宮，至於榆林觀稼。[5]渤海國遣使朝賀，且獻方物。[6]丙子，閲四蕃將軍及親衛兵士於天津橋，南至龍門廣化寺。[7]戊寅，幸興安鞠場大教閲，帝自指麾，無不踴扑，坐作進退，聲振宮掖。右神武統軍丁審衢對御，以紅帛囊劍，擬乘輿物，帝曰：“宿將也。”恕之，以劉重霸代其任。[8]

[1]天興：禁軍名。後梁置。《五代會要》卷一二京城諸軍條記後梁開平元年（907）九月置左右天興軍，以親王爲軍使。“八月庚申”至“軍使、將校各有賜”：明本《冊府》卷二一四《閏位部·訓兵門》。

[2]癸亥，詔宰臣、文武百寮宴於河南府：《宋本冊府》卷一九七《閏位部·宴會門》。

[3]老人星：南部天空一顆光度較亮的二等星。又名“壽星”。現代天文學稱船底座α星，亮度在恒星中僅次於天狼星。《史記·天官書》：“狼比地有大星，曰南極老人。老人見，治安；不見，兵起。”張守節正義：“老人一星，在弧南，一曰南極，爲人主占壽命延長之應。”　老人星見：《宋本冊府》卷二〇二《閏位部·祥瑞門二》。

　　[4]盧龍：方鎮名。治所在幽州（今北京市）。　判官：官名。爲長官的佐吏，協理政事，或備差遣。　齊涉：人名。籍貫不詳。劉守光僚屬。本書僅此一見。　御史大夫：官名。秦始置，與丞相、太尉合稱三公。至唐代，在御史中丞之上設御史大夫一人，爲御史臺長官，專掌監察、執法。正三品。　“甲子”至“史彥群爲御史大夫”：《通鑑》卷二六八乾化元年（911）八月甲子條。

　　[5]上陽宮：宮城名。位於今河南洛陽市。　榆林：地名。即榆林坡。位於今河南洛陽市一帶。　戊辰，幸故上陽宮，至於榆林觀稼：明本《册府》卷二〇五《閏位部·巡幸門》。又見《宋本册府》卷一九八《閏位部·務農門》。

　　[6]渤海：唐時靺鞨等族所建政權名。武則天聖曆元年（698）粟末靺鞨首領大祚榮建立政權。唐玄宗先天二年（713），唐派崔忻封大祚榮爲左驍衛大將軍、渤海郡王，設置忽汗州，加授大祚榮爲忽汗州都督，從此其政權即以渤海爲號。傳見本書卷一三八、《新五代史》卷七四。　渤海國遣使朝賀，且獻方物：《宋本册府》卷九七二《外臣部·朝貢門五》。

　　[7]天津橋：橋名。位於今河南洛陽市。　“丙子”至“南至龍門廣化寺”：《册府》卷二一四《閏位部·訓兵門》。“閱四蕃將軍及親衛兵士於天津橋”，中華書局本有校勘記：“‘及親衛’，原作‘屯衛’，據《册府》卷二一四改。”

　　[8]右神武統軍：官名。唐、五代右神武軍統兵官。至德二載（757）唐肅宗置禁軍，也叫神武天騎，分爲左、右神武天騎及左、右羽林，左、右龍武等六軍，稱“北衙六軍”。從二品。　丁審衢：人名。籍貫不詳。五代將領。事見本書本卷、卷七。　劉重霸：人名。籍貫不詳。五代將領。事見本書本卷、卷四、卷九、卷一三。“戊寅”至“以劉重霸代其任”：明本《册府》卷二〇九《閏位部·寬恕門》。《輯本舊史》之影庫本粘籤：“右神武統軍，原本‘右’作‘立’，今據《通鑑》改正。”《通鑑》未見。

九月辛巳朔，帝御文明殿，群臣入閣，刑法待制官各奏事。[1]己丑，宴群臣於興安殿。[2]帝疾稍愈，聞晋、趙謀入寇，自將拒之。戊戌，以張宗奭爲西都留守。[3]庚子，親御六師，次於河陽。[4]甲辰，至於衛州。乙巳，至於宜溝，幸民劉達墅。[5]丙午，至相州。[6]賞左親騎指揮使張仙、右雲騎指揮使宋鐸，嘗身先陷陣，各賜帛。[7]相州刺史李思安不意帝猝至，落然無具，坐削官爵。[8]

[1]九月辛巳朔，帝御文明殿，群臣入閣，刑法待制官各奏事：《宋本册府》卷一九七《閏位部·朝會門》。

[2]己丑，宴群臣於興安殿：《宋本册府》卷一九七《閏位部·宴會門》。

[3]“帝疾稍愈”至“以張宗奭爲西都留守”：《通鑑》卷二六八乾化元年（911）九月戊戌條。

[4]庚子，親御六師，次於河陽：明本《册府》卷二〇五《閏位部·巡幸門》。

[5]衛州：州名。治所在今河南衛輝市。　宜溝：地名。位於今河南湯陰縣宜溝鎮。　劉達：人名。籍貫不詳。本書僅此一見。
“甲辰”至“幸民劉達墅”：明本《册府》卷二〇五《閏位部·巡幸門》。

[6]丙午，至相州：明本《册府》卷二〇五《閏位部·巡幸門》。

[7]左親騎指揮使：官名。禁軍統兵官。　張仙：人名。後梁將領。籍貫不詳。事見本書本卷。　右雲騎指揮使：官名。禁軍統兵官。　宋鐸：人名。後梁將領。籍貫不詳。事見本書本卷。
“賞左親騎指揮使張仙”至“各賜帛”：明本《册府》卷二一〇

《閏位部·明賞門》。

　　[8]落然：荒廢。　　相州刺史李思安不意帝猝至，落然無具，坐削官爵：《通鑑》卷二六八乾化元年九月丙午條。

　　冬十月辛亥朔，駐蹕於相州，宰臣泊文武從官並詣行宮起居。户部郎中孔昌序齎留都百官冬朔起居表至自西京，諸道節度使、刺史、諸藩府留後各以冬朔起居表來上。制以郢王友珪充控鶴指揮使，諸軍都虞候閻寶爲御營使。[1]有司以立冬太廟薦饗上言，詔丞相杜曉赴西都攝祭行事。[2]左龍驤都教練使鄧季筠、魏博馬軍都指揮使何令稠、右廂馬軍都指揮使陳令勳，以部下馬瘦，並腰斬於軍門。[3]癸丑，閱武於州闈之南樓。[4]甲寅，將以其夕幸魏縣，命閤門使李郁報宰臣，兼敕内外。是夜，車駕發軔於都署。乙卯，次洹水。丙辰，至魏縣。[5]先鋒指揮使黄文靖伏誅。[6]己未，帝御朝元門，以回鶻、吐蕃二大國首領入覲故也。[7]癸亥，令諸軍指揮使及四蕃將軍賜食於行宮之外廡。[8]戊辰，幸邑西之白龍潭以觀魚焉。既而漁人獲巨魚以獻，帝命放之中流，從臣以帝有仁惻之心，皆相顧欣然，是日名其潭曰萬歲潭。[9]丙子，帝御城東教場閱兵，諸軍都指揮、北面招討使、太尉楊師厚總領鐵馬步甲十萬，廣亘十數里陳焉。士卒之雄鋭，部隊之嚴肅，旌旗之雜遝，戈甲之照耀，屹若山嶽，勢動天地，帝甚悦焉。即命丞相泊文武從臣列侍賜食，逮晚方歸。[10]密州奏助軍絹二千匹，青州節度使進絹五千匹，兗州進絹三千匹。[11]

[1]起居：指大臣朝見皇帝。　户部郎中：官名。唐始置。即尚書省户部頭司户部司長官。掌户口、土田、賦役、貢獻、優復、婚姻、繼嗣等事。從五品上。　孔昌序：人名。籍貫不詳。後梁官員。事見本書本卷。　諸軍都虞候：官名。唐、五代禁軍高級統兵官。　閻寶：人名。鄆州（今山東東平縣）人。後梁、後唐將領。傳見本書卷五九、《新五代史》卷四四。　御營使：官名。五代皇帝多親自率兵征戰，故設御營使負責行營守衛，多由親信將領、寵臣充任。　"冬十月辛亥朔"至"諸軍都虞候閻寶爲御營使"：明本《册府》卷二〇五《閏位部・巡幸門》。《輯本舊史》之影庫本粘籤："相州，原本作'湘州'，今據《歐陽史》改正。"見《新五代史》卷二《梁太祖紀下》。"冬"字據本紀四時記載之體例補。

[2]太廟：又稱大廟。祭祀帝王祖宗之廟，即祖廟。　薦饗：祭獻。　杜曉：人名。京兆杜陵（今陝西西安市）人。祖、父皆爲唐宰相。傳見本書卷一八、《新五代史》卷三五。　有司以立冬太廟薦饗上言，詔丞相杜曉赴西都攝祭行事：《宋本册府》卷一八九《閏位部・奉先門》。

[3]左龍驤都教練使：官名。掌禁軍左龍驤軍之軍事訓練。鄧季筠：人名。宋州下邑（今河南夏邑縣）人。後梁將領。傳見本書卷一九。　魏博馬軍都指揮使：官名。魏博軍鎮馬軍統兵官。何令稠：人名。籍貫不詳。後梁將領。事見本書本卷。　右厢馬軍都指揮使：官名。禁軍右厢馬軍統兵官。　陳令勳：籍貫不詳。後梁將領。事見本書本卷。　"左龍驤都教練使鄧季筠"至"並腰斬於軍門"：《通鑑》卷二六八乾化元年（911）十月條胡注引《薛史》。

[4]闉（yīn）：甕城的門。　癸丑，閲武於州闉之南樓：明本《册府》卷二一四《閏位部・訓兵門》。

[5]魏縣：縣名。治所在今河北魏縣。　李郁：人名。籍貫不詳。五代官員。傳見本書卷九六。　洹水：縣名。治所在今河北魏縣西南。因境有洹水，故名。　"甲寅"至"至魏縣"：明本《册

府》卷二〇五《閏位部·巡幸門》。"命閤門使李郁報宰臣",《舊五代史考異》:"案:原本李郁下衍'寶',今據《列傳》删正。"見《輯本舊史》卷九六《李郁傳》。"是夜",中華書局本有校勘記:"原作'丙寅夜',據殿本改。按是月辛亥朔,甲寅爲初四,丙寅爲十六日,乙卯爲初五,丙寅不應在乙卯前。上文云'甲寅,將以其夕幸魏縣',則此當即是日之夜。"

［6］先鋒指揮使:官名。先鋒,即先鋒部隊。指揮使,爲所部統兵將領。　黄文靖:人名。單州金鄉(今山東金鄉縣)人。唐末、五代將領。傳見本書卷一九。　先鋒指揮使黄文靖伏誅:《通鑑》卷二六八乾化元年十月條胡注引《薛史》。"先鋒指揮使",中華書局本有校勘記:"原作'先鋒將',據《通鑑》卷二六八胡注引《薛史·本紀》改。"

［7］朝元門:城門名。位於今河北魏縣。　回鶻:部族、政權名。又作回紇。原係突厥鐵勒部的一支。唐天寶三載(744)建立回紇汗國,8世紀末、9世紀初,回鶻與吐蕃爭奪北庭和安西並最終取勝,統治西域。9世紀中葉,回鶻汗國瓦解。參見楊蕤《回鶻時代:10—13世紀陸上絲綢之路貿易研究》,中國社會科學出版社2015年版。　吐蕃:唐時青藏高原地區的藏族部落政權。參見才讓《吐蕃史稿》,人民出版社2010年版。　己未,帝御朝元門,以回鶻、吐蕃二大國首領入覲故也:《宋本册府》卷一九七《閏位部·朝會門》。據中華書局本有校勘記:"《册府》卷一九七作'十月乙未'。《新五代史》卷二《梁太祖紀》繫其事於十一月乙未,《册府》(宋本)卷九七二、《五代會要》卷二八、卷三〇均繫其事於十一月。按十月辛亥朔,無乙未;十一月辛巳朔,乙未爲十五日。《舊五代史考異》卷一:'案己未,《歐陽史》作乙未。'"見《宋本册府》卷九七二《外臣部·朝貢門五》、《會要》卷二八回鶻條、卷三〇吐蕃條。

［8］癸亥,令諸軍指揮使及四蕃將軍賜食於行宮之外廡:《宋本册府》卷一九七《閏位部·宴會門》。

[9]白龍潭：湖泊名。位於今河北魏縣。 “戊辰”至“名其潭曰萬歲潭”：《大典》卷一六一二爲“魚”字韻“魚異”事目。

[10]北面招討使：官名。不常置，爲一路或數路地區統兵官。掌招撫討伐等事務。兵罷則省。 太尉：官名。與司徒、司空並爲三公，唐後期、五代多爲大臣、勳貴加官。正一品。 “丙子”至“逮晚方歸”：明本《册府》卷二一四《閏位部·訓兵門》。

[11]密州：州名。治所在今山東諸城市。 兗州：州名。治所在今山東濟寧市兗州區。 密州奏助軍絹二千匹，青州節度使進絹五千匹，兗州進絹三千匹：《宋本册府》卷四八五《邦計部·濟軍門》。

十一月辛巳朔，上駐蹕魏縣，從官自丞相而下並詣行宮起居，留都文武百官及諸道節度使、防禦使、刺史、諸藩府留後，各奉表起居。壬午，帝以邊事稍息，宣命還京師。車駕發自行闕，夕次洹水縣。癸未，（至）內黃縣。甲申，至黎陽縣。乙酉，命從官丞相而下宴於行次。丁亥，次衛州。戊子晨，次新鄉，夕止獲嘉。己丑，次武陟。庚寅，次溫縣。[1]延州節度使高萬興奏，當軍都指揮使高萬金統領兵士，今月五日收鹽州，僞刺史高行存泥首來降。丞相及文武百官各上表稱賀。[2]辛卯，次孟州，留都文武官左僕射楊涉洎孟州守李周彝等，皆匍匐東郊迎拜，其文武官並令先還。[3]命散騎常侍孫騭、右諫議大夫張衍、光祿卿李翼各齎香合、祝版，告祭於孟津之望祠。[4]壬辰，詰旦離孟州，晚至都，疾復作。[5]宣宰臣各赴望祠禱雨。故事，皆以兩省無功職事爲之，帝憂民重農，尤以足食足兵爲念，爰自御極，每愆陽積陰，多命丞相躬其事。辛丑，大雨雪，宰臣及文武師長各奉表賀焉。[6]丙午，以回鶻都督周易言爲右監門大將軍同正，弟略李麥之、石壽兒、石論斯並左千牛將軍同正；李屋列殊、安鹽山並右千牛將軍同正。吐蕃嗢末首領杜論没悉伽、杜論心並左領軍衛將軍同正；嗢末蘇論乞禄右領軍衛將軍同正。[7]

[1]內黃縣：縣名。治所在今河南內黃縣。　黎陽縣：縣名。治所在今河南浚縣東北。　新鄉：縣名。治所在今河南新鄉市。獲嘉：縣名。治所在今河南獲嘉縣。　武陟：縣名。治所在今河南武陟縣。　溫縣：縣名。治所在今河南溫縣。　"十一月辛巳朔"至"次溫縣"：明本《册府》卷二〇五《閏位部・巡幸門》。《舊五代史考異》："案《通鑑》：帝以夾寨、柏鄉屢失利，故力疾北巡，思一雪其恥，意鬱鬱，多躁忿，功臣宿將往往以小過被誅，衆心益懼。既而晋、趙兵不出。十一月壬午，帝南還。"

[2]高萬金：人名。河西（今甘肅武威市）人。高萬興之弟。事見本書卷一三二。　鹽州：州名。治所在今陝西定邊縣。　高行存：人名。籍貫不詳。五代將領。本書僅此一見。　"延州節度使高萬興奏"至"丞相及文武百官各上表稱賀"：明本《册府》卷四三五《將帥部・獻捷門二》。

[3]孟州：州名。治所在今河南孟州市。　左僕射：官名。秦始置。隋、唐前期，以左、右僕射佐尚書令總理六官、綱紀庶務；如不置尚書令，則總判省事，爲宰相之職。唐後期多爲大臣加銜。從二品。　楊涉：人名。同州馮翊（今陝西大荔縣）人。唐宰相楊收之孫，吏部尚書楊嚴之子。唐哀帝時拜中書侍郎、同中書門下平章事。傳見《新五代史》卷三五。　李周彝：人名。籍貫不詳。唐末、五代將領。事見本書本卷、卷二、卷九、卷一九、卷二一、卷二三。　"辛卯"至"其文武官並令先還"：明本《册府》卷二〇

五《閏位部·巡幸門》。

[4]散騎常侍：官名。曹魏始置。唐宋散騎常侍分左右，左屬門下省，右屬中書省。掌侍奉規諷，備顧問應對。正三品下。　孫騭：人名。滑臺（今河南滑縣）人。唐末、後梁官員。傳見本書卷二四。　張衍：人名。濮州臨濮（今山東鄆城縣臨濮鎮）人。張宗奭之子。唐末、後梁官員。傳見本書卷二四。　香合：盛香之盒。祝版：書寫祝文的木版、紙版等，祭祀時所用。　孟津：地名。位於今河南洛陽市孟津縣。　"命散騎常侍孫騭"至"告祭於孟津之望祠"：《宋本冊府》卷一九三《閏位部·崇祀門》。中華書局本有校勘記："'合'字原闕，據《冊府》卷一九三補。"

[5]壬辰，詰旦離孟州，晚至都，疾復作：明本《冊府》卷二〇五。"疾復作"據《通鑑》卷二六八補。

[6]"宣宰臣各赴望祠禱雨"至"宰臣及文武師長各奉表賀焉"：《宋本冊府》卷一九三《閏位部·弭災門》。《輯本舊史》之影庫本粘籤："望祠，原本作'望詞'，據文改正。"

[7]周易言：人名。甘州回鶻人。甘州回鶻都督。事見本書本卷、卷一三八。　右監門大將軍：官名。唐置，掌宮禁宿衛。唐代置十六衛，即左右衛、左右驍衛、左右武衛、左右威衛、左右領軍衛、左右金吾衛、左右監門衛、左右千牛衛，各置上將軍，從二品；大將軍，正三品；將軍，從三品。　同正：又稱同正員。唐朝正員官以外所添置的員外官中，可與正員官享受同等俸祿待遇者。始置於唐高宗永徽（650—655）年間。　略李麥之：人名。甘州回鶻人。周易言之弟。事見本書本卷。　石壽兒：人名。甘州回鶻人。周易言之弟。事見本書本卷、卷一三八。　石論斯：人名。甘州回鶻人。周易言之弟。事見本書本卷、卷一三八。　李屋列殊：人名。甘州回鶻人。事見本書本卷、卷一三八。　安鹽山：人名。甘州回鶻人。事見本書本卷、卷一三八。　嗢（wà）末：部族名。又稱溫末、渾末。原從屬於吐蕃，後趁吐蕃政權崩潰脫離吐蕃統治，是唐末五代西北地區的一支重要勢力。參見金雷《嗢末新考》，

《西藏研究》2007 年第 4 期。　杜論没悉伽：人名。吐蕃人。事見本書本卷、卷一三八。　杜論心：人名。吐蕃人。事見本書本卷、卷一三八。　蘇論乞禄：人名。吐蕃人。事見本書本卷、卷一三八。　"丙午"至"喎末蘇論乞禄右領軍衛將軍同正"：《宋本册府》卷九七六《外臣部・褒異門三》。文字據《會要》卷二八回鶻條校補。

　　十二月，詔以時雪稍愆，命丞相及三省官各詣望祠祈禱。[1]乙卯，以朗州留後馬賨爲永順節度使、同平章事。丙辰，以黎球爲虔州防禦使。戊午，以静海留後曲美爲節度使。癸亥，以静江行軍司馬姚彦章爲寧遠節度副使，權知容州，從楚王殷之請也。[2]癸酉，臘假，詔諸王與河南尹、左右金吾、六統軍等較獵於近苑。[3]癸未，回鶻入朝僧凝盧、宜李思、宜延錢等，並賜紫衣還蕃。[4]以尚書左僕射楊涉知禮部貢舉，非常例也。[5]延州節度使高萬興奏，領軍於邠州界蒿子谷韋家寨，殺戮寧、慶兩州賊軍約二千餘人，並生擒都頭指揮使及奪馬器甲等事。其入奏軍將使宣召赴内殿略對，託以銀器綵物錫之，宰臣及文武官各奉表賀。是月，魏博節度上言，於涇縣北戮殺鎮州王鎔兵士七千餘人，奪馬二千餘匹，戈甲未知其數，并擒都將以下四十餘人。[6]兩浙進大方茶二萬斤，琢畫宮衣五百副。廣州貢犀象奇貨及金銀等，其估數千萬。安南兩使留後曲美進筒中蕉五百匹，龍腦、鬱金各五瓶，他海貨等有差。又進南蠻通好金器六物、銀器十二并乾陁綾花、縵越毲等雜織奇巧者合三十件。福建進户部度支権課葛三萬五千匹。[7]命大理卿王郡使于安南，左散騎常侍吳藹使於朗州，皆以旌節官告錫之也。又命將作少監姜弘道爲朗州旌節官告使副。[8] 郴州以回紇可汗所與書來上，制以左監門衛上將軍楊沼爲右驍衛上將軍押領回紇等還蕃。又河中奏，回紇宣慰諭使楊沼押領二蕃酋長一百二十人歸本國。[9] 以權知輝州事、前郢州支使、檢校金部郎中段知新爲輝州刺史，仍進階超至銀青光禄大夫，進官超至檢校工部尚書、武威郡開國男、食邑三百户。[10] 以檢校兵部尚書、邵王友誨充控鶴二指揮使。[11]

[1] 十二月，詔以時雪稍愆，命丞相及三省官各詣望祠祈禱：《大典》卷二六三二爲“災”字韻“弭災（二）”事目。又見《宋本册府》卷一九三《閏位部·弭災門》。

[2] 朗州：州名。治所在今湖南常德市。　馬賨：人名。許州鄢陵（今河南鄢陵縣）人。馬殷弟。事見《新唐書》卷一九〇、《新五代史》卷九六。　永順：方鎮名。治所在朗州（今湖南常德市）。　黎球：人名。一作黎求。籍貫不詳。盧延昌部將。事見《通鑑》卷二六八、本書本卷。　静海：方鎮名。治所在交州（今越南河内市）。　曲美：人名。即曲承美。安南鴻州（今越南海陽寧江縣）人。曲承顥之子。五代軍閥。事見本書本卷、卷九。　静江：方鎮名。治所在桂州（今廣西桂林市）。　行軍司馬：官名。出征將領及節度使的屬官。掌軍籍符伍、號令印信，是藩鎮重要的軍政官員。　姚彦章：人名。五代將領。傳見本書附録。　寧遠：方鎮名。治所在容州（今廣西容縣）。　容州：州名。治所在今廣西容縣。　“乙卯”至“從楚王殷之請也”：《通鑑》卷二六八乾化元年（911）十二月乙卯、丙辰、戊午、癸亥條。

[3] 六統軍：官名。唐朝六軍統軍。唐德宗興元元年（784）始

置，以處節度使罷鎮者。左右神策、左右龍武、左右神武六軍。參見龔延明《中國歷代職官別名大辭典》，上海辭書出版社 2006 年版，第 153 頁。　癸酉，臘假，詔諸王與河南尹、左右金吾、六統軍等較獵於近苑：明本《册府》卷二〇五《閏位部・畋遊門》。

[4]凝盧：人名。籍貫不詳。回鶻僧人。本書僅此一見。　宜李思：人名。籍貫不詳。回鶻僧人。本書僅此一見。　宜延錢：人名。籍貫不詳。回鶻僧人。本書僅此一見。　癸未，回鶻入朝僧凝盧、宜李思、宜延錢等，並賜紫衣還蕃：《宋本册府》卷九七六《外臣部・褒異門三》。"宜延錢"之"錢"，《會要》卷二八回鶻條作"籛"。

[5]以尚書左僕射楊涉知禮部貢舉，非常例也：《宋本册府》卷六四一《貢舉部・條制門三》。

[6]"延州節度使高萬興奏"至"并擒都將以下四十餘人"：明本《册府》卷四三五《將帥部・獻捷門二》。"高萬興"，中華書局本有校勘記："原作'高萬行'，據殿本、劉本、邵本校、彭校及本卷上文改。按本書卷一三二、《新五代史》卷四〇有《高萬興傳》改。"　邠州：州名。治所在今陝西彬縣。　寧：州名。治所在今甘肅寧縣。　慶：州名。治所在今甘肅慶城縣。　都頭：官名。都將的別稱。唐末、五代時，"都"爲指揮以下的軍事編制。《武經總要》卷二："凡五百人爲一指揮，其別有五都，都一百人，統以一營居之。"都的長官稱爲都頭。　"宰臣及文武官各奉表賀"，據中華書局本有校勘記："'奉'，原作'奏'，據殿本、孔本、《册府》卷四三五改。"　涇縣：縣名。治所在今安徽涇縣。此處當非此涇縣，地點當在今河北地區。　"於涇縣北戮殺鎮州王鎔兵士七千餘人"，中華書局本有校勘記："本書卷六二《張文禮傳》云'文禮領趙兵三萬夜掠經、宗'，按《舊唐書》卷三九《地理志二》、《新唐書》卷三九《地理志三》，貝州下有經城。朱玉龍《舊五代史考證》（《安徽史學》1989 年第 2 期）疑避梁廟諱改'城'爲'縣'，復訛'經'爲'涇'。"

[7]安南：都護府名。唐代所設安南都護府，負責管理今中國南疆及中南半島北部部分地區之軍民政務。　鬱金：多年生草本植物，薑科。中醫以塊根入藥，亦用作香料，炮製郁鬯，或浸水作染料。　陀（tuó）綾花：花名。其他不詳。　縒（zuǒ）越：一種絲織品。　户部度支：官署名。即尚書省户部度支司。掌判天下租賦、財利收入總額，計度和供給國家支出。"户部度支"原作"户部所支"，據《宋本册府》卷一九七改。　葛：表面有花紋的紡織品。　"兩浙進大方茶二萬斤"至"福建進户部度支榷課葛三萬五千匹"：《宋本册府》卷一九七《閏位部·納貢獻門》。　"奇貨"，明本《册府》卷一九七作"奇珍"。"合三十件"，明本《册府》作"各三十件"。

[8]王郜：人名。籍貫不詳。五代大臣。事見本書本卷、卷一四七。　吳藹：人名。籍貫不詳。五代官員。事見本書本卷、卷九。　將作少監：官名。將作監副長官。協助將作監管理中央官署及都城土木工程。從四品下。　姜弘道：人名。籍貫不詳。五代官員。本書謹此一見。　"命大理卿王郜使於安南"至"又命將作少監姜弘道爲朗州旌節官告使副"：明本《册府》卷二一三《閏位部·命使門》。中華書局本有校勘記："'告'字原闕，據彭校、《册府》卷二一三補。"《舊五代史考異》："案《五代會要》：舊制，巡撫、黜陟、册命、弔贈、入蕃等使，選朝臣爲之；其宣慰、加官、送旌節，即以中官爲之。今以三品送旌節，新例也。"見《會要》卷二四諸使雜録條，所引《會要》不完整，"册命"後缺"賑恤"二字。

[9]楊沼：人名。籍貫不詳。五代官員。事見本書本卷、卷七四、卷一三八。　河中：方鎮名。治所在河中府（今山西永濟市）。回紇宣慰諭使：官名。取宣撫、慰問之意，爲臨時特遣之使。掌巡視回紇諸部落、宣揚政令、慰撫各部。　"鄜州以回紇可汗所與書來上"至"回紇宣慰諭使楊沼押領二蕃酋長一百二十人歸本國"：《宋本册府》卷九八〇《外臣部·通好門》。

[10]輝州：州名。治所在今山東單縣。　鄆州：州名。治所在

今山東東平縣。　支使：官名。唐、五代節度使、觀察使等下屬官員，其職與掌書記同。位在副使、判官之下，推官之上。掌表奏書檄等。　檢校金部郎中：官名。爲散官或加官，以示恩寵，無實際執掌。　段知新：人名。籍貫不詳。五代大臣。事見本書本卷。銀青光祿大夫：官名。唐、五代散官。從三品。　武威郡開國男：封爵名。開國男爲唐九等爵最末等。武威郡爲所封地名。從五品上。　"以權知輝州事"至"食邑三百户"：明本《册府》卷二一四《閏位部·權略門》。

[11]友誨：人名。即朱友誨。朱温長兄朱全昱之子。後梁太祖時封邵王，曾任控鶴指揮使、陝州節度使。末帝時因舉兵反叛被囚。後唐入汴時被殺。傳見本書卷一二、《新五代史》卷一三。以檢校兵部尚書、邵王友誨充控鶴二指揮使：明本《册府》卷二六九《宗室部·將兵門》。

舊五代史　卷七

梁書七

太祖紀第七

　　乾化二年春正月庚辰朔，有司以南郊上辛祈穀，命丞相趙光逢攝太尉行事。[1]甲申，以時雪久愆，命丞相及三省官群望祈禱。[2]丙戌，有司以孟春太廟薦饗上言，命丞相杜曉攝祭行事。[3]宣：“上元夜，任諸寺及坊市各點影燈，金吾不用禁夜。”近年已來，以都下聚兵太廣，未嘗令坊市點燈故也。[4]丙申夕，熒惑犯房第二星。[5]詔曰：“謗木求規，集囊貢事，將裨理道，豈限側言。應內外文武百官及草澤，並許上封事，極言得失。”[6]命供奉官朱嶠於河南府宣取先收禁定州進奉官崔騰並傔從一十四人，並釋放，仍命押領送至貝。騰，唐戶部侍郎潔之子也，廣明喪亂，客於北諸侯，爲定州節度使王處存所辟，去載領貢獻至闕，未幾，其帥稱兵，遂縶之。至是，帝念賓介之來，又已出境，特命縱而歸焉。[7]以丁審衢爲陳州刺史，而審衢厚以鞍馬、金帛爲謝恩之獻，帝慮其漁民，復其獻而停之。[8]開封尹以開封令李濟美、浚儀令薛昭文課最來上，請未除替。敕曰："李濟美等宰邑浩穰，有及物之政，朕甚嘉之，宜量留一年。"[9]吳藹自右散騎常侍遷刑部侍郎，與宣徽副使、左散騎常侍李斑並充侍讀學士。[10]御史臺奏："准堂帖，送到臘饗行事官秘書監苗暐等五人狀，稱十二月二十六日臘祭百神，十九日早於都省受誓戒，至午時，監察御史鄭觀方到，有乖恭恪，合具申聞。堂判送御史臺分拆，得監察御史鄭觀狀，稱其日泥雪稍深，所乘驢畜瘦劣，墜車數四，遂至遲違者。"奉敕："國之重典，祀事爲先。御史監臨，本虞不恪，今則衆官晨興已到，御史日晏方來，既紊國章，難虧朝典。其鄭觀宜停見任。"[11]

[1]乾化：後梁太祖朱溫年號（911—912）。　南郊：意爲都城南面之郊。代指南面郊區之祭天場所（圜丘），亦指祭天之禮（郊天）。　上辛：每月上旬的辛日。　趙光逢：人名。京兆奉天（今陝西乾縣）人。後梁大臣。傳見本書卷五八、《新五代史》卷三五。　攝：官員任用類別之一。與權相近，是一種暫時的委任。唐、五代時，知、判、兼等類的任用，往往冠以"攝"字，以表示其爲暫任。　太尉：官名。與司徒、司空並爲三公，唐後期、五代多爲大臣、勳貴加官。正一品。　乾化二年春正月庚辰朔，有司以南郊上辛祈穀，命丞相趙光逢攝太尉行事：《宋本冊府》卷一九三《閏位部・崇祀門》。"春"字據本紀四時記載之體例補。

[2]三省：指中書省、門下省與尚書省。　甲申，以時雪久愆，命丞相及三省官群望祈禱：《大典》卷二六三二爲"災"字韻"弭災（二）"事目。又見《宋本冊府》卷一九三《閏位部・弭災門》。《輯本舊史》之影庫本粘籤："三省，原本作'五有'，今

改正。"

[3]太廟：帝王的祖廟。用以供奉、祭祀皇帝先祖。　薦饗：
祭獻。　杜曉：人名。京兆杜陵（今陝西西安市）人。祖、父皆爲
唐宰相。傳見本書卷一八、《新五代史》卷三五。　丙戌，有司以
孟春太廟薦饗上言，命丞相杜曉攝祭行事：《宋本册府》卷一八九
《閏位部‧奉先門》。

[4]金吾：官署名。即左右金吾衛。唐高宗龍朔二年（662），
採用漢執金吾舊名，改稱左右金吾衛，設大將軍、將軍及長史、諸
曹參軍，與其他各衛相同。後又增設上將軍，掌宮中及京城日夜巡
查警戒，隨從皇帝出行。　"宣"至"未嘗令坊市點燈故也"：
《宋本册府》卷一九一《閏位部‧政令門》。

[5]熒惑犯房第二星：熒惑指火星。犯房第二星，指火星運行
到肉眼所見房宿第二顆恒星處。中國古代星占學視熒惑爲災星。如
《晋書‧天文志》："（魏）明帝太和五年五月，熒惑犯房。占曰：
'房四星，股肱臣將相位也，月、五星犯守之，將相有憂。'"
丙申夕，熒惑犯房第二星：《大典》卷二二五一六爲"惑"字韻
"螢惑星（一）"事目。中華書局本有校勘記："按劉次沅《考
證》，所犯者爲房北第一星。"

[6]草澤：没有官職的平民。　"詔曰"至"極言得失"：明
本《册府》卷二一二《閏位部‧招諫門》。

[7]供奉官：官名。泛指侍奉皇帝左右的臣僚，亦爲東、西頭
供奉官通稱。　朱嶠：人名。籍貫不詳。五代官員。本書僅此一
見。　河南府：府名。治所在今河南洛陽市。　定州：州名。治所
在今河北定州市。　進奉官：官名。掌管進獻事宜。　崔騰：人
名。籍貫不詳。五代官員。事見本書本卷。　傔從：侍從；僕役。
　貝：州名。治所在今河北清河縣。　仍命押領送至貝：中華書局
本有校勘記："《册府》卷二○九作'仍命押領漢送至貝'，疑
'漢'是'津'之訛。按'津送'，唐宋習語，照料護送之意。《舊
五代史考異》卷一：'案原本"貝"訛"具"，今據《通鑑》改

正.'"　户部侍郎：官名。尚書省户部次官。協助户部尚書掌天下田户、均輸、錢穀之政令。正四品下。　潔：人名。即崔潔。籍貫不詳。唐朝大臣。本書僅此一見。　廣明：唐僖宗李儇的年號（880—881）。　節度使：官名。唐時在重要地區所設掌握一州或數州軍事、民事、財政的長官。　王處存：人名。京兆萬年（今陝西西安市長安區）人。唐末將領、軍閥。傳見《舊唐書》卷一八二、《新唐書》卷一八六。　其帥稱兵：《輯本舊史》之影庫本粘籤："其帥，原本作'其師'，今據文改正。"　"命供奉官朱嶠於河南府宣取先收禁定州進奉官崔騰並傔從一十四人"至"特命縱而歸焉"：明本《册府》卷二〇九《閏位部・寬恕門》。

[8]丁審衢：人名。籍貫不詳。五代將領。事見本書本卷、卷六。　陳州：州名。治所在今河南淮陽縣。　刺史：官名。漢武帝始置。州一級行政長官。總掌考覈官吏、勸課農桑、地方教化等事。唐中期以後，節度使、觀察使轄州而設，刺史爲其屬官，職任漸輕。從三品至正四品下。　"以丁審衢爲陳州刺史"至"復其獻而停之"：明本《册府》卷二一五《閏位部・却貢獻門》。

[9]保義：方鎮名。治所在陝州（今河南三門峽市陝州區）。王檀：人名。京兆（今陝西西安市）人。後梁將領。傳見本書卷二二、《新五代史》卷二三。　封保義節度王檀爲瑯琊郡王：明本《册府》卷三八六《將帥部・褒異門十二》。　開封尹：官名。五代除後唐外均定都開封，因置開封府尹。執掌京師政務。從三品。李濟美：人名。籍貫不詳。五代官員。事見本書本卷。　浚儀：縣名。治所在今河南開封市。　薛昭文：人名。籍貫不詳。五代官員。事見本書本卷、《新五代史》卷六一。　"開封尹以開封令李濟美"至"宜量留一年"：《宋本册府》卷七〇一《令長部・褒異門》。

[10]吳藹：人名。籍貫不詳。五代大臣。事見本書本卷、卷六、卷九。　右散騎常侍：官名。中書省屬官。掌侍奉規諷，備顧問應對。正三品下。　刑部侍郎：官名。尚書省刑部副長官。協助

刑部尚書掌天下刑法及徒隸、勾覆、關禁之政令。正四品下。　宣徽副使：官名。宣徽院的副長官。　左散騎常侍：官名。門下省屬官。掌侍奉規諷，備顧問應對。正三品下。　李珽：人名。隴西敦煌（今甘肅省敦煌市）人。唐末、後梁大臣。傳見本書卷二四。侍讀學士：官名。唐玄宗時置集賢殿侍讀學士，伴隨皇帝讀書，撰集文章等。北宋改稱翰林侍讀學士。　吳藹自右散騎常侍遷刑部侍郎，與宣徽副使、左散騎常侍李珽並充侍讀學士：《宋本册府》卷五九九《學校部・侍講門》。

[11]御史臺：官署名。爲中央監察機構。　堂帖：文書名。唐朝宰相簽押下達的文書。李肇《唐國史補》卷下："宰相判四方之事有堂案，處分百司有堂帖。"　秘書監：官名。秘書省長官。掌圖書秘記等。從三品。　苗暐：人名。籍貫不詳。後梁大臣。本書僅此一見。　監察御史：官名。唐代屬御史臺之察院，爲御史臺各種御史之一。掌監察中央機構、州縣長官及祭祀、庫藏、軍旅等事。唐中期以後，亦作爲外官所帶之銜。正八品下。　鄭觀：人名。籍貫不詳。五代大臣。事見本書本卷。　堂判：唐、五代宰相對各類行政事務的判決命令。　日晏：天色已晚。　"御史臺奏"至"其鄭觀宜停見任"：《宋本册府》卷五二二《憲官部・譴讓門》。

二月庚戌，中和節，御崇勳殿，召丞相、六學士、河南尹，略對訖，於萬春門外廡賜以酒食。[1]癸丑，敕曰："今載春寒頗甚，雨澤仍愆，司天監占以夏秋必多霖潦，宜令所在郡縣告喻百姓，備淫雨之患。"[2]丁巳，光禄卿盧玼使于蜀。[3]庚申，御宣威殿開宴，丞相洎文武官屬咸被召列侍，竟日而罷。[4]辛酉，遣光禄卿盧玼等使于蜀，遺蜀主書，呼之爲兄。[5]壬戌，帝將巡按北境，中外戒嚴，詔以河南尹、守中書令、判六軍事張宗奭爲大内留守。中書門下奏，差定文武官領務尤切宜扈駕者三十八人。詔工部尚書李皎、左散騎常侍孫騭、右諫議大夫張衍、兵部侍郎劉遨、兵部郎中張儁、光禄少卿盧秉彝，竝令扈蹕。[6]甲子，發自洛師，夕次河陽。[7]殺左散騎常侍孫騭、右諫議大夫張衍、兵部郎中張儁。[8]乙丑，次温縣。丙寅，次武陟。懷州刺史段明遠迎拜於境上，其内外所備，咸豐需焉。丁卯，次獲嘉。[9]帝追思李思安去歲供饋有闕，貶柳州司户，告辭稱明遠之能曰：“觀明遠之忠勤如此，見思安之悖慢何如！”尋長流思安於崖州，賜死。[10]戊辰，次衛州之新鄉。己巳，晨發衛州，夕止淇門，内衙十將使以十指揮兵士至于行在。辛未，駐蹕黎陽。癸酉，發自黎陽，夕次内黃縣。甲戌，次昌樂縣。[11]乙亥，帝至魏州，命都招討使、宣義節度使楊師厚，副使、前河陽節度使李周彝圍棗强，招討應接使、平盧節度使賀德倫，副使、天平留後袁象先圍蓨縣。[12]丁丑，次于永濟縣。青州節度使賀德倫奏，統領兵士赴歷亭軍前。戊寅，至貝州，命四丞相及學士李琪、盧文度、知制誥竇賞等十五人扈從，其左常侍韋戩等二十三人止焉。己卯，發自貝州，夕駐蹕于野落。[13]追封故魏博節度使羅弘敬爲趙王。[14]

[1]中和節：唐德宗時以二月初一日爲中和節。　崇勳殿：宮殿名。位於今河南洛陽市。　河南尹：官名。唐開元元年（713）改洛州爲河南府，治所在今河南洛陽市，河南府尹總其政務。從三品。　萬春門：宮城門。洛陽皇宮東門。　“二月庚戌”至“於萬春門外廡賜以酒食”：《宋本册府》卷一九七《閏位部·宴會

門》。"六學士",中華書局本有校勘記:"'六',原作'大',據《册府》卷一九七改。按本卷下文:'(四月己酉)幸魏州金波亭,賜宴宰臣、文武官及六學士。'《玉堂雜記》卷上引錢惟演《金坡遺事》:'舊規,學士六人。'""略對訖",中華書局本有校勘記:"'對',原作'封',據邵本校、彭校、《册府》(宋本)卷一九七改。《舊五代史考異》卷一:'案:下疑有闕文,今無可校,姑仍之。'"

[2]司天監:官(署)名。其長官稱司天監,掌天文、曆法以及占候等事。參見趙貞《唐宋天文星占與帝王政治》,北京師範大學出版社 2016 年版。 "癸丑"至"備淫雨之患":《大典》卷二六三二爲"災"字韻"弭災(二)"事目。又見《册府》卷一九三《閏位部·弭災門》。

[3]光禄卿:官名。南朝梁天監七年(508)改光禄勳置,隋唐沿置。掌宫殿門户、帳幕器物、百官朝會膳食等。從三品。 盧玭:人名。籍貫不詳。唐末、五代官員。事見本書本卷。 蜀:指前蜀政權。 丁巳,光禄卿盧玭使于蜀:《新五代史》卷二《梁太祖紀下》)。

[4]宣威殿:宫殿名。位於今河南洛陽市。 "庚申"至"竟日而罷":《宋本册府》卷一九七《閏位部·宴會門》。

[5]蜀主:指王建。 "辛酉"至"呼之爲兄":《通鑑》卷二六八乾化二年(912)二月辛酉條。

[6]守中書令:官名。官階低於官職加"守"字。爲加官,榮譽頭銜。 判六軍事:官名。即判六軍諸衛事。後梁沿唐代舊制,置六軍諸衛,以判六軍諸衛事爲禁軍六軍與諸衛的最高統帥。 張宗奭:人名。濮州臨濮(今山東鄄城縣臨濮鎮)人。唐末、五代將領。傳見本書卷六三、《新五代史》卷四五。 中書門下:官署名。唐玄宗時改"政事堂"置,設於中書省,爲宰相議政辦公之所,下設吏、樞機、兵、户、刑禮五房分主衆務。 工部尚書:官名。隋始置。尚書省工部主官。掌百工、屯田、山澤之政令。唐中葉後漸

成虛銜，部務由侍郎主持。正三品。　李皎：人名。籍貫不詳。五代大臣。事見本書本卷、卷四、卷一一。　孫騭：人名。滑臺（今河南滑縣）人。唐末、後梁大臣。傳見本書卷二四。　右諫議大夫：官名。唐置左右諫議大夫，左屬門下省，右屬中書省。掌諫諭得失、侍從贊相。正四品下。“右諫議大夫”之“右”，《冊府》作“左”。中華書局本據殿本、《通鑑》卷二六八及《輯本舊史》卷二四《張衍傳》改。　張衍：人名。濮州臨濮（今山東鄄城縣臨濮鎮）人。張宗奭之子。唐末、後梁大臣。傳見本書卷二四。　兵部侍郎：官名。尚書省兵部副長官。協助兵部尚書掌武官銓選、勳階、考課之政。正四品下。　劉邈：人名。籍貫不詳。五代大臣。事見本書本卷。　兵部郎中：官名。唐高祖改兵曹郎置，二人，一掌武官階品、衛府名數、校考、給告身之事；一掌軍籍、軍隊調遣名數、朝集、祿賜、告假等事。高宗、武則天、玄宗時，一度隨本部改名司戎大夫、夏官郎中、武部郎中。五代因之。從五品上。　張儁：人名。籍貫不詳。唐末、後梁官員。傳見本書卷二四。　光祿少卿：官名。北齊始置，光祿寺副長官。從四品上。　盧秉彝：人名。籍貫不詳。五代官員。事見本書本卷。　“壬戌”至“竝令瘞蹕”：明本《冊府》卷二〇五《閏位部·巡幸門》。

[7]河陽：縣名。治所在今河南孟州市。　甲子，發自洛師，夕次河陽：明本《冊府》卷二〇五。《舊五代史考異》：“案《通鑑》云：至白馬頓，賜從官食，多未至，遣騎趣之於路。左散騎常侍孫騭、右諫議大夫張衍、兵部郎中張儁最後至，帝命撲殺之。”見《通鑑》卷二六八。

[8]殺左散騎常侍孫騭、右諫議大夫張衍、兵部郎中張儁：《新五代史》卷二。《通鑑》卷二六八載之更詳。“右諫議大夫張衍”，中華書局本有校勘記：“‘右’，原作‘左’，據殿本、本書卷二四《張衍傳》、《新五代史》卷二《梁本紀》、《通鑑》卷二六八改。”

[9]溫縣：縣名。治所在今河南溫縣。　武陟：縣名。治所在

今河南武陟縣。　懷州：州名。治所在今河南沁陽市。　段明遠：人名。籍貫不詳。五代官員。事見本書本卷、卷五三。　獲嘉：縣名。治所在今河南獲嘉縣。　"乙丑"至"次獲嘉"：明本《册府》卷二〇五《閏位部・巡幸門》。

[10]李思安：人名。河南陳留（今河南開封市陳留鎮）人。後梁將領。傳見本書卷一九。　柳州：州名。治所在今廣西柳州市。　司户：官名。司户參軍的簡稱。州級政府僚佐。掌本州屬縣之户籍、賦税、倉庫受納等事。上州從七品下，中州正八品下，下州從八品下。　崖州：州名。治所在今海南瓊山市。　"帝追思李思安去歲供饋有闕"至"賜死"：《通鑑》卷二六八乾化二年二月條。

[11]衛州：州名。治所在今河南衛輝市。　新鄉：縣名。治所在今河南新鄉市。　淇門：地名。位於今河南浚縣。衛河與淇河的交匯處。　黎陽：縣名。治所在今河南浚縣。　内黄縣：縣名。治所在今河南内黄縣。　昌樂縣：縣名。治所在今河南南樂縣。"戊辰"至"次昌樂縣"：明本《册府》卷二〇五《閏位部・巡幸門》。　晨發衛州：《舊五代史考異》："案：原本脱'發'字，今據文增入。"

[12]魏州：州名。治所在今河北大名縣。　都招討使：官名。唐始置。戰時任命，兵罷則省。常以大臣、將帥或地方軍政長官兼任。掌招撫討伐等事務。　宣義：方鎮名。治所在滑州（今河南滑縣）。　楊師厚：人名。潁州斤溝（今安徽太和縣阮橋鎮斤溝村）人。唐末、五代將領。傳見本書卷二二、《新五代史》卷二三。副使：官名。即節度副使。唐、五代方鎮屬官。位於行軍司馬之下、判官之上。　李周彝：人名。籍貫不詳。唐末、五代軍閥。事見本書卷二、卷六、卷九、卷一九、卷二一、卷二三。　棗强：縣名。治所在今河北棗强縣。　招討應接使：官名。戰時任命，兵罷則省。掌應接諸軍。　平盧：方鎮名。治所在青州（今山東青州市）。　賀德倫：人名。先世爲河西部落人，後居滑州（今河南滑

縣）。唐末、五代將領。傳見本書卷二一、《新五代史》卷四四。

天平：方鎮名。治所在鄆州（今山東東平縣）。　留後：官名。唐、五代節度使多以子弟或親信爲留後，以代行節度使職務，亦有軍士、叛將自立爲留後者。掌一州或數州軍政。　袁象先：人名。宋州下邑（今河南夏邑縣）人。後梁將領，後投後唐。傳見本書卷五九、《新五代史》卷四五。　蔣縣：縣名。治所在今河北景縣。

"乙亥"至"天平軍留後袁象先圍蔣縣"：《通鑑》卷二六八乾化二年二月乙亥條。

[13]永濟縣：縣名。治所在今山東冠縣。　青州：州名。治所在今山東青州市。此處指平盧軍。　歷亭：縣名。治所在今山東武城縣。　李琪：人名。河西敦煌（今甘肅敦煌市）人。五代大臣。傳見本書卷五八、《新五代史》卷五四。　盧文度：人名。籍貫不詳。五代大臣。事見本書本卷、卷三〇。　知制誥：官名。掌起草皇帝的詔、誥之事，原爲中書舍人之職。唐開元末置學士院，翰林學士入院一年，則加知制誥銜，專掌任免宰相、册立太子、宣布征伐等特殊詔令，稱爲内制。而中書舍人所撰擬的詔敕稱爲外制。兩種官員總稱兩制。　竇賞：人名。籍貫不詳。五代大臣。事見本書本卷。　左常侍：左散騎常侍的簡稱。　韋戩：人名。籍貫不詳。五代大臣。事見本書本卷。　"丁丑"至"夕駐蹕于野落"：明本《册府》卷二〇五《閏位部·巡幸門》。

[14]魏博：方鎮名。治所在魏州貴鄉縣（今河北大名縣）。羅弘敬：人名。籍貫不詳。本書僅此一見。　追封故魏博節度使羅弘敬爲趙王：《會要》卷一一封建條。

三月庚辰朔，次于棗强縣之西縣。丙戌，鎮、定諸軍招討使楊師厚奏下棗强縣，車駕即日疾馳南還。丁亥，復至貝州。庚寅，楊師厚與副招討李周彝等准詔來朝。[1]敕以攻下棗强縣有功將校杜暉等一十一人竝超加檢校官，衙官宋彥等二十五人竝超授軍職。^[2]辛卯，詔丞相、翰林六學士、文武從官、都招討使及諸軍統軍、指揮使等，賜食於行殿。壬辰，命以羊酒等各賜從官。^[3]甲午，幸貝州之東鄙閱武。乙未，帝復幸東鄙閱騎軍。^[4]丙申，詔曰：“夫興隆邦國，必本於人民；惠養疲羸，允資於令長。苟選求之踰濫，固撫理之乖違。如聞吏部擬官、中書除授，或緣親舊處約，或爲勢要力干，姑徇私情，靡求才實，念兹蠧弊，宜舉條章。自今已後，應中書用人及吏部注擬，並宜省藩身之才業，驗爲政之否臧，必有可觀，方可任用。如或尚行請託，猶假貨財，其所司人吏等必當推窮，重加懲斷。有司官長，別有處分。”^[5]辛丑，以張萬進爲義昌留後。甲辰，改義昌爲順化軍，以萬進爲節度使。^[6]乙巳，發貝州，夕次臨清縣。^[7]丙午，次濟源縣。詔曰：“淑律將遷，亢陽頗甚，宜令魏州差官祈禱龍潭。”^[8]丁未，至魏州。^[9]戊申，詔曰：“雨澤愆期，祈禱未應，宜令宰臣各於魏州靈祠精加祈禱。”^[10]

[1]鎮：州名。治所在今河北正定縣。　“三月庚辰朔”至“楊師厚與副招討李周彝等准詔來朝”：明本《册府》卷二〇五《閏位部・巡幸門》。“西縣”，中華書局本有校勘記：“殿本、劉本、《舊五代史考異》卷一引文作‘西原’，《册府》卷二〇五作‘西縣’。”《舊五代史考異》：“案《通鑑》：辛巳，至下博南，登觀津冢。趙將符習引數百騎巡邏，不知是帝，遽前逼之。或告曰‘晉兵大至矣！’帝棄行幄，亟引兵趣棗强，與楊師厚軍合。”“丁亥，復至貝州”後，有《舊五代史考異》：“案《通鑑》：帝以蓨縣未下，

引兵攻之。丁亥，始至縣西。戊子，至冀州。與《薛史》異地。又案《五代春秋》：二月，侵趙，克棗強。與《薛史》異月。”“庚寅，楊師厚與副招討李周彝等准詔來朝”條後，有《舊五代史考異》：“案《五代春秋》：二月，侵趙，克棗強，進次蓚縣，圍之。晋人救蓚，帝遺師。滄州張萬進以地來歸。”

[2]杜暉：人名。籍貫不詳。五代將領。事見本書本卷。　檢校官：唐中後期逐漸確立，五代沿用。多作爲使府或方鎮僚佐秩階、升遷的階官，非正式官銜。參見賴瑞和《論唐代的檢校官制》，《漢學研究》2006年第24卷第1期。　宋彦：人名。籍貫不詳。五代將領。事見本書本卷。　敕以攻下棗強縣有功將校杜暉等一十一人竝超加檢校官，衙官宋彦等二十五人竝超授軍職：明本《册府》卷二一〇《閏位部·明賞門》。

[3]指揮使：官名。禁軍或地方統兵將領。　“辛卯”至“命以羊酒等各賜從官”：《宋本册府》卷一九七《閏位部·宴會門》。“翰林六學士”，中華書局本有校勘記：“‘六’，原作‘大’，據殿本、《册府》（宋本）卷一九七改。”“都招討使及諸軍統軍”，中華書局本有校勘記：“下一‘軍’字原闕，據《册府》（宋本）卷一九七補。”

[4]闉（yīn）：指甕城的門。　“甲午”至“帝復幸東闉閱騎軍”：明本《册府》卷二一四《閏位部·訓兵門》。

[5]注擬：唐、五代應試待選的官員，先在尚書省吏部注録個人履歷等情況，經面試合格後授予官職。　“丙申”至“別有處分”：《宋本册府》卷六三二《銓選部·條制門四》。《舊五代史考異》：“案《五代會要》：三月，詔曰：‘夫隆興邦國，必本于人民；惠養疲羸，尤資于令長。苟選求之踰濫，固撫理之乖違。如聞吏部擬官，中書除授，或緣親舊所請，或爲勢要所干，姑徇私情，靡求才實，茲念蠹弊，宜舉條章。今後應中書用人及吏部注擬，並宜省藩身之才業，驗爲政之否臧，必有可觀，方可任用。如或尚行請説，猶假貨財，其所司人吏，必當推窮，重加懲斷。’”對《舊五

代史考異》所引之“尤資于令長”，中華書局本有校勘記：“‘尤’，原作‘凡’，據《五代會要》卷一九改。”對《舊五代史考異》所引之“中書除授”，中華書局本有校勘記：“‘除’，原作‘降’，據《五代會要》卷一九改。”對《舊五代史考異》所引之“念茲蠹弊”，中華書局本有校勘記：“‘念茲’，原作‘茲念’，據《五代會要》卷一九乙正。”

[6]張萬進：人名。又名張守進。雲州（今山西大同市）人。唐末、五代將領。傳見本書卷一三。　“辛丑”至“以萬進爲節度使”：《通鑑》卷二六八乾化二年（912）三月條。

[7]臨清縣：縣名。治所在今河北臨西縣。　乙巳，發貝州，夕次臨清縣：明本《册府》卷二〇五《閏位部·巡幸門》。

[8]濟源縣：明本《册府》卷二〇五作“永濟”。永濟縣，治所在今山東冠縣北。　“丙午”至“宜令魏州差官祈禱龍潭”：《大典》卷二六三二爲“災”字韻“弭災（二）”事目。“祈禱龍潭”，中華書局本有校勘記：“孔本、《册府》卷一九三作‘攪龍祈禱’。按《方輿勝覽》卷三：‘白龍潭……淳熙中用《太平廣記》所載‘攪龍法’，以長繩繫虎骨頭投之，即雨。’”

[9]丁未，至魏州：明本《册府》卷二〇五《閏位部·巡幸門》。

[10]“戊申”至“宜令宰臣各於魏州靈祠精加祈禱”：《大典》卷二六三二。又見《宋本册府》卷一九三《閏位部·弭災門》。

夏四月己酉，幸魏州金波亭。[1]賜宰臣、文武官及六學士羊酒有差。[2]癸丑，以楚王馬殷爲武安、武昌、靜江、寧遠節度使，洪、鄂四面行營都統。[3]甲寅夕，月掩心大星。[4]乙卯，博王友文來朝，請帝還東都。[5]丙辰，敕：“近者星辰違度，式在修禳，宜令兩京及宋州、魏州取此月至五月禁斷屠宰。仍各於佛寺開建道場，以迎福應。"[6]丁巳，發魏州，夕次昌樂。戊午，次内黄縣。己未，次黎陽駐馬。[7]以疾淹留。[8]東都留守官吏奉表起居，賜丞相、從官酒食有差。[9]乙丑，發自黎陽，夕次滑州。將吏耆老竝於州之南津歡噪迎拜，本州節度使進馬十匹、銀器一千兩、備宴錢二千貫。丙寅，離滑州，夕次常樂頓。丁卯，次長垣縣。戊辰，次封丘縣。己巳，至東京，開封尹博王友文總留都文武奉迎于北郊，帝入自含耀門。[10]博王友文以新創食殿上言，并進准備内宴錢三千貫、銀器一千五百兩。[11]辛未，宴於食殿，召丞相及文武從官等侍焉。[12]帝泛九曲池，御舟傾，帝墮溺於池中，宮女侍官扶持登岸，驚悸久之。[13]制加建昌宮使、金紫光禄大夫、檢校司徒、守開封尹、博王友文爲特進、檢校太保，使開封尹，依前建昌宮使，充東都留守。[14]帝聞嶺南與楚相攻，甲戌，以右散騎常侍韋戬等爲潭、廣和叶使，往解之。[15]戊寅，車駕發自東京，夕次中牟縣。[16]廣州獻金銀犀牙、雜寶貨及名香等，合估數千萬。是月，客省引進使韋堅使廣州迴，以銀茶上獻，其估凡五百餘萬。福建進供御金花銀食器一百件，各五千兩。是年，天下郡國各下助郊天及賀正獻，相次而至。[17]敕：開封府司録參軍及六曹掾屬，宜各置一員；兩畿赤縣，置令、簿、尉各一員。[18]

[1]夏四月己西，幸魏州金波亭：明本《册府》卷二〇五《閏位部·巡幸門》。"夏"字據本紀四時記載之體例補。《舊五代史考異》："案《通鑑》：乙巳，帝發貝州。丁未，至魏州。俱在三月，與《薛史》異。"

[2]賜宰臣、文武官及六學士羊酒有差：《宋本册府》卷一九七《閏位部·慶賜門》。

[3]馬殷：人名。許州鄢陵（今河南鄢陵縣）人，一説上蔡（今河南上蔡縣）人。五代十國時期南楚開國君主。傳見本書卷一三三、《新五代史》卷六六。　武安：方鎮名。治所在潭州（今湖南長沙市）。　武昌：方鎮名。治所在鄂州（今湖北武漢市武昌區）。　静江：方鎮名。治所在桂州（今廣西桂林市）。　寧遠：方鎮名。治所在容州（今廣西北流市）。　洪：州名。治所在今江西南昌市。　鄂：州名。治所在今湖北武漢市武昌區。　行營都統：官名。唐末設諸道行營都統，作爲各道出征兵士的統帥。　癸丑，以楚王馬殷爲武安、武昌、静江、寧遠節度使，洪、鄂四面行營都統：《通鑑》卷二六八乾化二年（912）四月癸丑條。

[4]月掩心大星：月亮擋住了心宿大星。不祥之兆。心大星，是天蝎座 α 星（天蝎座主星），又稱大火，屬心宿。　甲寅夕，月掩心大星：《大典》卷二六三二爲“災”字韻“弭災（二）”事目。又見《宋本册府》卷一九三《閏位部·弭災門》。

[5]博王友文：人名。即朱友文。朱温養子，後被朱友珪所殺。傳見本書卷一二、《新五代史》卷一三。　東都：開封府。　乙卯，博王友文來朝，請帝還東都：《通鑑》卷二六八乾化二年四月乙卯條。

[6]宋州：州名。治所在今河南商丘市睢陽區。　“丙辰”至“以迎福應”：《大典》卷二六三二。又見《宋本册府》卷一九三《閏位部·弭災門》。

[7]“丁巳”至“次黎陽駐馬”：明本《册府》卷二〇五。“黎陽縣”之“縣”，據《册府》卷一九七《閏位部·慶賜門》補。《舊五代史考異》：“案《通鑑》：乙卯，博王友文來朝，請帝還東都。丁巳，發魏州。己未，至黎陽，以疾淹留。”

[8]以疾淹留：《通鑑》卷二六八乾化二年四月條。

[9]東都留守官吏奉表起居，賜丞相、從官酒食有差：《宋本

册府》卷一九七《閏位部·慶賜門》。

[10]滑州：州名。治所在今河南滑縣。　常樂頓：地名。今地不詳。　長垣縣：縣名。治所在今河南長垣縣。　封丘縣：縣名。治所在今河南封丘縣。　含耀門：城門名。位於今河南開封市。"乙丑"至"帝入自含耀門"：明本《册府》卷二〇五《閏位部·巡幸門》。

[11]食殿：宮殿名。位於今河南開封市。　博王友文以新創食殿上言，并進準備内宴錢三千貫，銀器一千五百兩：《宋本册府》卷一九七《閏位部·宴會門》。《輯本舊史》之影庫本粘籤："内宴，原本作'内安'，今據文改正。"

[12]辛未，宴於食殿，召丞相及文武從官等侍焉：《宋本册府》卷一九七《閏位部·宴會門》。中華書局本有校勘記："'及'字原闕，據殿本、孔本、《册府》卷一九七補。"

[13]"帝泛九曲池"至"驚悸久之"：《大典》卷一〇五二爲"池"字韻"池名（一）"事目。《通曆》卷一二梁太祖條繫此事於開平四年（910）。

[14]建昌宮使：官名。五代後梁太祖建國時設建昌院，後改稱建昌宮，掌管所轄境内財賦收入。　金紫光禄大夫：官名。本兩漢光禄大夫。魏晋以後，光禄大夫之位重者，加金章紫綬，因稱金紫光禄大夫。北周、隋爲散官。唐貞觀後列入文散官。正三品。　檢校司徒：官名。爲散官或加官，以示恩寵加此官，無實際執掌。特進：官名。西漢末期始置，授給列侯中地位較特殊者。隋唐時期，特進爲散官，授給有聲望的文官。正二品。　留守：官名。皇帝出巡或親征時指定親王或大臣留守京城，綜理軍事、行政、民事、財政等事務，稱京城留守。在陪都或軍事重鎮也常設留守，以地方長官兼任。　"制加建昌宮使"至"充東都留守"：明本《册府》卷二六九《宗室部·委任門》。

[15]嶺南：指南漢政權。　楚：指南楚政權。　潭：州名。治所在今湖南長沙市。此處借指南楚政權。　廣：州名。治所在今廣

東廣州市。此處借指南漢政權。　“帝聞嶺南與楚相攻”至“往
解之”：《通鑑》卷二六八乾化二年四月甲戌條。

[16]中牟縣：縣名。治所在今河南中牟縣。　戊寅，車駕發自
東京，夕次中牟縣：明本《册府》卷二〇五《閏位部·巡幸門》。

[17]客省引進使：官名。客省，掌接待四方奏計及外族使者，
主官爲客省使。引進司，掌臣僚及外國與少數民族進奉禮物諸事，
主官爲引進使。二者職能、官員有所交叉。　韋堅：人名。籍貫不
詳。五代大臣。事見本書本卷、卷九。　福建：指閩國。　郊天：
指祭天之禮。古人用“郊”“南郊”“有事於南郊”指代在南郊之
圜丘舉行的郊天典禮。　正獻：祭祀時向受祭者行獻爵獻帛之禮。
“廣州獻金銀犀牙”至“相次而至”：《宋本册府》卷一九七
《閏位部·納貢獻門》。

[18]司録參軍：官名。即司録參軍事。唐玄宗開元元年
(713)改京兆府録事參軍事置。其后諸府并置。掌符印，參議府政
得失。正七品上。　六曹掾屬：唐朝府州佐治之官分六曹，即工
曹、倉曹、户曹、兵曹、法曹、士曹。每曹設參軍。六曹掾屬即六
曹參軍。　赤縣：中國古代王朝都城直轄之縣。《通典·職官》：
“京都所治爲赤縣，京之旁邑爲畿縣。”　令簿尉：指縣令、主簿和
縣尉。　“敕”至“置令、簿、尉各一員”：《宋本册府》卷六三
二《銓選部·條制門四》。

五月己卯朔，從官文武自丞相而下竝詣行殿起居，
親王及諸道藩帥咸奉表來上。庚辰，發自鄭州，至滎陽
縣，河南尹、魏王宗奭望塵迎拜，河陽留後邵贊、懷州
刺史段明遠等邐迤來迎。夕次汜水縣，帝召魏王宗奭入
對，便於御前賜食，數刻乃退。[1]壬午，駐蹕於汜水，
宰臣、河南尹、六學士竝於内殿起居，敕以建昌宫事委
宰臣于兢領之。癸未，帝發自汜水，宣令邵贊、段明遠

各歸所理。午憩任村頓，夕次孝義宮。留都文武禮部尚書孔續而下道左迎拜。次偃師。甲申，至都，文武官奉迎於東郊。[2]宰臣薛貽矩抱恙在假，不克扈從，宣問旁午，仍命且駐東京以俟良愈。及薨，帝震悼頗久，命洛苑使曹守瑇往弔祭之，又命輟六日、七日、八日朝參，丞相、文武並詣西上閤門進名奉慰。[3]丁亥，以彗星謫見，詔兩京見禁囚徒大辟罪以下，遞減一等，限三日內疏理訖聞奏。[4]詔曰：“生育之仁，爰當暑月；乳哺之愛，方及薰風。儻肆意於刲屠，豈推恩於字養，俾無暴殄，以助發生。宜令兩京及諸州府，夏季內禁斷屠宰及採捕。天民之窮，諒由賦分；國章所載，亦務興仁。所在鰥寡孤獨、廢疾不濟者，委長吏量加賑卹。史載葬枯，用彰軫惻；禮稱掩骼，將致和平。應兵戈之地，有暴露骸骨，委所在長吏差人專功收瘞。國癉之文，尚標七祀；良藥之效，亦載三醫。用憐無告之人，宜徵有喜之術。凡有疫之處，委長吏檢尋醫方，於要路曉示。如其家無骨肉兼困窮不濟者，即仰長吏差醫給藥救療之。”[5]辛卯，詔曰：“亢陽滋甚，農事已傷，宜令宰臣于兢赴中嶽，杜曉赴西嶽，精切祈禱。其近京靈廟，宜委河南尹；五帝壇、風師雨師、九宮貴神，委中書各差官祈之。”[6]詔曰：“共理庶民，是資牧宰，克勤厥職，必選端良，儻徇私以滅公，則興災而斂怨，豈遵條教，實蠹風猷。其所在長吏，不得因緣差役，分外誅求，律令所施，典刑具在，寧容殘忍，合務哀矜。宜令所在長吏不得淫刑酷法，須臻有道，免致無辜。”[7]渤海王大諲

譔差王子大光贊景帝表，并進方物。[8]以門下侍郎、平
章（事）于兢判建昌宮事。[9]

[1]鄭州：州名。治所在今河南鄭州市。　發自鄭州：《輯本
舊史》之影庫本粘籤：“原本‘發’作‘鄧’，今據文改正。”　滎
陽縣：地名。治所在今河南滎陽市。　邵贊：人名。籍貫不詳。後
梁大臣。事見本書本卷、卷八。　氾水縣：縣名。治所在今河南滎
陽市氾水鎮。

[2]六學士並於内殿起居：中華書局本有校勘記：“‘六’，原作
‘大’，據殿本、孔本、《册府》卷二〇五改。”　于兢：人名。河
南洛陽人。唐宰相于志寧之後，後梁宰相。善畫牡丹。事見本書本
卷、卷五、卷八、卷一四九。　敕以建昌宮事委宰臣于兢領之：文
後，《舊五代史考異》：“案《五代會要》：其年六月，廢建昌宮，以
河南尹、魏王張宗奭爲國計使，凡天下金穀兵戎舊隸建昌宮者，悉
主之。”見《會要》卷二四建昌宮使條。　任村頓：地名。今地不
詳。　孝義宮：行宮名。今地不詳。　禮部尚書：官名。尚書省禮
部主官。掌禮儀、祭享、貢舉之政。正三品。　孔績：人名。籍貫
不詳。後梁大臣。事見本書本卷、卷六。　偃師：縣名。治所在今
河南偃師市。　文武官奉迎於東郊：中華書局本有校勘記：“‘東
郊’下殿本有‘渤海遣使朝貢’六字，按《册府》卷二〇五均無
此句，事見《新五代史》卷二《梁本紀》。”　“五月己卯朔”至
“文武官奉迎於東郊”：明本《册府》卷二〇五《閏位部·巡幸
門》。

[3]薛貽矩：人名。河東聞喜（今山西聞喜縣）人。唐末、後
梁大臣。傳見本書卷一八、《新五代史》卷三五。　洛苑使：官名。
唐、五代時期主管洛陽地區的宮苑。職事與宮苑使類似。初由宦官
出任，後改士人。　曹守瑸：人名。籍貫不詳。五代官員。本書僅
此一見。　輟……朝參：又稱輟朝、廢朝。帝王遇親喪或文武大臣

病故，停止視朝數日，以示哀悼。　閤門：唐代大明宫之正殿（宣政殿）、内殿（紫宸殿）以東、西上閤門相連，閤門遂爲外朝、内朝之分界。因設閤門使，掌内外通報、宣旨。五代、宋朝相沿設置閤門、閤門使。　"宰臣薛貽矩抱恙在假"至"丞相、文武並詣西上閤門進名奉慰"：明本《册府》卷三一九《宰輔部·褒寵門二》。

[4]彗星：星名。中國古代星占學多視爲不祥之天象。　大辟：死刑的通稱。　"丁亥"至"限三日内疏理訖聞奏"：《大典》卷二六三二爲"災"字韻"弭災（二）"事目。又見《宋本册府》卷一九三《閏位部·弭災門》。　《舊五代史考異》："案《五代會要》：彗星見于靈臺之西，至五月始降赦宥罪，以答天譴。又云：五月壬戌夜，熒惑犯心大星，去心四度，順行。司天奏：'大星爲帝王之星，宜修省以答天譴。'"見《會要》卷一〇彗字條、卷一一五星淩犯條。

[5]刲（kuī）屠：屠殺。　長養：養育。　軫恤：憐憫。　掩骼：掩埋暴露的屍骨。　瘞（yì）：埋葬。　癘：瘟疫。　七祀：周代設立的七種祭祀，即司令、中霤、國門、國行、泰厲、户、灶。　三醫：指古名醫矯氏、俞氏、盧氏。泛指名醫。　"宜徵有喜之術"：《舊五代史考異》："案：原本'有喜'訛'有嘉'，今改正。"　"詔曰"至"即仰長吏差醫給藥救療之"：《宋本册府》卷一九五《閏位部·仁愛門》。

[6]中嶽：即嵩山。　西嶽：即華山。　五帝壇：祭壇名。五帝指白、青、黄、赤、黑五帝。漢文帝始置，用以祭祀、祈禳。九宫貴神：神祇名。唐玄宗始設，主司風雨、水旱、電疫、災害諸事。九神名稱分別爲：太一、天一、招摇、軒轅、咸池、青龍、太陰、天符、攝提。"九宫貴神"，《舊五代史考異》："案：原本'貴神'訛'降神'，今據《通典》及《新唐書·禮志》改正。"《通典》不見記載，見《舊唐書》卷二四《禮儀志四》及《新唐書》卷五《玄宗紀》天寶三載（744）十二月癸丑條。　中書：官署

名。即中書門下。 “辛卯”至“委中書各差官祈之”：《大典》卷二六三二。又見《宋本册府》卷一九三《閏位部·弭災門》。

[7]風猷：風教道德。 “詔曰”至“免致無辜”：明本《册府》卷一九六《閏位部·誡勵門》。

[8]渤海：古國名。唐時靺鞨等族所建政權。武則天聖曆元年（698）粟末靺鞨首領大祚榮建立政權。唐玄宗先天二年（713），唐派崔忻封大祚榮爲左驍衛大將軍、渤海郡王，設置忽汗州，加授大祚榮爲忽汗州都督，從此其政權即以渤海爲號。傳見本書卷一三八、《新五代史》卷七四。 大諲譔：人名。唐渤海第十五代王（即末王）。906年至926年在位。曾多次遣使朝後梁、後唐，並遣使朝契丹、日本。天顯元年（926），契丹攻克扶餘，進圍渤海上京，大諲譔出降，其國被改爲東丹，凡百有三城皆被占，渤海亡。事見本書本卷、卷一二。 大光贊：人名。大諲譔之子。事見本書本卷。 渤海王大諲譔差王子大光贊景帝表并進方物：明本《册府》卷九七二《外臣部·朝貢門五》。

[9]門下侍郎：官名。門下省副長官。唐後期三省長官漸爲榮銜，中書侍郎、門下侍郎却因參議朝政而職位漸重，常常用爲以“同三品”或“同平章事”任宰相者的本官。正三品。 平章（事）：官名。即同中書門下平章事。唐高宗以後，凡實際任宰相之職者，常在其本官後加同平章事的職銜。後成爲宰相專稱。 以門下侍郎、平章事于兢判建昌宮事：明本《册府》卷三二九《宰輔部·兼領門》。又見《會要》卷二四建昌宮使條。

閏五月戊申朔，詔以分物銀器賜渤海進貢首領以下，遣還其國。庚申，嗢末首領熱逋鉢督、崔延没相等，並授銀青光禄大夫、檢校太子賓客，遣還本部。[1]文武官並詣佛寺，爲皇帝設齋，命閤門使李元持香合賜之。又中書奏爲皇帝於長壽寺啓消災道場。[2]壬戌夜，熒惑犯心大星，去心四度，順行。司天奏："大星爲帝王之星，宜乎修德以答天譴。"[3]時帝疾大漸，因謂近臣曰："我三十年經營王業，不意太原餘孽復此譸張，我觀所爲，其志不小，天復使我短命，身後必無奈何。我料諸兒咸非彼敵，吾死，其無葬地矣！"言次氣絕，久而方蘇。[4]

[1]嗢（wà）末：部族名。又稱温末、渾末。原從屬於吐蕃，後趁吐蕃政權崩潰脱離吐蕃統治，是唐末五代西北地區的一股重要勢力。參見金雷《嗢末新考》，《西藏研究》2007年第4期。　熱遹鉢督：人名。嗢末首領。本書僅此一見。　崔延没相：人名。嗢末首領。本書僅此一見。　銀青光禄大夫：官名。唐、五代散官。從三品。　檢校太子賓客：官名。爲榮譽加官，無實職。　"閏五月戊申朔"至"遣還本部"：《宋本册府》卷九七六《外臣部·褒異門三》。

[2]閣門使：官名。唐代中期始置，掌供朝會、贊引百官。初以宦官充任，五代改用武階。　李元：人名。籍貫不詳。後梁官員。本書僅此一見。　長壽寺：寺名。位於今河南洛陽市。　"文武官並詣佛寺"至"又中書奏爲皇帝於長壽寺啓消災道場"：《宋本册府》卷一九四《閏位部·崇釋老門》。

[3]熒惑犯心大星、去心四度：火星運行到心宿，距離大星四度。　順行：日月五星在恒星間通常都是由西向東運動，故天體按此方向運動稱順行；反之，逆行。參見徐振韜主編《中國古代天文學詞典》，中國科學技術出版社2009年版，第209頁。　"壬戌夜"至"宜乎修德以答天譴"：《會要》卷一一五星凌犯條。

[4]大漸：病危。　太原餘孽：指李克用之子李存勗。　譸（zhōu）張：欺誑。　"時帝疾大漸"至"久而方蘇"：《通曆》卷一二梁太祖條。

帝疾甚，命王氏召友文於東都，欲與之訣，且付以後事。友珪婦張氏亦朝夕侍帝側，知之，密告友珪曰："大家以傳國寶付王氏懷往東都，吾屬死無日矣！"夫婦相泣。左右或説之曰："事急計生，何不改圖？時不可失！"六月，丁丑朔，帝命敬翔出友珪爲萊州刺史，即令之官。已宣旨，未行敕。時左遷者多追賜死，友珪益恐。[1]戊寅，友珪易服微行入左龍虎軍。見統軍韓勍，以情告之。勍亦見功臣宿將多以小過被誅，懼不自保，遂相與合謀。勍以牙兵五百人從友珪雜控鶴士入，伏於禁中，中夜斬關入，至寢殿，侍疾者皆散走。帝驚起，問："反者爲誰？"友珪曰："非他人也。"帝曰："我固疑此賊，恨不早殺之。汝悖逆如此，天地豈容汝乎！"友珪曰："老賊萬段！"友珪僕夫馮廷諤刺帝腹，刃出於背。友珪自以敗氈裹之，瘞於寢殿，秘不發喪。[2]遣供奉官丁昭溥馳詣東都，命均王友貞殺友文。己卯，矯詔稱："博王友文謀逆，遣兵突入殿中，賴郢王友珪忠孝，將兵誅之，保全朕躬。然疾因震驚，彌致危殆，宜令友珪權主軍國之務。"韓勍爲友珪謀，多出府庫金帛賜諸軍及百官以取悦。辛巳，丁昭溥還，聞友文已死，乃發喪，宣遺制，友珪即皇帝位。[3]友珪葬太祖於伊闕縣，號宣陵。[4]

[1]友珪：人名。即朱友珪。朱温次子，勾結韓勍殺朱温。後追廢爲庶人。傳見本書卷一二、《新五代史》卷一三。　敬翔：人名。同州馮翊（今陝西大荔縣）人。後梁大臣。傳見本書卷一八、《新五代史》卷二一。　萊州：州名。治所在今山東萊州市。　行

敕：指形成正式敕書。

[2]左龍虎軍：禁軍名。唐朝的禁衛軍，也是唐朝最爲精銳的軍隊之一。後梁沿置。　統軍：官名。唐德宗時於左右龍武、神武、神策等軍大將軍之下，各置統軍一或二人。正三品。　韓勍：人名。籍貫不詳。後梁將領。事見本書本卷、《新五代史》卷四五。

牙兵：五代時期藩鎮親兵。參見來可泓《五代十國牙兵制度初探》，《學術月刊》1995年第11期。　控鶴：部隊番號。五代後梁始置，爲禁軍之一部。　馮廷諤：人名。籍貫不詳。後梁將領。事見本書本卷。

[3]丁昭溥：人名。籍貫不詳。唐末宦官，時爲供奉官。事見本書本卷、卷八。　友貞：人名。即朱友貞。朱温第三子。後梁末帝，913年至923年在位。紀見本書卷八、《新五代史》卷三。"帝疾甚"至"友珪即皇帝位"：《通鑑》卷二六八乾化二年（912）五月條。

[4]伊闕縣：縣名。治所在今河南伊川縣。　友珪葬太祖於伊闕縣，號宣陵：《大典》卷一八三一四"葬"字韻"山陵葬禮（二）"事目。

梁太祖多大略，恢弘遠度，合於霸王之道。[1]太祖性孝愿，奉太后未嘗小失色，朝夕視膳，爲士君子之規范。帝嚴察用法，無纖毫假貸，太后言之，帝頗爲省刑。[2]梁祖之開國也，屬黃巢大亂之餘，以夷門一鎮，外嚴烽候，内辟汙萊，屬以耕桑，薄其租賦，士雖苦戰，民則樂輸，二紀之間，俄成霸業。及末帝與莊宗對壘于河上，河南之民，雖困於輦運，亦未至流亡，其義無他，蓋賦斂輕而丘園可戀故也。及莊宗平定梁室，任吏人孔謙爲租庸使，峻法以剥下，厚斂以奉上，民産雖竭，軍食尚虧。加之以兵革，因之以饑饉，不四三年，以致顛隕，其義無他，蓋賦役重而寰區失望故也。[3]初，元貞張皇后嚴整多智，帝敬憚之。后殂，帝縱意聲色，諸子雖在外，常徵其婦入侍，帝往往亂之。友文婦王氏色美，帝尤寵之，雖未以友文爲太子，帝意常屬之。友珪心不平。友珪嘗有過，帝撻之，友珪益不自安。[4]

[1]梁太祖多大略，恢弘遠度，合於霸王之道：《宋本冊府》卷一九〇《閏位部·器度門》。

[2]"太祖性孝愿"至"帝頗爲省刑"：《大典》卷一七一七〇"孝"字韵"帝王之孝"事目，又見明本《冊府》卷一八九《閏位部·孝德門》。

[3]黃巢：人名。曹州冤句（今山東曹縣）人。唐末農民起義領袖。傳見《舊唐書》卷二〇〇下、《新唐書》卷二二五下。 夷門：地名。原指戰國魏都大梁城東門，故址在今河南開封城內東北隅。夷門位於夷山，夷山因山勢平夷而得名，故門亦以山爲名。此處代指開封。 汙萊：指荒地。 末帝：即朱友貞。 莊宗：即李存勖。代北沙陀部人。後唐開國皇帝。923至926年在位。紀見本書卷二七至卷三四、《新五代史》卷四至卷五。 孔謙：人名。魏州（今河北大名縣）人。後唐大臣，善聚斂錢財，爲李存勖籌劃軍需。傳見本書卷七三、《新五代史》卷二六。 租庸使：官名。唐代爲主持催徵租庸地稅的財政官員。後梁、後唐時，租庸使取代鹽鐵、度支、户部，爲中央財政長官。 顛隕：覆滅。 "梁祖之開國也"至"蓋賦役重而寰區失望故也"：《容齋隨筆·三筆》卷一〇朱梁輕賦稅條引《薛史》。《輯本舊史》引原輯者案語："以上見《容齋三筆》所引《薛史》，繹其文意，當係《食貨志序》，今録於卷首。"此條僅爲梁晉租賦輕重之比較，無論時間及内容，均不足以概括五代之食貨，似爲《太祖紀》史論之一段。

[4]元貞張皇后：即張惠。宋州碭山（今安徽碭山縣）人。梁太祖朱溫之妻。傳見本書卷一一、《新五代史》卷一三。　"初"至"友珪益不自安"：《通鑑》卷二六八乾化元年（911）五月條。

郢王諱友珪，太祖第二子。母亳州之營妓。唐光啓中，太祖徇地于亳州，召而侍寢。娠及期，妓以生男告，故太祖字之曰"遥喜"。[1]開平元年五月乙酉，封郢王。[2]四年十月，檢校司徒，充左右控鶴都指揮使，兼管四蕃將軍。[3]

[1]亳州：州名。治所在今安徽亳州市。　光啓：唐僖宗李儇年號（885—888）。　"郢王諱友珪"至"故太祖字之曰遥喜"：《通曆》卷一二梁太祖條。

[2]開平：後梁太祖朱溫年號（907—911）。　開平元年五月乙酉，封郢王：《大典》卷一六六二八"建"字韻"封建（一一唐五代）"事目。

[3]左右控鶴指揮使：官名。控鶴軍主帥。控鶴爲禁軍番號，主要職責爲防守宮城。　"四年十月"至"兼管四蕃將軍"：明本《册府》卷二六九《宗室部·將兵門》。

太祖不豫，動多躁撓，友珪因事遭杖，心不自安。時東京留守博王友文者，太祖之養子，其妻王氏甚有姿色，太祖潛亂之。太祖未遇弒前旬日，謂王氏曰："吾終不起此疾，召友文來，吾與之决。"蓋意有所屬。且友珪妻張氏容色冠代，太祖亦嬖之，皆廉知其事，乃告友珪曰："大家以傳國璽授王氏，令懷往東京，公將及禍矣！"友珪憂恐，知不保全，夕乃易服微行，入左龍

虎軍，見統軍韓勍備告。太祖末年，勳臣宿將多以非罪
見誅，勍亦懼死，乃共畫弑逆之謀。是夜，勍以牙兵五
百人，雜控鶴軍士伏禁中。夜三鼓，斬關及萬春門，至
太祖寢殿，侍疾者皆驚走。太祖惶駭而起，曰：“我疑
此賊久矣，恨不早殺爾！”友珪之親信馮廷諤刺太祖，
遂崩於內，年六十一。友珪自以茵褥裹之，瘞於寢室。
翌日，遣受旨丁昭溥賫僞詔赴東京，誅博王友文。發
喪，友珪矯遺制於柩前即位。改乾化三年爲鳳曆元
年。[1]既望，拜韓勍忠武軍節度使，以末帝爲汴州留後，
河中朱友謙爲中書令。友謙不受命。[2]時朝廷新有內難，
中外人情恟恟。許州軍士更相告變，匡國節度使韓建皆
不之省，亦不爲備。丙申，馬步都指揮使張厚作亂，殺
建，友珪不敢詰。甲辰，以厚爲陳州刺史。[3]

[1]躁撓：動亂，騷擾。　鳳曆：後梁郢王朱友珪年號
（913）。　“太祖不豫”至“改乾化三年爲鳳曆元年”：《通曆》卷
一二梁太祖條。

[2]忠武軍：方鎮名。治所在陳州（今河南淮陽縣）。　汴州：
州名。治所在今河南開封市。　河中：府名。治所在今山西永濟市
蒲州鎮。　朱友謙：人名。本名朱簡。河南許州（今河南許昌市）
人。朱溫養子。唐末、五代大臣。傳見本書卷六三、《新五代史》
卷四五。　中書令：官名。漢代始置。隋唐前期爲中書省長官，屬
宰相之職；唐後期多爲授予元勳大臣的虛銜。正二品。　“既望”
至“友謙不受命”：《新五代史》卷一三《博王友文傳》。

[3]許州：州名。治所在今河南許昌市。　匡國：方鎮名。後
梁改忠武軍置，治所在許州（今河南許昌市）。　韓建：人名。許
州長社（今河南許昌市）人。唐末、五代軍閥。傳見本書卷一五、

《新五代史》卷四○。　　馬步都指揮使：官名。即馬步軍都指揮使。五代時侍衞親軍之長官。多爲皇帝親信。　　張厚：人名。籍貫不詳。後梁將領。事見本書本卷。　　"時朝廷新有內難"至"以厚爲陳州刺史"：《通鑑》卷二六八乾化二年（912）六月甲辰條。

七月丁未，大赦。[1]北面都招討使、宣義軍節度使楊師厚乘間殺魏牙將潘晏、臧延範等，逐出節度使羅周翰，以師厚爲天雄軍節度使。[2]以侍衞諸軍使韓勍領匡國軍節度使。甲寅，册尊吳越王錢鏐尚父。甲子，以均王友貞爲開封尹、東都留守。[3]丙寅，廢建昌宮使，以張全義爲守太尉、河南尹、宋亳節度使兼國計使。[4]應諸道茶鹽酒麯商税，悉還州郡。[5]加清海軍節度使劉巖檢校太傅。[6]

[1]七月丁未，大赦：《通鑑》卷二六八乾化二年（912）七月丁未條。

[2]北面都招討使：官名。即北面行營都招討。自後梁至後周均設此職，掌同招討使，負責某一路、某一道或某一方征討招撫之事。掌管區域較大而且主官資深者，則委以諸道行營都招討使和副都招討使之職，否則爲行營招討使和副招討使。　　魏：指魏博軍。　　牙將：官名。古代軍隊中的中低級軍官。　　潘晏：人名。籍貫不詳。後梁將領。事見本書本卷、卷二二。　　臧延範：人名。籍貫不詳。後梁將領。事見本書本卷、卷二、卷二二。　　羅周翰：人名。魏州貴鄉（今河北大名縣）人。羅紹威次子。事見本書卷八、卷二七。　　天雄軍：方鎮名。亦稱"魏博軍"，唐天祐元年（904）以魏博節度使號爲天雄軍，治所在魏州（今河北大名縣）。　　"北面都招討使"至"以師厚爲天雄軍節度使"：《新五代史》卷二三

《楊師厚傳》。

[3]錢鏐：人名。杭州臨安（今浙江杭州市）人。五代時期吴
越國的建立者。傳見本書卷一三三、《新五代史》卷六七。　　"以
侍衛諸軍使韓勍領匡國軍節度使"至"以均王友貞爲開封尹、東都
留守"：《通鑑》卷二六八乾化二年七月條。

[4]張全義：人名。濮州臨濮（今山東鄄城縣）人。唐末、五
代後梁、後唐將領。傳見本書卷六三、《新五代史》卷四五。　　守
太尉：官名。與司徒、司空並爲三公，唐後期、五代多爲大臣、勳
貴加官。正一品。官階低於官職加"守"字。　　國計使：官名。五
代始置，後梁、後唐及閩國皆有設置，掌財賦税收、錢穀用度。
"丙寅"至"以張全義爲守太尉、河南尹、宋亳節度使兼國計使"：
《大典》卷六三五〇"張"字韻"姓氏（二〇）"事目。

[5]應諸道茶鹽酒麯商税，悉還州郡：《大事記續編》卷七一
引《舊史・本紀》。

[6]清海軍：方鎮名。治所在廣州（今廣東廣州市）。　　劉巖：
人名。又名劉龑。上蔡（今河南上蔡縣）人。劉謙之子，劉隱之
弟。五代十國南漢國建立者。傳見本書卷一三五、《新五代史》卷
六五。　　加清海軍節度使劉巖檢校太傅：《通鑑》卷二六八乾化二
年七月條《考異》引《梁太祖實録》。

　　八月，龍驤軍三千人戍懷州者，潰亂東走，所過剽
掠；戊子，遣東京馬步軍都指揮使霍彥威、左耀武指揮
使杜晏球討之，庚寅，擊破亂軍，執其都將劉重遇於鄢
陵，甲午，斬之。戊戌，以侍衛諸軍使韓勍爲西面行營
招討使，督諸軍討河中節度冀王友謙。友謙以河中附於
晋以求救。[1]

[1]龍驤軍：後梁禁軍之一部。　　霍彥威：人名。洺州曲周

（今河北曲周縣）人。五代將領。傳見本書卷六四。　　杜晏球：人名。又名王晏球。籍貫不詳。五代將領。傳見本書卷六四。　　劉重遇：人名。籍貫不詳。五代後梁將領。事見本書卷八、卷六四。鄢陵：縣名。治所在今河南鄢陵縣。　　侍衛諸軍使：官名。五代後梁侍衛親軍最高統帥。參見曾育榮《五代宋初侍衛親軍制度三題》，張其凡、李裕民主編《徐規教授九十華誕紀念文集》，浙江大學出版社 2009 年版，第 96 頁。　　"八月"至"友謙以河中附於晉以求救"：《通鑑》卷二六八乾化二年（912）八月各條。

　　九月丁未，以感化節度使康懷貞爲河中都招討使，更以韓勍副之。[1]友謙遣兵襲鄜州，節度使徐懷玉無備，尋爲河中所擄，囚於公館。及康懷英率師圍河中，友謙慮懷玉有變，遂害之。[2]庚午，以敬翔爲中書侍郎、同平章事；壬申，以戶部尚書李振充崇政院使。翔多稱疾不預事。[3]

　　[1]感化：方鎮名。治所在華州（今陝西渭南市華州區）。康懷貞：人名。兗州（今山東濟寧市兗州區）人。唐末、五代將領。又名懷英，因避後梁末帝朱友貞諱改。傳見本書卷二三、《新五代史》卷二二。　　"九月丁未"至"更以韓勍副之"：《通鑑》卷二六八乾化二年（912）九月丁未條。
　　[2]鄜州：州名。治所在今陝西富縣。　　徐懷玉：人名。亳州焦夷（今安徽亳州市）人。後梁將領。傳見本書卷二一、《新五代史》卷二二。　　"友謙遣兵襲鄜州"至"遂害之"：《大典》卷一八一二七"將"字韻"後梁將（二）"事目。
　　[3]李振：人名。河西（今甘肅武威市）人。唐潞州節度使李抱真曾孫。五代後梁大臣。傳見本書卷一八、《新五代史》卷四三。崇政院使：官名。後梁置，爲崇政院長官。五代後梁開平元年

（907）改樞密院置崇政院，設院使、副使各一人，備顧問，參謀議，於禁中承皇帝旨意，宣於宰相而行之。宰相非進對時有所奏請，已受旨應復請者，皆具記事，因崇政院使以聞；崇政院使得旨，則復宣於宰相。敬翔曾爲後梁首任崇政院使。次年又設直學士二人，選有政術文學者爲之，後改爲直崇政院。後唐同光元年（923）復改爲樞密院。　“庚午”至“翔多稱疾不預事”：《通鑑》卷二六八乾化二年九月條。

　　冬十月，晉王自將自澤、潞而西，遇康懷貞於解縣，大破之，斬首千級，追至白逕嶺而還。梁兵解圍，退保陝州。[1]契丹蜀括梅老等朝貢。[2]加宰相俸至二百千，命豐德庫逐月以見錢給之。[3]

　　[1]晉王：指李存勗。　澤：州名。治所在今山西澤州縣。潞：州名。治所在今山西長治市。　解縣：縣名。治所在今山西運城市解州鎮。　白逕嶺：地名。位於今山西平陸縣。　陝州：州名。治所在今河南三門峽市陝州區。　“冬十月”至“退保陝州”：《通鑑》卷二六八乾化二年（912）十月條。

　　[2]蜀括梅老：人名。契丹大臣。本書僅此一見。　契丹蜀括梅老等朝貢：《宋本册府》卷九七二《外臣部·朝貢門五》。

　　[3]豐德庫：唐、五代内廷庫藏之一。　加宰相俸至二百千，命豐德庫逐月以見錢給之：《會要》卷一三中書門下條。

　　十一月甲寅，葬神武元聖孝皇帝于宣陵，廟號太祖。[1]回鶻遣都督周易言等入朝進貢。[2]虔州防禦使李彥圖卒，州人奉譚全播知州事，遣使内附，詔以全播爲百勝防禦使、虔韶二州節度開通使。[3]

［1］十一月甲寅，葬神武元聖孝皇帝于宣陵，廟號太祖：《通鑑》卷二六八乾化二年（912）十一月甲寅條。

［2］周易言：人名。甘州回鶻都督。事見本書本卷、卷六、卷一三八。　回鶻遣都督周易言等入朝進貢：《宋本册府》卷九七二《外臣部·朝貢門五》。

［3］虔州：州名。治所在今江西贛州市。　防禦使：官名。唐代始置，設有都防禦使、州防禦使兩種。常由刺史或觀察使兼任，實際上爲唐代後期州或方鎮的軍政長官。　李彦圖：人名。一作"李圖"。籍貫不詳。五代將領。事見《新唐書》卷一〇、卷一六六、卷一九〇以及本書本卷。　譚全播：人名。南康（今江西贛州市南康區）人。唐末、五代地方豪强。傳見《新五代史》卷四一。　韶：州名。治所在今廣東韶關市。　虔韶二州節度開通使：官名。統管虔、韶二州。　"虔州防禦使李彦圖卒"至"詔以全播爲百勝防禦使、虔韶二州節度開通使"：《通鑑》卷二六八乾化二年十一月條。

乾化三年春正月癸亥，朝享太廟；甲子，祀圜丘，大赦，改元鳳曆。[1]授王彦章濮州刺史、本州馬步軍都指揮使，依前左先鋒馬軍使。[2]檢校太傅劉鄩丁内艱，命起復視事。[3]

［1］祀圜丘：在南面郊區之圜丘祭天。又稱南郊、郊天。　乾化三年春正月癸亥，朝享太廟；甲子，祀圜丘，大赦，改元鳳曆：《通鑑》卷二六八乾化三年（913）正月條。

［2］王彦章：人名。鄆州壽張（今山東梁山縣壽張集）人。五代後梁將領。傳見本書卷二一、《新五代史》卷三二。　濮州：州名。治所在今山東鄄城縣。　左先鋒馬軍使：官名。左先鋒馬軍統兵官。　授王彦章濮州刺史、本州馬步軍都指揮使，依前左先鋒馬軍使：

《大典》卷一八一二七"將"字韻"後梁將（二）"事目。

[3]劉鄩：人名。密州安丘（今山東安丘市）人。唐末、五代將領。傳見本書卷二三、《新五代史》卷二二。　丁内艱：丁母憂。

檢校太傅劉鄩丁内艱，命起復視事：《大典》卷一八一二六"將"字韻"五代後梁將（一）"事目。

　　鄖王既得志，遽爲荒淫，内外憤怒，友珪雖啗以金繒，終莫之附。駙馬都尉趙巖，犨之子，太祖之婿也；左龍虎統軍、侍衛親軍都指揮使袁象先，太祖之甥也。[1]巖奉使至大梁，均王友貞密與之謀誅友珪，巖曰："此事成敗，在招討楊令公耳。得其一言諭禁軍，吾事立辦。"均王乃遣腹心馬慎交之魏州説楊師厚曰："郖王篡弒，人望屬在大梁，公若因而成之，此不世之功也。"且許事成之日賜犒軍錢五十萬緡。師厚與將佐謀之，曰："方郖王弒逆，吾不能即討；今君臣之分已定，無故改圖，可乎？"或曰："郖王親弒君父，賊也；均王舉兵復讎，義也。奉義討賊，何君臣之有！彼若一朝破賊，公將何以自處乎？"師厚曰："吾幾誤計。"乃遣其將王舜賢至洛陽，陰與袁象先謀，遣招討馬步都虞候譙人朱漢賓將兵屯滑州爲外應。趙巖歸洛陽，亦與象先密定計。友珪治龍驤軍潰亂者，搜捕其黨，獲者族之，經年不已。時龍驤軍有戍大梁者，友珪徵之，均王因使人激怒其衆曰："天子以懷州屯兵叛，追汝輩欲盡阬之。"其衆皆懼，莫知所爲。丙戌，均王奏龍驤軍疑懼，未肯前發。戊子，龍驤將校見均王，泣請可生之路，王曰："先帝與汝輩三十餘年征戰，經營王業。今先帝尚爲人所弑，汝輩安所逃死乎！”因出太祖畫像示之而泣曰：“汝能自趣洛陽雪讎恥，則轉禍爲福矣。”眾皆踊躍呼萬歲，請兵仗，王給之。庚寅旦，袁象先等帥禁兵數千人突入宫中。[2]友珪聞亂，引妻張氏及親校馮廷諤趨北垣樓下。知事不濟，令廷諤先刃其妻及己，廷諤亦自剄焉。友珪年二十八。末帝即位，乃貶友珪爲庶人。[3]

[1] 駙馬都尉：漢武帝始置，魏、晉以後公主夫婿多加此稱號。從五品下。　趙巖：人名。陳州宛丘（今河南淮陽縣）人。唐忠武軍節度使趙犨之子。五代後梁大臣。事見本書卷一四、《新五代史》卷四二。　犨（chōu）：人名。即趙犨。陳州宛丘（今河南淮陽縣）人。唐末將領，鎮守陳州，抵禦了黄巢起義軍。傳見本書卷一四、《新五代史》卷四二。　左龍虎統軍：官名。五代後梁禁衛部隊左龍虎軍統兵官。　袁象先：人名。宋州下邑（今河南夏邑縣）人。五代後梁將領，後投後唐。傳見本書卷五九、《新五代史》卷四五。

[2] 大梁：指開封。　馬慎交：人名。籍貫不詳。五代將領。事見本書本卷、卷二、卷八、卷一六、卷二〇。　王舜賢：人名。籍貫不詳。楊師厚牙將。事見本書本卷、卷八、卷三五。　馬步都虞候：官名。五代侍衛親軍馬步軍統兵官，僅次於馬步軍都指揮使、副都指揮使。　譙：縣名。治所在今安徽亳州市。　朱漢賓：人名。亳州譙縣（今安徽亳州市）人。五代後梁、後唐將領。傳見本書卷六四、《新五代史》卷四五。　“郢王既得志”至“袁象先等帥禁兵數千人突入宫中”：《通鑑》卷二六八乾化三年（913）二月條。

[3] “友珪聞亂”至“乃貶友珪爲庶人”：《通曆》卷一二。

舊五代史　卷八

梁書八

末帝紀上

　　末帝諱瑱，[1]初名友貞，及即位，改名鍠，貞明中又改今諱。[2]太祖第四子也。[3]母曰元貞皇后張氏，以唐文德元年戊申歲九月十二日生於東京。帝美容儀，性沉厚寡言，[4]雅好儒士。唐光化三年，授河南府參軍。太祖受禪，封均王。時太祖初置天興軍，最爲親衛，以帝爲左天興軍使。[5]開平四年夏，進位檢校司空，依前天興軍使，充東京馬步軍都指揮使。[6]

　　[1]末帝：即朱友貞。後梁皇帝，913年至923年在位。紀見本書本卷、卷九、卷一〇，《新五代史》卷三。　末帝諱瑱：《舊五代史考異》："案：《永樂大典》原本誤作'瑱'，《册府元龜》誤作'瑱'，今從《歐陽史》校正。"見《新五代史》卷三《梁末帝紀》，又見《會要》卷一帝號條。
　　[2]貞明：後梁末帝朱友貞年號（915—921）。　"初名友貞"

至“貞明中又改今諱”：《通鑑》卷二六八繫於乾化三年（913）三月丁未條：“丁未，帝更名鍠；久之，又名瑱。”《考異》曰：“《薛史》云，貞明中更名瑱。諸書皆無年月，今因名鍠終言之。”

[3]太祖：即後梁太祖朱溫。紀見本書卷一至卷七。　太祖第四子也：《舊五代史考異》：“案：《歐陽史》作第三子，《五代會要》與《薛史》同，蓋并假子博王友文而數之也。”見《新五代史》卷三《梁末帝紀》，又見《會要》卷一帝號條。

[4]文德：唐僖宗李儇年號（888）。　東京：地名。位於今河南開封市。　性沉厚寡言：《輯本舊史》之影庫本粘籤：“‘沉厚’，原本作‘沉原’，今據文改正。”《新五代史》卷三《梁末帝紀》本作“沈厚寡言”。

[5]光化：唐昭宗李曄年號（898—901）。　河南府：府名。唐開元元年（713）改洛州爲河南府，治所在今河南洛陽市。　參軍：官名。州府屬官，總掌諸曹事務。官品爲從六品至從八品不等。　天興軍：禁軍名，後梁置。《五代會要》卷一二京城諸軍條記後梁開平元年（907）九月置左右天興軍，爲禁軍中的兩軍，以親王爲軍使。　以帝爲左天興軍使：《舊五代史考異》：“案：原本脫‘使’字，今據《歐陽史》增入。”見《新五代史》卷三《梁末帝紀》。

[6]開平：後梁太祖朱溫年號（907—911）。　檢校司空：官名。爲散官或加官，以示恩寵加此官，無實際執掌。司空，與太尉、司徒並爲三公。　馬步軍都指揮使：官名。五代時侍衛親軍之長官。多爲皇帝親信。　充東京馬步軍都指揮使：《宋本册府》卷一八八《閏位部·紹位門》亦繫於開平四年，《通鑑》卷二六八則於乾化二年閏五月條追溯，作“東都馬步都指揮使”。

乾化二年六月二日，[1]庶人友珪弒逆，矯太祖詔，遣供奉官丁昭溥馳至東京，[2]密令帝害博王友文。友珪即位，以帝爲東京留守、行開封府尹、檢校司徒。[3]友珪以篡逆居位，群情不附。會趙巖至東京，從帝私讌，[4]因言及社稷事，帝以誠款謀之，巖曰：“此事易如反掌，成敗在招討楊令公之手，但得一言諭禁軍，其事立辦。”巖時典禁軍，洎還洛，以謀告侍衛親軍袁象先。帝令腹心馬慎交之魏州見師厚，且言成事之日，賜勞軍錢五十萬緡，仍許兼鎮。慎交，燕人也，素有膽辨，乃說師厚曰：[5]“郢王殺君害父，篡居大位，宮中荒淫，靡所不至。洛下人情已去，東京物望所歸，公若因而成之，則有輔立之功，討賊之効。”師厚猶豫未決，謂從事曰：“吾於郢王，君臣之分已定，無故改圖，人謂我何！”慎交曰：“郢王以子弑父，是曰元凶。均王爲君爲親，正名仗義。彼若一朝事成，令公何情自處！”師厚驚曰：“幾悞計耳！”乃令小校王舜賢至洛，密與趙巖、袁象先圖議。時有左右龍驤都在東京，帝僞作友珪詔，遣還洛下。先是，劉重遇部下龍驤一指揮于懷州叛，經年搜捕其黨，帝因遣人激怒其衆曰：“郢王以龍驤軍嘗叛，追汝等洛下，將盡坑之。”翌日，乃以僞詔示之，[6]諸軍憂恐，將校垂泣告帝，乞指生路。帝諭之曰：“先帝三十餘年經營社稷，千征萬戰，爾等皆曾從行。今日先帝尚落人奸計，爾等安所逃避。”因出梁祖御容以示諸將，[7]帝歔欷而泣曰：“郢王賊害君父，違天逆地，復欲屠滅親軍，爾等苟能自趨洛陽，擒取逆豎，告謝先帝，即轉禍爲福矣。”衆踊躍曰：“王言是也。”皆呼萬歲，請帝爲主，時友珪改元之二月十五日也。[8]

[1]乾化：後梁太祖朱溫年號（911—912）。　乾化二年六月二日：“六月二日”，中華書局本沿《輯本舊史》作“六月三日”，並有校勘記：“‘三日’，殿本作‘二日’。按《新五代史》卷二《梁本紀》載梁太祖崩於六月戊寅，是月丁丑朔，戊寅爲初二。”但未改，今據《新五代史》改。

[2]友珪：人名。即朱友珪。朱溫次子，後勾結韓勍殺朱溫。傳見本書卷一二、《新五代史》卷一三。　供奉官：官名。泛指侍奉皇帝左右的臣僚，亦爲東、西頭供奉官通稱。　丁昭溥：人名。籍貫不詳。唐末宦官。事見本書本卷、卷七。　遣供奉官丁昭溥馳至東京：“丁昭溥”，中華書局本沿《輯本舊史》作“丁昭浦”，並有校勘記：“殿本、《通曆》卷一二、《通鑑》卷二六八作‘丁昭溥’。”但未改，今據《通曆》及《通鑑》卷二六八乾化二年（912）六月戊寅條改。

[3]友文：人名。即朱友文。朱溫養子，後被朱友珪所殺。傳見本書卷一二、《新五代史》卷一三。　留守：官名。皇帝出巡或親征時指定親王或大臣留守京城，綜理軍事、行政、民事、財政等事務，稱京城留守。在陪都或軍事重鎮也常設留守，以地方長官兼任。　開封府尹：官名。五代除後唐外均定都開封，因置開封府尹，執掌京師政務。從三品。　檢校司徒：官名。爲散官或加官，以示恩寵加此官，無實際執掌。司徒，與太尉、司空並爲三公。

[4]趙巖：人名。陳州宛丘（今河南淮陽縣）人。唐忠武軍節度使趙犨之子。五代後梁大臣。事見本書卷一四、《新五代史》卷四二。　從帝私讖：《輯本舊史》之影庫本粘籤：“從帝私讖，原本作‘從常’，今從《通鑑》改正。”《通鑑》未見此條記事。

[5]楊令公：即楊師厚。潁州斤溝（今安徽太和縣阮橋鎮斤溝村）人。唐末、五代將領。傳見本書卷二二、《新五代史》卷二三。　侍衛親軍：後梁宮城守衛軍隊。此處當指侍衛親軍將領。袁象先：人名。宋州下邑（今河南夏邑縣）人。五代後梁將領，後投後唐。傳見本書卷五九、《新五代史》卷四五。　馬慎交：人名。

籍貫不詳。五代將領。事見本書本卷、卷二、卷七、卷一六、卷二〇。　魏州：州名。治所在今河北大名縣。　乃說師厚曰：《輯本舊史》之影庫本粘籤："乃說師厚，原本衍'既'字，今據文刪去。"

[6]王舜賢：人名。籍貫不詳。楊師厚牙將。事見本書本卷、卷七、卷三五。　左右龍驤：禁軍部隊番號。　劉重遇：人名。籍貫不詳。五代後梁將領。事見本書本卷、卷六四。　懷州：州名。治所在今河南沁陽市。　乃以僞詔示之：《舊五代史考異》："案《通鑑考異》云：《梁太祖實録》：'丙戌，東京言龍驤軍准詔追赴西京，軍情不肯進發。'實友珪徵之，非友貞僞作，但激怒言坑之耳。"見《通鑑》卷二六八乾化三年二月丙戌條《考異》。

[7]因出梁祖御容以示諸將：中華書局本有校勘記："'御容'，原作'御像'，據殿本、孔本改。"

[8]時友珪改元之二月十五日也：中華書局本有校勘記："'友珪改元之'，殿本、孔本作'僞鳳曆元年'。"《通鑑》卷二六八從《薛史》繫此事於乾化三年正月甲子條。

帝乃遣人告趙巖、袁象先、傅暉、朱珪等。[1]十七日，象先引禁軍千人突入宮城，遂誅友珪。事定，象先遣趙巖賷傳國寶至東京，請帝即位於洛陽。帝報之曰："夷門，太祖創業之地，居天下之衝，北拒并、汾，東至淮海，國家藩鎮，多在厥東，命將出師，利於便近，若都洛下，非良圖也。公等如堅推戴，册禮宜在東京，賊平之日，即謁洛陽陵廟。"是月，帝即位於東京，乃去友珪僞號，[2]稱乾化三年。詔曰：

我國家賞功罰罪，必叶朝章；報德伸冤，敢欺天道。苟顯違于法制，雖暫滯於歲時，終振大綱，須歸至理。重念太祖皇帝，嘗開霸府，有事四方。
迨建皇朝，載遷都邑，每以主留重務，居守難才，
慎擇親賢，方膺寄任。[3] 故博王友文，才兼文武，
識達古今，俾分憂於在浚之郊，亦共理於興王之
地，一心無易，二紀于兹，嘗施惠於士民，實有勞
於家國。去歲郢王友珪，常懷逆節，已露凶鋒，將
不利於君親，欲竊窺於神器。此際值先皇寢疾，大
漸日臻，博王乃密上封章，請嚴宮禁，因以萊州刺
史授於郢王友珪，纔覩宣頭，俄行大逆。[4] 豈有自
縱兵於内殿，却翻事於東都。又矯詔書，枉加刑
戮，仍奪博王封爵，又改姓名，冤耻兩深，欺誑何
極。伏賴上玄垂祐，宗社降靈，俾中外以叶謀，致
遐邇之共怒，尋平内難，獲勦元凶，既雪耻于同
天，且免讟於共國。朕方期遁世，敢竊臨人，遽迫
推崇，爰膺纘嗣。冤憤既伸於幽顯，霈澤宜及於下
泉。博王宜復官爵，仍令有司擇日歸葬云。

[1]傅暉：人名。籍貫不詳。後梁將領。本書僅此一見。　朱
珪：人名。籍貫不詳。五代後梁將領，時爲後梁檢校太傅、匡國軍
節度觀察留後、行營諸軍馬步都虞候。傳見本書附録。　帝乃遣人
告趙巖、袁象先、傅暉、朱珪等："傅暉"，《舊五代史考異》："案：
原本脱'暉'字，今據《通鑑》增入。"《通鑑》未見有關記事。
[2]夷門：地名。原指戰國魏都大梁城東門，故址在今河南開
封城内東北隅。夷門位於夷山，夷山因山勢平夷而得名，故門亦以
山爲名。此處代指開封。　并：州名。治所在今山西太原市。
汾：州名。治所在今山西汾陽市。　乃去友珪僞號：中華書局本有

校勘記："'友珪僞號',殿本、孔本、《通曆》卷一二、《册府》卷一八八作'鳳曆之號'。"見《宋本册府》卷一八八《閏位部·紹位門》。

[3]方膺寄任:《輯本舊史》之影庫本粘籤:"'寄任',原本作'奇任',今據文改正。"《宋本册府》卷二九五《宗室部·復爵門》作"寄任"。

[4]浚之郊:即浚郊,開封别稱。 萊州:州名。治所在今山東萊州市。 刺史:官名。漢武帝始置。州一級行政長官。總掌考覈官吏、勸課農桑、地方教化等事。唐中期以後,節度使、觀察使轄州而設,刺史爲其屬官,職任漸輕。從三品至正四品下。 宣頭:文書名。此處指皇帝任命詔書。參見王銘《五代文書〈安審琦請射田莊宣頭〉探微》,《浙江大學學報》2010年第6期。

三月丁未,制曰:"朕仰膺天睠,近雪家讎,[1]旋聞將相之謀,請紹祖宗之業。群情見迫,三讓莫從,祗受推崇,懼不負荷。方欲烝嘗寢廟,[2]禋類郊丘,[3]合徵定體之辭,[4]用表事神之敬。其或於文尚淺,在理未周,亦冀隨時,别圖制義。雖臣子行孝,重更名於已孤;而君父稱尊,貴難知而易避。今則虔遵古典,詳考前聞,允諧龜筮之占,庶合帝王之道。載惟涼德,[5]尤愧嘉名,中外群僚,當體朕意。宜改名鍠。"庚戌,以天雄軍節度使、[6]充潞州行營都招討使、[7]開府儀同三司、[8]檢校太尉、兼侍中、[9]弘農郡王楊師厚爲檢校太師、兼中書令,進封鄴王。[10]壬戌,以夏州節度使、檢校太尉、同平章事李仁福爲檢校太師,進封隴西郡王。[11]戊辰,以邢州保義軍留後、檢校太保戴思遠爲檢校太傅,充邢州節度使。[12]庚午,以鎮東軍節度副使、[13]充兩浙西面都指揮使、行睦州刺史馬綽爲檢校太傅、同平章事，領秦州雄武軍節度使，進封開國侯。[14]是月，文武百官上言，請以九月十二日帝降誕日爲明聖節，休假三日。從之。

[1]近雪家讎：《舊五代史考異》：“案：原本脱‘家’字，今據《册府元龜》增入。”見《宋本册府》卷一八二《閏位部·名諱門》。

[2]烝嘗：原指秋、冬祭祀。後亦泛稱祭祀。《詩·小雅》：“絜爾牛羊，以往烝嘗。”鄭玄箋：“冬祭曰烝，秋祭曰嘗。”　寢廟：宗廟的正殿稱廟，後殿稱寢，合稱寢廟。

[3]禋（yīn）：祭天禮。　郊丘：在圜丘舉行的祭天禮。

[4]合徵定體之辭：中華書局本有校勘記：“‘定’，原作‘文’，據《册府》卷一八二改。”

[5]涼德：薄德，缺少仁義。多用爲帝王的自謙之詞。

[6]天雄軍：方鎮名。亦稱“魏博軍”，唐天祐元年（904）以魏博節度使號爲天雄軍，治所在魏州（今河北大名縣）。　節度使：官名。唐時在重要地區所設掌握一州或數州軍事、民事、財政的長官。

[7]潞州：州名。治所在今山西長治市。　行營都招討使：官名。五代時掌一方招撫討伐等事務。戰時任命，兵罷則省。常以大臣、將帥或地方軍政長官兼任。

[8]開府儀同三司：官名。魏晋始置，隋唐時爲文散官之最高官階。多授功勳重臣。從一品。

[9]檢校太尉：官名。爲散官或加官，以示恩寵，無實際執掌。太尉，與司徒、司空並爲三公。　侍中：官名。秦始置。隋、唐前期爲門下省長官。唐後期多爲大臣加銜，不參與政務，實際職務由門下侍郎執行。正二品。

[10]中書令：官名。漢代始置，隋、唐前期爲中書省長官，屬宰相之職，唐後期多爲授予元勳大臣的虚銜。正二品。

[11]夏州：州名。治所在今陝西靖邊縣。　同平章事：官名。"同中書門下平章事"的簡稱。唐高宗以後，凡實際任宰相之職者，常在其本官後加同平章事的職銜。後成爲宰相專稱。或爲使相加銜。　李仁福：人名。党項族。五代党項首領。傳見本書卷一三二、《新五代史》卷四〇。

[12]保義軍：方鎮名。後梁開平二年（908）改昭義軍置。治所在邢州（今河北邢臺市）。　留後：官名。唐、五代節度使多以子弟或親信爲留後，以代行節度使職務，亦有軍士、叛將自立爲留後者。掌一州或數州軍政。　戴思遠：人名。籍貫不詳。後梁、後唐將領。傳見本書卷六四。

[13]鎮東軍：方鎮名。唐乾寧三年（896）以威勝軍改置。治所在越州（今浙江紹興市）。　節度副使：官名。唐、五代方鎮屬官。位於行軍司馬之下、判官之上。

[14]兩浙：地區名。浙東、浙西的合稱。泛指今浙江全省及江蘇南部一角。　都指揮使：官名。唐末、五代行軍統兵主帥。參見杜文玉《晚唐五代都指揮使考》，《學術界》1995 年第 1 期。　睦州：州名。治所在今浙江建德市。　馬綽：人名。余杭（今浙江杭州市）人。五代十國藩鎮將領。事見本書本卷、卷九。　雄武軍：方鎮名。治所在秦州（今甘肅天水市）。

夏四月癸未，以西京内外諸軍馬步軍都指揮使、[1]檢校司徒、左龍虎統軍、濮陽郡開國侯袁象先爲特進、檢校太保、同平章事，[2]充鎮南軍節度、江南西道觀察處置等使、[3]開封尹、判在京馬步諸軍事，進封開國公，增食邑一千户。[4]丁酉，宣義軍節度副大使、知節度事、[5]鄭滑濮等州觀察使、[6]檢校太傅、長沙郡開國公羅周翰加特進、駙馬都尉。[7]

[1]西京：地名。後晉天福三年（938）以洛陽爲西京。治所在今河南洛陽市。　馬步軍都指揮使：官名。五代時侍衛親軍之長官。多爲皇帝親信。

[2]左龍虎統軍：官名。五代後梁禁衛部隊左龍虎軍統兵官。　特進：官名。西漢末期始置，授給列侯中地位較特殊者。隋唐時期，特進爲文散官，授給有聲望的官員。正二品。　濮陽郡開國侯袁象先爲特進、檢校太保、同平章事：中華書局本有校勘記："'郡'字原闕，據殿本、孔本、《舊五代史考異》卷一引文補。《舊五代史考異》：'案原本"濮陽"作"博陽"，今據象先本傳改正。'按本書卷五九《袁象先傳》記象先初封汝南縣男，后進封至開國公。"

[3]鎮南軍：方鎮名。治所在洪州（今江西南昌市）。　江南西道：道名。治所在洪州（今江西南昌市）。乾元元年（758）廢，但作爲地理區劃直至五代仍沿用。　觀察處置：官名。即觀察處置使。簡稱觀察使。唐玄宗以後，採訪、觀察、都統等使加"處置"，賦予處理、決斷權。開元二十二年（734）初置採訪處置使，以御史中丞盧絢等爲之，乾元元年改爲觀察處置使。掌一道州縣官的考績及民政。

[4]開封尹：官名。五代除後唐外均定都開封，因置開封府尹。執掌京師政務。從三品。　判在京馬步諸軍事：官名。京師馬步軍長官。　開國公：封爵名。　食邑：即封地、封邑。食邑之名，蓋取受封者不之國，僅食其租稅之意。

[5]宣義軍：方鎮名。治所在滑州（今河南滑縣）。　節度副大使：官名。方鎮中僅次於節度使之使職，如持節，則位同於節度使。　知節度事：官名。方鎮實際掌權者。

[6]鄭：州名。治所在今河南鄭州市。　滑：州名。治所在今

河南滑縣。　　濮：州名。治所在今山東鄄城縣。

　　[7]羅周翰：人名。魏州貴鄉（今河北大名縣）人。羅紹威次子。事見本書本卷、卷二七。　駙馬都尉：漢武帝始置，魏、晉以後公主夫婿多加此稱號。從五品下。

　　五月乙巳，天雄軍節度使楊師厚及劉守奇率魏博、邢、洺、徐、兗、鄆、滑之衆十萬討鎮州。[1]庚戌，營於鎮之南門外。壬子，晉將史建瑭自趙州領騎五百入于鎮州，師厚知其有備，自九門移軍於下博。[2]劉守奇以一軍自貝州掠冀州衡水、阜城，陷下博。[3]師厚自弓高渡御河，迫滄州，張萬進懼，送款于師厚，師厚表請以萬進爲青州節度使，[4]以劉守奇爲滄州節度使。詔曰：“太祖皇帝六月二日大忌。朕聞姬周已還，並用通喪之禮；炎漢之後，方行易月之儀。[5]歷代相沿，萬幾斯重，遂爲故實，難遽改更。朕頃遘家冤，近平内難，倏臨祥制，[6]俯迫忌辰，音容永遠而莫追，號感彌深而難抑。將欲表宅憂於中禁，是宜輟聽政於外朝，雖異常儀，願申罔極。宜輟五月二十二日至六月二十九日朝參，軍機急切公事，即不得留滯，並仰盡時聞奏施行。”[7]宰臣文武百官三上表，以國忌廢務多日，請依舊制。詔報曰：“朕聞禮非天降，固可酌於人情；事繫孝思，諒無妨於國體。今以甫臨忌日，暫輟視朝，冀全哀感之情，[8]用表始終之節。宰臣等累陳章表，備述古今，慮以萬幾之繁，議以五日之請。[9]雖兹懇切，難盡允俞。況保身方荷於洪基，敢言過毀；而權制獲申於至性，必在得中。宜自今月二十九日輟至六月七日，無煩抑請，深體朕懷。"

[1]劉守奇：人名。深州樂壽（今河北獻縣）人。唐末幽州節度使、燕王劉仁恭之子，劉守光之弟。唐末、五代將領。事見本書卷一三三。　魏博：方鎮名。治所在魏州貴鄉縣（今河北大名縣）。邢：州名。治所在今河北邢臺市。　洺：州名。治所在今河北邯鄲市永年區。　徐：州名。治所在今江蘇徐州市。　兗：州名。治所在今山東濟寧市兗州區。　鄆：州名。治所在今山東東平縣。鎮州：州名。治所在今河北正定縣。　天雄軍節度使楊師厚及劉守奇率魏博、邢、洺、徐、兗、鄆、滑之衆十萬討鎮州："魏博、邢、洺、徐、兗、鄆、滑"，《通鑑》卷二六八乾化三年（913）五月庚戌條作"汴、滑、徐、兗、魏、博、邢、洺"。

[2]史建瑭：人名。雁門（今山西代縣）人。五代將領。傳見本書卷五五、《新五代史》卷二五。　趙州：州名。治所在今河北趙縣。　九門：地名。位於今河北石家莊市藁城區。　下博：縣名。治所在今河北深州市。

[3]貝州：州名。治所在今河北清河縣。　冀州：州名。治所在今河北衡水市冀州區。　衡水：縣名。治所在今河北衡水市。阜城：縣名。治所在今河北阜城縣。

[4]弓高：縣名。治所在今河北阜城縣。　滄州：州名。治所在今河北滄縣舊州鎮。　張萬進：人名。又名張守進。雲州（今山西大同市）人。唐末、五代將領。傳見本書卷一三。　青州：州名。治所在今山東青州市。　"迫滄州"至"青州節度使"：《舊五代史考異》："案：原本滄州作'涼州'，考《歐陽史·劉守光傳》，張萬進乃滄州守將，今改。"《新五代史》卷三九《劉守光傳》未言張萬進爲滄州守將，"滄州"，見於明本《册府》卷二一七《閏位部·交侵門》、《新五代史》卷三《梁末帝紀》乾化三年五月條、《通鑑》卷二六八乾化三年五月丙子條。"送款于師厚"，中華

書局本沿《輯本舊史》作"送款"，並有校勘記："《册府》卷二一七作'送款於師厚。'"但未補，今據明本《册府》卷二一七補。

[5]通喪：通行喪禮。　炎漢：西漢。　易月：古喪禮，父母之喪，服喪三年，自漢文帝始以日易月，縮短喪期，謂之"易月"。

[6]遘：遭遇。　倏（shū）：忽然。　祥：古時父母喪後周年爲小祥，兩周年爲大祥。

[7]宅憂：處在父母喪事期間。　中禁：禁中。皇帝居所。輟聽政於外朝：指輟朝。帝王遇親喪或文武大臣病故，停止視朝數日，以示哀悼。　罔極：指父母恩德無窮。　宜輟五月二十二日至六月二十九日朝參：輟朝參，又稱輟朝。

[8]國忌：此處指後梁太祖朱溫的忌日。　冀全哀感之情：中華書局本有校勘記："'感'，殿本作'戚'。按《孝經·喪親》：'孝子之喪親也……聞樂不樂，食旨不甘，此哀戚之情也。'"

[9]議以五日之請：中華書局本有校勘記："'日'，原作'月'，據殿本、劉本改。"

六月戊子，以滄州順化軍節度使、并潞鎮定副招討使、檢校太傅、同平章事張萬進爲青州節度使。[1]

[1]順化軍：方鎮名。治所在滄州（今河北滄縣舊州鎮）。定：州名。治所在今河北定州市。　"以滄州順化軍節度使"至"青州節度使"：《舊五代史考異》："案：原本順化作'順俟'，今據《通鑑》注滄州爲順化軍改正。又青州，《通鑑》作平盧，考後文，是時賀德倫爲平盧節度使，當從《薛史》作青州爲是。"見《通鑑》卷二六八乾化三年（913）五月壬子條胡注。平盧節度使治青州，乃軍號與治所之不同稱謂。

秋九月甲辰，以光禄大夫、守御史大夫、[1]吴興郡開國侯姚洎爲中書侍郎、平章事。[2]

[1]光禄大夫：官名。西漢始設，掌論議。唐、五代爲散官。
從二品。　守御史大夫：官名。秦始置，與丞相、太尉合稱三公。
至唐代，在御史中丞之上設御史大夫一人，爲御史臺長官，專掌監
察、執法。正三品。官階低於官職加“守”字。

[2]姚洎：人名。籍貫不詳。後梁宰相。事見本書本卷、卷四。
　中書侍郎：官名。中書省副長官，唐後期三省長官漸爲榮銜，中
書侍郎、門下侍郎却因參議朝政而職位漸重，常常用爲以“同三
品”或“同平章事”任宰相者的本官。正三品。

十二月庚午，以前鄆州節度、檢校司徒、食邑二千
户、福王友璋爲許州節度使、檢校太保。[1]是月，晉王
收幽州，執僞燕主劉守光及其父仁恭歸晉陽。[2]

[1]友璋：人名。即朱友璋。宋州碭山（今安徽碭山縣）人。
後梁太祖朱温第五子，封福王。傳見本書卷一二。　許州：州名。
治所在今河南許昌市。

[2]晉王：指李存勗。代北沙陀部人。後唐開國皇帝。紀見本
書卷二七至卷三四、《新五代史》卷四、卷五。　幽州：州名。治
所在今北京市。　仁恭：人名。即劉仁恭。深州（今河北深州市）
人。唐末、五代軍閥。傳見《新唐書》卷二一二。　晉陽：縣名。
治所在今山西太原市。

乾化四年春正月壬寅，以青州節度使張萬進爲兗州
節度使、檢校太尉。

二月甲戌，以感化軍節度使、華商等州觀察使、檢

校太傅、同平章事、太原郡開國公康懷英爲大安尹，[1]
充永平軍節度使、大安金棣等州觀察處置使。[2]

　　[1]感化軍：方鎮名。後梁置。治所在華州（今陝西渭南市華
州區）。　華：州名。治所今陝西渭南市華州區。　商：州名。治
所在今陝西商洛市商州區。　康懷英：人名。兗州（今山東濟寧市
兗州區）人。唐末、五代將領。本名懷貞，避後梁末帝朱友貞諱改
懷英。傳見本書卷二三、《新五代史》卷二二。　大安尹：府名。
五代後梁改京兆府（今陝西西安市）爲大安府。長官爲大安府尹。
　　[2]金：州名。治所在今陝西安康市。　棣：州名。治所在今
山東惠民縣。　“以感化軍節度使”至“大安金棣等州觀察處置
使”：《通鑑》卷二六九乾化四年（914）二月條：“徙感化節度使
康懷英爲永平節度使，鎮長安。”“鎮長安”下胡注：“感化軍，陝
州。梁初徙佑國軍於長安，尋改爲永平軍。”

　　夏四月丁丑，以守司空、平章事于兢爲工部侍
郎，[1]尋貶萊州司馬，以其挾私與軍校遷改故也。[2]是
日，以行營左先鋒馬軍使、濮州刺史王彥章爲澶州刺
史，[3]充行營先鋒步軍都指揮使，加光禄大夫、檢校太
保，封開國伯。以永平軍節度使、檢校太傅、同平章事
劉鄩爲開封尹，遥領鎮南軍節度使。[4]

　　[1]于兢：人名。洛陽（今河南洛陽市）人。唐宰相于志寧之
後，後梁宰相。善畫牡丹。事見本書本卷、卷四、《新五代史》卷
三。　工部侍郎：官名。尚書省工部次官。協助工部尚書掌管百
工、山澤、水土之政令，考其功以詔賞罰。正四品下。　以守司
空、平章事于兢爲工部侍郎：“守司空、平章事”，《通鑑》卷二六

九乾化四年（914）四月丁丑條作“司空兼門下侍郎、同平章事”。

[2]司馬：官名。州郡佐官，名義上紀綱衆務，通判列曹，品高俸厚，實際上無具體職事，多用以安置貶謫官員，或用作遷轉官階。上州從五品下，中州正六品下，下州從六品上。　遷改：改官、升官。　以其挾私與軍校遷改故也：中華書局本有校勘記：“‘遷改’，《册府》卷三三七作‘還往’。”見明本《册府》卷三三七《宰輔部·徇私門》。

[3]左先鋒馬軍使：官名。左先鋒馬軍統兵官。　王彦章：人名。鄆州壽張（今山東梁山縣壽張集）人。五代後梁將領。傳見本書卷二一、《新五代史》卷三二。　澶州：州名。唐、五代初，治所在今河南清豐縣。後晉天福四年（939），移治於今河南濮陽市。

[4]先鋒步軍都指揮使：官名。左先鋒步軍統兵官。　永平軍：方鎮名。後梁改佑國軍置。治所在大安府（今陝西西安市）。　劉鄩：人名。密州安丘（今山東安丘市）人。唐末、五代將領。傳見本書卷二三、《新五代史》卷二二。　遥領：不親往任職，在他處遥遠監督之。

五月癸丑，朔方軍留後、檢校司徒韓洙起復，授朔方軍節度使、檢校太保。[1]

[1]朔方軍：方鎮名。又稱靈武、靈州、靈鹽。治所在靈州（今寧夏吳忠市）。　韓洙：人名。籍貫不詳。五代軍閥。韓遜之子。事見本書卷一三二《韓遜傳》。　起復：父母喪未滿或革職官員重被起用。　授朔方軍節度使、檢校太保：“檢校太保”，中華書局本有校勘記：“本書卷九《梁末帝紀》中、卷一三二《韓洙傳》作‘檢校太傅’。”見《輯本舊史》卷九《梁末帝紀》中貞明四年（918）四月己未條。

秋七月，晋王率師自黄澤嶺東下，寇邢洺，[1]魏博節度使楊師厚軍於漳水之東。晋將曹進金來奔，晋軍遂退。[2]

[1]黄澤嶺：山名。在今山西省左權縣東南、河北省武安市西北。爲歷代穿越太行山主要通道之一。　寇邢洺：《舊五代史考異》："案：原本'邢'作'郳'，今據《五代春秋》'七月來侵邢州'改正。"見《五代春秋》卷上梁末帝乾化四年（914）七月條，又見《通鑑》卷二六九乾化四年七月條。

[2]漳水：水名。有清漳水、濁漳水二源，均出山西東南部，在河北南部邊境匯合後稱漳河。　曹進金：人名。籍貫不詳。五代將領。事見本書本卷、卷二八。

九月，徐州節度使王殷反。[1]時朝廷以福王友璋鎮徐方，殷不受代，乃下詔削奪殷在身官爵，仍令却還本姓蔣，便委友璋及天平軍節度使牛存節、開封尹劉鄩等進軍攻討。[2]是時，蔣殷求救於淮南，楊溥遣大將朱瑾率衆來援，存節等逆擊，敗之。[3]

[1]徐州：州名。治所在今江蘇徐州市。　王殷：人名。即蔣殷。河中節度使王重盈養子。後梁太祖時官至宣徽院使。朱友珪篡位稱帝，被任爲徐州節度使。末帝時拒不免官，兵敗自殺。傳見本書卷一三、《新五代史》卷四三。

[2]徐方：指徐州。　牛存節：人名。青州博昌（今山東博興縣）人。唐末、五代將領。傳見本書卷二二、《新五代史》卷二二。

[3]淮南：方鎮名。治所在揚州（今江蘇揚州市）。　楊溥：五代十國吳睿帝，後禪位於徐知誥。傳見《新五代史》卷六一。

朱瑾：人名。宋州下邑（今河南夏邑縣）人。唐末、五代將領。傳見本書卷一三、《舊唐書》卷一八二、《新五代史》卷四二。

貞明元年春，牛存節、劉鄩拔徐州，[1]逆賊蔣殷舉族自燔而死，於火中得其屍，梟首以獻。詔福王友璋赴鎮。

[1]貞明：後梁末帝朱友貞年號（915—921）。　貞明元年春，牛存節、劉鄩拔徐州：《舊五代史考異》：“案：牛存節等克徐州，《薛史》本紀及《蔣殷傳》俱不書月，《五代春秋》及《歐陽史》皆作正月，《通鑑》作二月，據《通鑑考異》引《朱友貞傳》又作乾化四年十一月，疑皆屬傳聞之辭，當以《薛史》爲正。”見《輯本舊史》卷一三《蔣殷傳》、《新五代史》卷三《梁末帝紀》、《通鑑》卷二六九貞明元年（915）二月條。

閏二月甲午，延州節度使、太原西面招討應接使、檢校太師、兼中書令、渤海郡王高萬興進封渤海王。[1]

[1]延州：州名。治所在今陝西延安市。　太原：府名。治所在今山西太原市。　招討應接使：官名。戰時任命，兵罷則省。掌應接諸軍。　高萬興：人名。河西（今甘肅武威市）人。唐末、五代將領，高懷遷之子。傳見本書卷一三二、《新五代史》卷四〇。

三月辛西朔，以天平軍節度副大使、知節度事、兼淮南西北面行營招討應接等使、檢校太傅、同平章事牛存節爲檢校太尉，加食邑一千户，賞平徐之功也。丁卯，以右僕射兼門下侍郎、同平章事、監修國史、[1]判

度支趙光逢爲太子太保致仕。[2]魏博節度使楊師厚薨，
輟視朝三日。初，師厚握强兵、據重鎮，每邀朝廷姑
息，及薨，輟視朝三日，或者以爲天意。租庸使趙巖、
租庸判官邵贊獻議於帝曰："魏博六州，精兵數萬，蠹
害唐室百有餘年。[3]羅紹威前恭後倨，太祖每深含怒。
太祖尸未屬纊，師厚即肆陰謀。蓋以地廣兵强，得肆其
志，不如分削，使如身使臂，即無不從也。陛下不以此
時制之，寧知後人之不爲楊師厚耶！若分割相、魏爲兩
鎮，則朝廷無北顧之患矣。"[4]帝曰："善。"即以平盧軍
節度使賀德倫爲天雄軍節度使，遣劉鄩率兵六萬屯河
朔。[5]詔曰："分疆裂土，雖賞勳勞；建節屯師，亦從機
便。比者魏博一鎮，巡屬六州，爲河朔之大藩，實國家
之巨鎮。[6]所分憂寄，允謂重難；將叶事機，須期通濟。
但緣鎮、定賊境，最爲魏、博親鄰；其次相、衛兩州，
皆控澤潞山口。兩道並連於晋土，[7]分頭常寇於魏封。
既須日有枝梧，[8]未若俱分節制。免勞兵力，困奔命於
兩途；[9]稍泰人心，俾安居於終日。其相州宜建節度爲
昭德軍，[10]以澶、衛兩州爲屬郡，以張筠爲相州節度
使。"[11]己丑，魏博軍亂，囚節度使賀德倫。是時，朝
廷既分魏博六州爲兩鎮，命劉鄩統大軍屯于南樂，以討
王鎔爲名，遣澶州刺史、行營先鋒步軍都指揮使王彥章
領龍驤五百騎先入於魏州，屯於金波亭。[12]詔以魏州軍
兵之半隸于相州，并徙其家焉。又遣主者檢察魏之帑
廩。既而德倫促諸軍上路，姻族辭決，哭聲盈巷。其徒
乃相聚而謀曰："朝廷以我軍府强盛，故設法殘破。況

我六州，歷代藩府，軍門父子，姻族相連，未嘗遠出河門，離親去族，一旦遷於外郡，生不如死。"三月二十九日夜，魏軍乃作亂，放火大掠，首攻龍驤軍，王彥章斬關而遁。遲明，殺德倫親軍五百餘人於牙城，執德倫置之樓上。有効節軍校張彥者，最爲粗暴，膽氣伏人，乃率無賴輩數百，止其剽掠。[13]是日，魏之士庶被屠戮者不可勝紀。

　　[1]右僕射：官名。秦始置。隋、唐前期以左、右僕射佐尚書令總理六官，綱紀庶務；如不置尚書令，則總判省事，爲宰相之職。唐後期多爲大臣加銜。從二品。　門下侍郎：官名。門下省副長官。唐後期三省長官漸爲榮銜，中書侍郎、門下侍郎却因參議朝政而職位漸重，常常用爲以"同三品"或"同平章事"任宰相者的本官。正三品。　監修國史：官名。北齊始置史館，以宰相爲之。唐史館沿置，爲宰相兼職。

　　[2]判度支：官名。度支本爲户部的一司，唐中期以後特派大臣判度支，後來獨立於户部之外，稱度支使或知度支事，或稱勾當支使。與判户部及鹽鐵轉運使合稱三司。至五代後唐，合爲一職，稱三司使。　趙光逢：人名。京兆奉天（今陝西乾縣）人。後梁大臣。傳見本書卷五八、《新五代史》卷三五。　太子太保：官名。與太子太師、太子太傅統稱太子三師。隋唐以後多作加官或贈官。從一品。　以右僕射兼門下侍郎、同平章事、監修國史、判度支趙光逢爲太子太保致仕："趙光逢"，《舊五代史考異》："案：原本‘逢’作‘逯’，今據《唐書》列傳改正。"見《輯本舊史》卷五八《趙光逢傳》，又見《新五代史》卷三《梁末帝紀》貞明元年（915）三月丁卯條，《通鑑》卷二六九貞明元年三月丁卯條。

　　[3]租庸使：官名。唐代爲主持催徵租庸地税的財政官員。後梁、後唐時，租庸使取代鹽鐵、度支、户部，爲主管中央財政的長

官。　　租庸判官：官名。租庸使屬官。　　邵贊：人名。籍貫不詳。
後梁官員。事見本書本卷、卷七。

　　[4]羅紹威：人名。魏州貴鄉（今河北大名縣）人。唐末、五
代軍閥。傳見本書卷一四、《新五代史》卷三九。　　相：州名。治
所在今河南安陽市。　　“租庸使趙巖”至“無北顧之患矣”：《舊
五代史考異》：“案《通鑑考異》引《莊宗列傳》，宰相敬翔與趙
巖、邵贊同議。《薛史》無敬翔名，《通鑑》從《薛史》。”見《通
鑑》卷二六九貞明元年三月丁卯條。

　　[5]平盧軍：方鎮名。治所在青州（今山東青州市）。　　賀德
倫：人名。唐末、五代將領。其先係河西部落人，後居滑州（今河
南滑縣）。傳見本書卷二一、《新五代史》卷四四。　　河朔：古地
區名。泛指黃河下游以北地區。

　　[6]建節：唐朝節度使或經略使受任，皆賜旌節。　　實國家之
巨鎮：中華書局本有校勘記：“‘鎮’，《册府》卷二一四作‘屏’。”
見明本《册府》卷二一四《閏位部·權略門》。

　　[7]博：州名。治所在今山東聊城市。　　衛：州名。治所在今
河南衛輝市。　　澤：州名。治所在今山西澤州縣。　　兩道並連於晉
土：中華書局本有校勘記：“‘晉土’，《大事記續編》卷七二引
《舊史》《册府》卷二一四作‘并晉’。”

　　[8]既須日有枝梧：中華書局本有校勘記：“‘枝梧’，原作
‘戰爭’，據《大事記續編》卷七二引《舊史》《册府》卷二一四
改。《舊五代史考異》卷一：‘案原本脫“戰爭”二字，今據《册
府元龜》增入。’按今檢《册府》引文無‘戰爭’二字。”

　　[9]困奔命於兩途：中華書局本有校勘記：“‘困’，原作
‘因’，據《册府》卷二一四改。”

　　[10]昭德軍：方鎮名。治所在相州（今河南安陽市）。　　其相
州宜建節度爲昭德軍：“昭德軍”，中華書局本有校勘記：“‘軍’字
原闕，據殿本、彭校、《册府》卷二一四補。”

　　[11]張筠：人名。海州（今江蘇連雲港市海州區）人。五代

將領。傳見本書卷九〇、《新五代史》卷四七。

[12]南樂：縣名。治所在今河南南樂縣。　王鎔：人名。回鶻人。唐末、五代軍閥。傳見本書卷五四、《新五代史》卷三九。金波亭：亭名。位於魏州城（今河北大名縣東）內。

[13]河門：地名。位於今河北大名縣東北。　張彥：人名。籍貫不詳。五代後梁軍校。事見本書本卷。

夏四月，[1]帝聞之，遣使齎詔安撫，仍許張彥除郡厚賜，將士優賞。彥等不遜，投詔於地，侮罵詔使，因迫德倫飛奏，請却復相、衛，抽退劉鄩軍。帝復遣諭曰：“制置已定，不可改易。”如是者三。彥等奮臂南向而罵曰：“傭保兒，敢如是也！”復迫德倫列其事。時有文吏司空頲者，[2]甚有筆才，彥召見，謂曰：“爲我更草一狀，詞宜抵突，如更敢違，則渡河擄之。”乃奏曰：“臣累拜封章，上聞天聽，在軍衆無非共切，何朝廷皆以爲閑。半月三軍切切，而戈矛未息；一城生聚皇皇，而控告無門。惟希俯鑒丹衷，苟從衆欲，須垂聖允，斷在不疑。如或四向取謀，但慮六州俱失，言非意外，事在目前。”張彥又以楊師厚先兼招討使，請朝廷依例授之，故復逼德倫奏曰：“臣當道兵甲素精，貔貅極銳，[3]下視并汾之敵，平吞鎮、定之人。特乞委臣招討之權，試臣湯火之節，苟無顯効，任賜明誅。”詔報曰：“魏博寇敵接連，封疆懸遠，凡於應赴，須在師徒。是以別建節旄，各令捍禦，并、鎮則委魏博控制，澤潞則遣相衛枝梧。咸逐便安，貴均勞逸，已定不移之制，宜從畫一之規。至於征伐事權，亦無定例。且臨清王領鎮之日，^[4]羅紹威守藩以來，所領事銜，本無招討。祇自楊師厚先除陝、滑二帥，皆以招討兼權，因兹帶過鄴中，原本不曾落下。苟循事體，寧害施行。況今劉鄩指鎮、定出征，康懷英往邠、岐進討，祇令統帥師旅，亦無招討使銜。切宜徧諭群情，勿興浮議，倚注之意，卿宜體之。"^[5]詔至，張彥壞裂，抵之於地，謂德倫曰："梁主不達時機，聽人穿鼻，城中擾攘，未有所依。我甲兵雖多，須資勢援，河東晉王統兵十萬，匡復唐朝，世與大梁仇讎，若與我同力，事無不濟。請相公改圖，以求多福。"德倫不得已而從之，乃遣牙將曹廷隱奉書求援於太原。^[6]彥使德倫告諭軍城曰："可依河東稱天祐十二年，^[7]此後如有人將文字於河南往來，便仰所在處置。"是月，邠州留後李保衡以城歸順。^[8]保衡，楊崇本養子也。崇本乃李茂貞養子，任邠州二十餘年，去歲爲其子彥魯所毒。^[9]彥魯領知州事五十餘日，保衡殺彥魯送款於帝，即以保衡爲華州節度使，以河陽留後霍彥威爲邠州節度使。^[10]

[1]夏四月：《舊五代史考異》："案《通鑑》：夏四月，帝遣供奉官扈異撫諭魏軍。""夏四月"三字原闕，據《通鑑》卷二六九貞明元年四月條補。

[2]司空頲：人名。貝州清陽（今河北清河縣）人。五代官員。傳見本書卷七一、《新五代史》卷五四。

[3]貔（pí）貅（xiū）：傳說中的猛獸。多比喻勇猛的戰士。

[4]臨清王：即羅弘信。魏州貴鄉（今河北大名縣）人。唐末軍閥。傳見《舊唐書》卷一八一、《新唐書》卷二一〇。　且臨清

王領鎮之日：《輯本舊史》之影庫本粘籤："臨清王，原本作'臨清生'，考《舊唐書》：魏博節度使羅弘信封臨清王，今改正。"見《舊唐書》卷一八一《羅弘信傳》，又見《宋本册府》卷一二九《帝王部·封建門》唐昭宗光化元年（898）九月條。

[5]鄴中：即鄴城。治所在今河北大名縣。　邠：州名。治所在今陝西彬縣。　岐：唐州名。治雍縣（今陝西鳳翔縣）。唐中後期稱鳳翔府，五代因之。此爲舊稱。

[6]穿鼻：比喻操縱、控制。　曹廷隱：人名。魏州（今河北大名縣）人。五代將領。傳見本書卷七一。　乃遣牙將曹廷隱奉書求援於太原：《輯本舊史》之影庫本粘籤："廷隱，原本作'延隱'，今據曹廷隱本傳改正。"見《輯本舊史》卷七一《曹廷隱傳》，又見《宋本册府》卷七六六《總録部·攀附門二》。

[7]天祐：唐昭宗李曄開始使用的年號（904）。唐哀帝李柷即位後沿用（904—907）。唐亡後，河東李克用、李存勗仍稱天祐，沿用至天祐二十年（923）。五代其他政權亦有行此年號者，如南吳、吳越等，使用時間長短不等。　可依河東稱天祐十二年：中華書局本有校勘記："'十二年'，原作'十三年'，據劉本改。按唐天祐四年爲梁所代，晉沿用天祐年號，至此時當爲天祐十二年。"

[8]李保衡：人名。楊崇本養子。事見本書本卷、卷一三、卷六四。　是月，邠州留後李保衡以城歸順："是月"，中華書局本有校勘記："《册府》卷二一七繫其事於四月。按本卷上文云'帝聞之，遣使齎詔安撫'，據注文引《通鑑》，已是夏四月間事，則此'是月'當指四月。"見明本《册府》卷二一七《閏位部·交侵門》。"邠州留後李保衡以城歸順"，《舊五代史考異》："案：《通鑑考異》引《蜀書·劉知俊傳》，保衡作彥康，蓋保衡爲楊崇本養子，故名彥康，迨殺其子彥魯而降梁，始復其本姓名也。《五代春秋》《歐陽史》《通鑑》俱從《薛史》作保衡。"見明本《册府》卷二一五《閏位部·招懷門》、《通鑑》卷二六九貞明元年四月條《考異》、《新五代史》卷三《梁末帝紀》、《五代春秋》末帝貞明元

年三月條。

　　[9]楊崇本：人名。籍貫不詳。李茂貞養子，唐末、五代軍閥。
傳見本書卷一三、《新五代史》卷四〇。　　李茂貞：人名。深州博
野（今河北蠡縣）人。唐末、五代軍閥。傳見本書卷一三二、《新
五代史》卷四〇。　　彦魯：人名。即楊彦魯。籍貫不詳。楊崇本之
子。事見本書本卷、卷一三。

　　[10]河陽：方鎮名。全稱“河陽三城”。治所在孟州（今河南
孟州市）。　　霍彦威：人名。洺州曲周（今河北曲周縣）人。霍存
養子。後梁、後唐將領。傳見本書卷六四、《新五代史》卷四六。

　　五月，晋王率師赴魏州。鄆州節度使牛存節薨。[1]
是月，鳳翔李茂貞遣僞署涇州節度使劉知俊率師攻邠
州，以李保衡歸順故也。[2]自是凡攻圍十四月，節度使
霍彦威、諸軍都指揮使黃貴堅守捍寇，會救軍至，岐人
乃退。[3]

　　[1]鄆州節度使牛存節薨：中華書局本有校勘記：“‘鄆州’二
字原闕，據邵本校補。另牛存節墓誌（拓片刊《河洛墓刻拾零》）
記其卒於六月。”見《河洛墓刻拾零》四八〇。
　　[2]鳳翔：方鎮名。治所在鳳翔府（今陝西鳳翔縣）。　　涇州：
州名。治所在今甘肅涇川縣。　　劉知俊：人名。徐州沛縣（今江蘇
沛縣）人。唐末、五代軍閥。傳見本書卷一三、《新五代史》卷
四四。
　　[3]黃貴：人名。籍貫不詳。五代將領。事見本書本卷、卷九。

　　六月庚寅，晋王入魏州，以賀德倫爲大同軍節度
使，舉族遷於晋陽。是月，晋人陷德州。[1]

卷
八

梁
書
八

末
帝
紀
上

[1]大同軍：方鎮名。治所在雲州（今山西大同市）。　德州：州名。治所在今山東德州市陵城區。

秋七月，又陷澶州，刺史王彥章棄城來奔。[1]是月，劉鄩自洹水潛師由黃澤路西趨晉陽，至樂平縣，值霖雨積旬，乃班師還。[2]次宗城，遂至貝州，軍於堂邑。遇晉軍，轉鬭數十里，晉軍稍退。翌日，鄩移軍于莘。[3]

[1]又陷澶州，刺史王彥章棄城來奔：《舊五代史考異》：“案《通鑑》：晉人夜襲澶州，刺史王彥章在劉鄩營，晉人獲其妻子。《薛史·王彥章傳》亦云：晉人攻陷澶州，彥章舉家陷没。是澶州陷時，彥章未嘗在城也。”見《通鑑》卷二六九貞明元年（915）七月條、《輯本舊史》卷二一《王彥章傳》。

[2]洹水：河流名。即今河南北部安陽河。源出山西，北入衛河。　黃澤：地名。位於今山西左權縣東南。　樂平縣：縣名。治所在今山西昔陽縣。

[3]宗城：縣名。治所在今河北威縣。　堂邑：縣名。治所在今山東冠縣。　莘：縣名。治所在今山東莘縣。

八月，賀瓌收復澶州。[1]

[1]賀瓌：人名。濮陽（今河南濮陽市）人。後梁將領。傳見本書卷二三、《新五代史》卷二三。

九月，以行營先鋒步軍都指揮使、行澶州刺史、檢校太保王彥章爲汝州防禦使，[1]依前行營先鋒步軍都指揮使。壬午，正衙命使册德妃張氏。是夕，妃薨。[2]

[1]防禦使：官名。唐代始置，設有都防禦使、州防禦使兩種。常由刺史或觀察使兼任，實際上爲唐代後期州或方鎮的軍政長官。

以行營先鋒步軍都指揮使、行澶州刺史、檢校太保王彦章爲汝州防禦使：《舊五代史考異》：“案：原本汝州作‘許州’，今據《通鑑》改正。”檢《通鑑》卷二六九貞明元年（915）七月條未見，見本書卷二一《王彦章傳》。

[2]正衙：即正殿。唐代以大明宫宣政殿爲正衙。唐後期以來，在正衙舉行的每日朝參，亦稱正衙。 德妃張氏：人名。後梁末帝之妃。傳見本書卷一一、《新五代史》卷一三。

冬十月辛亥，康王友孜謀反，[1]伏誅。是夕，帝於寢殿熟寐，忽聞御榻上寶劍有聲，帝遽起視之，而友孜之黨已入於宫中，帝揮之獲免。[2]壬子，[3]葬德妃張氏。

[1]友孜：人名。即朱友孜。朱温第八子。傳見本書卷一二、《新五代史》卷一三。 康王友孜謀反：《舊五代史考異》：“案：《通鑑》友孜作友敬，與《薛史》異。”見《通鑑》卷二六九貞明元年（915）十月辛亥條。《新五代史》卷三《梁末帝紀》、卷一三《梁家人傳》與《薛史》同。

[2]“是夕”至“帝揮之獲免”：《舊五代史考異》：“案《清異錄》：末帝夜于寢間擒刺客，乃康王友孜所遣，帝自戮之，造雲母匣貯所用劍，名匣曰‘護聖將軍之館’。”見《清異錄》卷四聖將軍條。

[3]壬子：中華書局本有校勘記：“原作‘壬午’，據殿本改。按是月戊子朔，無壬午，壬子爲二十五日。”

十一月乙丑，改乾化五年爲貞明元年。[1]

[1]十一月乙丑，改乾化五年爲貞明元年：《舊五代史考異》："案：《吳越備史》作正月壬辰朔，改元大赦。《歐陽史》《五代春秋》及《通鑑》俱從《薛史》作十一月。"見《新五代史》卷三《梁末帝紀》、《通鑑》卷二六九貞明元年（915）十一月乙丑條。

十二月乙未，詔昇華原縣爲崇州静勝軍，以美原縣爲裕州，以爲屬郡。[1]以僞命義勝軍節度使、鼎耀等州觀察使、[2]特進、檢校太保、同平章事李彦韜爲特進、檢校太傅、同平章事，充静勝軍節度使、崇裕等州觀察使、河内郡開國侯，仍復本姓温，名昭圖。[3]昭圖，華原賊帥也。李茂貞以爲養子，以華原爲耀州、美原爲鼎州，僞命昭圖爲節度使。至是歸款，故有是命。

[1]華原縣：縣名。治所在今陝西銅川市耀州區。　崇州：州名。治所在今陝西銅川市耀州區。　美原縣：縣名。治所在今陝西富平縣美原鎮。

[2]義勝軍：方鎮名。治所在耀州（今陝西銅川市耀州區）。　鼎：州名。治所在今陝西富平縣美原鎮。　耀：州名。治所在今陝西銅川市耀州區。

[3]河内郡：地名。治所在懷州（今河南沁陽市）。　昭圖：人名。即温昭圖。本名温韜。華原（今陝西銅川市耀州區）人。後梁、後唐將領。傳見本書卷七三、《新五代史》卷四○。

貞明二年春正月庚申，以皇伯父宋州節度使、開府儀同三司、檢校太師、兼中書令、廣王全昱爲守中書令，餘如故。[1]以浙江東道營田副使、檢校太傅、前常州刺史杜建徽遙領涇州節度使。[2]

[1]全昱：人名。即朱全昱，朱温的兄長。傳見本書卷一二、《新五代史》卷一三。　"貞明二年春"至"餘如故"：《舊五代史考異》："案《通鑑》：二年春正月，宣武節度使、守中書令、廣德靖王全昱卒。"見《通鑑》卷二六九貞明二年（916）正月條。

[2]浙江東道：方鎮名。治所在越州（今浙江紹興市）。　營田副使：官名。唐、五代軍屯州設營田使，由節度使兼任。副使協理。　常州：州名。治所在今江蘇常州市。　杜建徽：人名。新城（今浙江杭州市富陽區新登鎮）人。曾任吳越宰相。事見本書本卷、卷九、卷四四、卷八二。

二月丙申，右僕射、門下侍郎、平章事、諸道鹽鐵轉運等使楊涉罷相，守左僕射。[1]涉累上章以疾辭位，故有是命。是月，命許州節度使王檀、河陽節度使謝彥章、汝州防禦使王彥章率師自陰地關抵晉陽，[2]急攻其壘，不克而旋。

[1]諸道鹽鐵轉運使：官名。主管漕運、鹽鐵專賣等政務。唐末、五代常由宰相兼任。　楊涉：人名。同州馮翊（今陝西大荔縣）人。唐宰相楊收之孫，吏部尚書楊嚴之子。唐哀帝時拜中書侍郎、同中書門下平章事。傳見《新五代史》卷三五。

[2]王檀：人名。京兆（今陝西西安市）人。後梁將領。傳見本書卷二二、《新五代史》卷二三。　謝彥章：人名。許州（今河南許昌市）人。後梁將領。傳見本書卷一六、《新五代史》卷二三。　陰地關：關隘名。位於今山西靈石縣西南。　汝州防禦使王彥章率師自陰地關抵晉陽：中華書局本有校勘記："'汝州'原作'鄭州'，據殿本改。按本書卷二一《王彥章傳》及本卷上下文，彥章貞明元年八月爲汝州防禦使，至貞明二年四月方改鄭州防禦使。"

　　三月，劉鄩率師與晉王大戰於故元城，[1]鄩軍敗績。先是，鄩駐於莘，帝以河朔危急，師老於外，餉饋不充，遣使賜鄩詔，微有責讓。鄩奏以寇勢方盛，未可輕動。帝又問鄩決勝之策，鄩奏曰：“但人給粮十斛，盡則破敵。”帝不悦，復遣促戰。鄩召諸將會議，諸將欲戰，鄩默然。一日，鄩引軍攻鎮定之營，[2]彼衆大駭，上下騰亂，俘斬甚衆。時帝遣偏將楊延直領軍萬餘人屯澶州以應鄩，[3]既而晉王詐言歸太原，劉鄩以爲信。是月，召楊延直會于魏城下，鄩自莘率軍亦至，與延直會。既而晉王自貝州至，鄩引軍漸退，至故元城西，與晉人決戰，大爲其所敗。追襲至河上，軍士赴水死者甚衆，鄩自黎陽濟河奔滑州。己巳，制以鄩爲滑州宣義軍節度副大使、知節度事。晉人攻衛州，陷之，又陷惠州。[4]

　　[1]元城：縣名。治所在今河北大名縣。　劉鄩率師與晉王大戰於故元城：中華書局本有校勘記：“‘故’字原闕，據殿本、本書卷二三《劉鄩傳》、《册府》卷四四三、《新五代史》卷三《梁本紀》及本卷下文補。”見明本《册府》卷四四三《將帥部・敗衄門三》。

　　[2]鄩引軍攻鎮定之營：中華書局本有校勘記：“‘鄩’字原闕，據《册府》卷二一七、卷四四三補。”見明本《册府》卷二一七《閏位部・交侵門》。

　　[3]楊延直：人名。籍貫不詳。五代後梁將領。事見本書本卷、卷九、卷二八。　時帝遣偏將楊延直領軍萬餘人屯澶州以應鄩：《輯本舊史》之影庫本粘籤：“楊延直，原本作‘廷直’，今據《歐陽史》改正。”見《新五代史》卷三《梁末帝紀》，又見《通鑑》

卷二六九貞明二年（916）二月條。

　　[4]魏城：地名。位於今河北魏縣。　　黎陽：縣名。治所在今河南浚縣。　　惠州：州名。唐天祐三年（906）改磁州置，治所在今河北磁縣。

　　夏四月乙酉朔，威武軍節度使、守太傅、兼中書令、閩王王審知賜號忠勤保安興國功臣，[1]餘如故。晋人陷洺州。癸卯夜，捉生都將李霸作亂，龍驤都將杜晏球討平之。[2]時遣捉生軍千人戍楊劉，軍出宋門外。是夜，由水門復入，二鼓大譟，火發燭城，李霸與其徒燔建國門，不克。[3]龍驤都將杜晏球屯鞠場，聞亂兵至，率騎擊之，亂軍退，走馬登建國門。晏球奏曰：“亂者惟李霸一軍，但守宮城，遲明臣必破之。”未明，晏球誅霸及其同惡，京師方定。是月，以行營先鋒步軍都指揮使、汝州防禦使王彥章爲鄭州防禦使，依前先鋒步軍都指揮使。

　　[1]威武軍：方鎮名。治所在福州（今福建福州市）。　　王審知：人名。光州固始（今河南固始縣）人。五代十國閩國建立者。909年至925年在位。傳見本書卷一三四、《新五代史》卷六八。

　　[2]捉生：部隊番號。　　都將：官名。唐、五代時節度使屬將。李霸：人名。籍貫不詳。後梁將領。事見本書本卷、卷六四。杜晏球：人名。又名王晏球。籍貫不詳。五代將領。傳見本書卷六四。

　　[3]楊劉：地名。黃河渡口。位於今山東東阿縣。　　宋門：城門名。位於今河南開封市。　　建國門：宮城門。爲開封皇城南門。

　　五月，晋軍還太原。六月，晋人急攻邢州，帝遣捉生都將張溫率步騎五百人入于邢州，[1]至内黄，[2]溫率衆降於晋人。

　　[1]張溫：人名。魏州魏縣（今河北魏縣）人。後梁、後唐將領。傳見本書卷五九。　　帝遣捉生都將張溫率步騎五百人入于邢州：《輯本舊史》之影庫本粘籤：“張溫，原本作‘章溫’，今據《歐陽史》及《通鑑》改正。”見《新五代史》卷三《梁末帝紀》貞明二年（916）六月條、《通鑑》卷二六九貞明二年六月條，“捉生都將”，《通鑑》作“捉生都指揮使”。
　　[2]内黄：縣名。治所在今河南内黄縣。

　　秋七月甲寅朔，晋王自太原至魏州，相州節度使張筠棄城奔京師，[1]邢州節度使閻寶以城降於晋王。[2]壬戌，以淮南鎮海鎮東等軍節度使、[3]充淮南宣潤等道四面行營都統、[4]開府儀同三司、尚父、守尚書令、吳越王錢鏐爲諸道兵馬元帥，餘如故。以左僕射楊涉爲太子太傅致仕。[5]

　　[1]相州節度使張筠棄城奔京師：中華書局本有校勘記：“‘相州’二字原闕，據邵本校補。按本卷上文‘以張筠爲相州節度使’。”
　　[2]閻寶：人名。鄆州（今山東東平縣）人。五代後梁、後唐將領。傳見本書卷五九、《新五代史》卷四四。
　　[3]鎮海：方鎮名。治所在潤州（今江蘇鎮江市）。　　鎮東：方鎮名。治所在越州（今浙江紹興市）。　　行營都統：官名。唐末、五代設諸道行營都統，作爲各道出徵兵士的統帥。

　　[4]宣：州名。治所在今安徽宣城市。　　潤：州名。治所在今
江蘇鎮江市。

　　[5]尚父：尊號名。意爲可尊尚的父輩。　　錢鏐：人名。杭州
臨安（今浙江杭州市）人。五代時期吳越國的建立者。傳見本書卷
一三三、《新五代史》卷六七。　　諸道兵馬元帥：官名。唐末、五
代臨時設置的高級軍事指揮官。

　　八月丁酉，以開府儀同三司、太子太保致仕趙光逢
爲司空兼門下侍郎、同平章事、弘文館大學士、延資庫
使，充諸道鹽鐵轉運使。[1]

　　[1]弘文館大學士：官名。唐初設弘文館，後設學士、大學士。
大學士常由次相兼任。　　延資庫使：官名。唐宣宗大中三年（849）
改備邊庫爲延資庫，專門儲備全國軍費。長官稱延資庫使，以宰相
兼任。後梁延續這一制度。參見杜文玉《五代十國制度研究》，人
民出版社 2006 年版，第 146—147 頁。　　以開府儀同三司、太子太
保致仕趙光逢爲司空兼門下侍郎、同平章事、弘文館大學士、延資
庫使："同平章事"，中華書局本沿《輯本舊史》原作"平章事"，
據《新五代史》卷三《梁末帝紀》貞明二年（916）八月丁酉條、
《通鑑》卷二六九貞明二年八月丁酉條補。《輯本舊史》之影庫本
粘籤："延資庫使，原本作'延貨'，考《五代會要》，五代承唐制，
多以宰相兼領延資庫使，今改正。"見《會要》卷一五延資庫
使條。

　　九月，晋王還太原。滄州節度使戴思遠棄城來奔。
晋人陷貝州。[1]己卯，天平軍節度副大使、知節度事、
檢校太師、兼中書令、瑯琊郡王王檀薨。[2]

[1]晋人陷貝州：《舊五代史考異》："案：《歐陽史》作晋人克貝州，守將張源德死之。又《死事傳》云：貝人勸源德出降，源德不從，遂見殺。《通鑑考異》引《莊宗實錄》：源德聞河北皆平，有翻然之志，謀於衆，衆懼其歸罪，因殺源德。是源德之死，傳聞異詞，故《薛史》不取。"中華書局本引殿本："《歐陽史》本紀：二年九月，晋人克貝州，守將張源德死之。又《死事傳》略云：太祖時，源德自金吾衛將軍爲蔡州刺史。貞明元年，魏博節度使楊師厚卒，末帝分魏、相等六州爲兩鎮，遣劉鄩將兵萬人屯于魏。魏軍叛降晋，源德爲鄩守貝州。晋王入魏，諸將欲先擊貝州，晋王曰：'貝城小而堅，攻之難卒下。'乃先襲破德州，然後以兵五千攻源德，源德堅守不下，晋軍塹而圍之。已而劉鄩大敗于故元城，南走黎陽，六鎮數十州之地皆歸晋，獨貝一州，圍之踰年不可下。源德守既堅，而貝人聞晋已盡有河北，城中食且盡，乃勸源德出降，源德不從，遂見殺。"中華書局本引孔本："《通鑑考異》引《莊宗實錄》云：賊將張源德固守貝州，既聞河北皆平，而有翻然之志，詢謀於衆。群賊皆河南人，懼其歸罪，不從，因殺源德，噉人爲糧，因守其城。王師歷年攻圍，賊既食竭，呼我大將曰：'今欲請罪，懼晋王不我赦，請衿甲持兵而見，已即解之，如何？'報曰：'無便於此者。'賊衆三千，衿甲出降。我將甘言喻之，俱釋兵解甲。既而四面陳兵殺之。與《歐陽史》異。今考《歐陽史》，多前後互異。如魏博軍亂，《本紀》作元年，《傳》作三年；張源德死，《紀》作二年，據《傳》當在四年。《紀》《傳》自相矛盾，恐不足據。《薛史》不載張源德事，附識於此。"見《新五代史》卷三《梁末帝紀》、卷三三《張源德傳》、《通鑑》卷二六九貞明二年（916）九月條《考異》。

[2]天平軍：方鎮名。治所在鄆州（今山東東平縣）。　瑯琊郡王王檀薨：《舊五代史考異》："案：《五代春秋》作盜殺鄆州王檀。"見《五代春秋·末帝》，又《通鑑》卷二六九貞明二年九月條"瑯琊郡王"作"瑯琊忠毅郡王"。

十月丁酉，[1]以開府儀同三司、中書侍郎兼吏部尚書、同平章事、集賢殿大學士、判户部敬翔爲右僕射兼門下侍郎、平章事、監修國史，判度支。[2]以光禄大夫、中書侍郎、同平章事鄭珏爲特進、兼刑部尚書、平章事、集賢殿大學士，判户部。[3]十月，晋王自太原至魏州。是月，前昭義軍節度使、檢校太師、兼侍中、陳留郡王葛從周薨。[4]

[1]十月丁酉：“十月”，中華書局本有校勘記：“原作‘八月’，據彭校、《通鑑》卷二六九《考異》引《薛史》、《册府》卷一九九改。”見《宋本册府》卷一九九《閏位部·命相門》、《通鑑》卷二六九貞明二年（916）十月丁酉條《考異》。但《通鑑考異》只言鄭珏，未言敬翔。

[2]吏部尚書：官名。尚書省吏部最高長官，與二侍郎分掌六品以下文官選授、勳封、考課之政令。正三品。　集賢殿大學士：官名。唐中葉置，位在學士之上，以宰相兼。掌修書之事。　判户部：官名。即判户部事。尚書省户部長官。　敬翔：人名。同州馮翊（今陝西大荔縣）人。後梁大臣。傳見本書卷一八、《新五代史》卷二一。

[3]鄭珏：人名。滎陽（今河南滎陽）人。後梁、後唐宰相。傳見本書卷五八、《新五代史》卷五四。　刑部尚書：官名。尚書省刑部主官。掌天下刑法及徒隸、勾覆、關禁之政令。正三品。

[4]昭義軍：方鎮名。治所在潞州（今山西長治市）。　葛從周：人名。濮州甄城（今山東鄄城縣）人。唐末、五代將領。傳見本書卷一六、《新五代史》卷二一。

是歲，河北諸州悉入於晋。[1]

［1］是歲，河北諸州悉入於晋：《大典》卷六六〇五"梁"字韻"末帝（一）"事目。

舊五代史　卷九

梁書九

末帝紀中

　　貞明三年春正月戊午，以前淄州刺史高允奇爲右羽林統軍。[1]癸亥，以前天平軍馬步軍都指揮使、檢校太保朱勍爲懷州刺史。[2]癸酉，以右天武軍使石釗爲密州刺史。[3]戊寅，以前懷州刺史李建爲安州刺史，仍賜名知節。[4]己卯，以宣義軍節度副大使、知節度事、北面行營副招討等使、特進、檢校太傅霍彥威爲天平軍節度副大使，知節度事。[5]

　　[1]貞明：後梁末帝朱友貞年號（915—921）。　淄州：州名。治所在今山東淄博市淄川區。　刺史：官名。漢武帝始置。州一級行政長官。總掌考覈官吏、勸課農桑、地方教化等事。唐中期以後，節度使、觀察使轄州而設，刺史爲其屬官，職任漸輕。從三品至正四品下。　高允奇：人名。籍貫不詳。五代後梁將領。本書僅此一見。　右羽林統軍：官名。唐、五代右羽林軍統兵官。至德二

載（757）唐肅宗置禁軍，也叫神武天騎，分爲左右神武天騎、左右羽林、左右龍武等六軍，稱"北衙六軍"。從二品。

[2]天平軍：方鎮名。治所在鄆州（今山東東平縣）。　馬步軍都指揮使：官名。五代時侍衛親軍長官。多爲皇帝親信。　檢校太保：官名。爲散官或加官，以示恩寵，無實際執掌。　朱勍：人名。籍貫不詳。後梁、後唐將領。事見本書本卷。　懷州：州名。治所在今河南沁陽市。

[3]右天武軍使：官名。右天武軍，禁軍名。《五代會要·京城諸軍》記梁開平二年（908）十二月，改左右天武爲左右龍虎軍，左右龍虎軍爲左右天武軍，與左右天威軍、左右英武軍合稱六軍，以勳戚舊臣領之。統兵官爲軍使。　石釗：人名。籍貫不詳。後梁將領。本書僅此一見。　密州：州名。治所在今山東諸城市。

[4]李建：人名。籍貫不詳。後梁將領。本書僅此一見。　安州：州名。治所在今湖北安陸市。

[5]宣義軍：方鎮名。治所在滑州（今河南滑縣）。　節度副大使：官名。方鎮中僅次於節度使之使職，如持節，則位同於節度使。　知節度事：官名。方鎮實際掌權者。"以宣義軍節度副大使、知節度事"，《舊五代史考異》："案：原本脱'副'字，考《新唐書·百官志》及《五代會要》，副大使爲藩鎮官爵，今增入。"見《新唐書》卷四九《百官志四》。《會要》卷二四雜錄條云："（天成）二年七月敕：頃因本朝親王，遙領方鎮，其在鎮者遂云副大使知節度事。"但此爲後唐時事。　北面行營副招討使：官名。不常置，爲一路或數路地區統兵官。掌招撫討伐等事務。兵罷則省。位於招討使下。　特進：官名。西漢末期始置，授給列侯中地位較特殊者。隋唐時期，特進爲文散官，授給有聲望的官員。正二品。霍彥威：人名。洺州曲周（今河北曲周縣）人。五代後梁將領霍存養子。後梁、後唐將領。傳見本書卷六四、《新五代史》卷四六。

二月甲申，晋王攻我黎陽，劉鄩拒之而退。[1]乙酉，前蔡州刺史董璋權知宣義軍軍州事。[2]丁亥，以前右羽林軍統軍梁繼業爲左衛上將軍。[3]壬辰，以租庸判官、檢校司徒張紹珪爲光禄卿，依前充租庸判官。[4]癸巳，以權知平盧軍軍州事、客省使、知銀臺事元湘爲檢校司空。[5]甲午，以飛龍使婁繼英爲左武衛大將軍。[6]

[1]晋王：指李存勗。代北沙陀部人。後唐開國皇帝。紀見本書卷二七至卷三四、《新五代史》卷四、卷五。　黎陽：縣名。治所在今河南浚縣。　劉鄩：人名。密州安丘（今山東安丘市）人。唐末、五代將領。傳見本書卷二三、《新五代史》卷二二。

[2]蔡州：州名。治所在今河南汝南縣。　董璋：人名。籍貫不詳。五代後梁、後唐將領。傳見本書卷六二、《新五代史》卷五一。　宣義軍：方鎮名。治所在滑州（今河南滑縣）。　權知軍州事：官名。簡稱知州。州級軍政長官。權代表暫時委任的差遣。

[3]梁繼業：人名。籍貫不詳。五代將領。本書僅此一見。左衛上將軍：官名。唐置，掌宮禁宿衛。唐代置十六衛，即左右衛、左右驍衛、左右武衛、左右威衛、左右領軍衛、左右金吾衛、左右監門衛、左右千牛衛，各置上將軍，從二品；大將軍，正三品；將軍，從三品。

[4]租庸判官：官名。租庸使屬官。租庸使，唐代爲主持催徵租庸地稅的財政官員。後梁、後唐時，租庸使取代鹽鐵、度支、户部的長官，主管中央財政。　檢校司徒：官名。爲散官或加官，以示恩寵，無實際執掌。　張紹珪：人名。籍貫不詳。五代後梁、後唐官員。事見本書本卷、卷一〇、卷三一。　光禄卿：官名。南朝梁天監七年（508）改光禄勳置，隋唐沿置。掌宮殿門户、帳幕器物、百官朝會膳食等。從三品。

[5]平盧軍：方鎮名。治所在青州（今山東青州市）。　客省

使：官名。唐代宗時始置，五代沿置。客省長官，掌接待四方奏計及外族使者。　知銀臺事：官名。掌部分文書的傳達。到宋代成爲專設機構銀臺司。參見李全德《通進銀臺司與宋代的文書運行》，《中國史研究》2008 年第 2 期。　元湘：人名。籍貫不詳。五代官員。本書僅此一見。

　　[6]飛龍使：官名。唐武則天時始置，初以宦官爲之，掌仗内飛龍厩馬，玄宗天寶時猶屬閑厩使，代宗以後閑厩御馬皆歸之。其長官爲飛龍使。　婁繼英：人名。籍貫不詳。五代後梁、後唐、後晋將領。傳見《新五代史》卷五一。　左武衛大將軍：官名。唐置，掌宫禁宿衛。唐代十六衛之一。正三品。

　　三月庚申，以前平戎軍使、檢校司徒郭紹賓爲禧州刺史。[1]辛酉，以前天平軍節度副使裴彦爲隨州刺史。[2]戊寅，湖州刺史錢傳璟、蘇州刺史錢傳璙、[3]鎮海軍節度副使錢傳瓘、温州刺史錢傳璲、[4]睦州刺史錢傳璹、[5]寶州刺史錢傳瓘、[6]明州刺史錢傳球、義州刺史錢傳琇、[7]峯州刺史錢傳珦、[8]巒州刺史錢傳琰、鎮海軍都知兵馬使錢傳璛等凡一十一人，[9]並加官勳階爵，[10]從吴越王錢鏐之請也。[11]

　　[1]平戎軍：禁軍番號。　郭紹賓：人名。籍貫不詳。唐末、五代將領。事見本書本卷、卷一六、卷二一。　禧州：州名。五代後梁開平三年（909）改翟州置，治所在今陝西洛川縣。

　　[2]節度副使：官名。唐、五代方鎮屬官。位於行軍司馬之下、判官之上。　裴彦：人名。籍貫不詳。五代後梁官員。事見本書卷二二。　隨州：州名。治所在今湖北隨州市。

　　[3]湖州：州名。治所在今浙江湖州市。　錢傳璟：人名。吴

越大臣。事見本書本卷、卷一〇。　蘇州：州名。治所在今江蘇蘇州市。　錢傳璙：人名。吳越官員。事見本書本卷。錢傳璙，《舊五代史考異》："原本作'傳珏'，今據《十國春秋》改正。"《十國春秋》爲清人吳任臣撰，傳璙之名，見《吳越備史》卷一貞明三年（917）三月條，又見《通鑑》卷二六六開平元年三月、四月戊午等條。

[4]鎮海軍：方鎮名。治所在潤州（今江蘇鎮江市）。　錢傳瓘：人名。吳越官員。事見《通鑑》卷二六四、卷二六六、卷二六八、卷二七〇。　溫州：州名。治所在今浙江溫州市。　錢傳璲：人名。吳越官員。本書僅此一見。

[5]睦州：州名。治所在今浙江建德市。　錢傳璹：人名。吳越官員。本書僅此一見。"睦州刺史錢傳璹"，中華書局本有校勘記："原作'錢傳琇'，據邵本校、《舊五代史考異》卷一引文改。按《十國春秋》卷八三：'元懿，字秉徽，初名傳璹，已又名傳懿，後更今名。'《通鑑》卷二七六於後唐天成三年仍稱'傳璹'，時後梁貞明三年，其應尚未改名傳懿。"見《通鑑》卷二七六天成三年（928）閏八月丁未條。

[6]竇州：州名。治所在今廣東信宜市。中華書局本有校勘記："'竇州'，原作'寶州'，據邵本校、《舊五代史考異》卷一引文、《吳越備史》卷一改。"又見《十國春秋》卷七八《吳越世家》及卷八三《餘姚侯傳瓘傳》，又據《新唐書》卷四三下《地理志七》，竇州隸黔州都督府，《新唐書》卷四三上《地理志六》，竇州隸嶺南。　錢傳瓘：人名。吳越官員。本書僅此一見。

[7]明州：州名。治所在今浙江寧波市。　錢傳球：人名。吳越官員。事見《通鑑》卷二七〇。　義州：州名。治所在今浙江義烏市。　錢傳琇：人名。吳越官員。本書僅此一見。

[8]峯州：州名。治所在今浙江省嵊州市。　錢傳珦：人名。吳越官員。事見《通鑑》卷二六九。"峯州刺史錢傳珦"，《舊五代史考異》："案：《歐陽史·職方志》有封州而無峯州，《薛史》前

後俱作峯州，未知何據，今仍其舊。”傅珦守峯州刺史見《吳越備史》卷一。據《新唐書》卷四三上《地理志六》，峯州承化郡隸安南，峯州不誤。

[9]巒州：州名。治所在今廣西橫州市。　錢傳琰：人名。吳越官員。本書僅此一見。　都知兵馬使：官名。唐、五代方鎮自置之部隊統率官，稱兵馬使，其權尤重者稱兵馬大使或都知兵馬使。掌兵馬訓練、指揮。　錢傳璙：吳越官員。本書僅此一見。

[10]“巒州刺史錢傳琰”至“並加官勳階爵”：《舊五代史考異》：“案：《吳越備史》載錢鏐諸子所加官勳階爵，失載傳璟，故十一人僅存其十。又其名間有異同，當以《薛史》爲得實。”見《吳越備史》卷一。

[11]錢鏐：人名。杭州臨安（今浙江杭州市）人。五代時期吳越國的建立者。傳見本書卷一三三、《新五代史》卷六七。

夏四月庚辰，以前行左武衛大將軍蔡敬思爲右武衛上將軍。辛巳，以前安州刺史劉玘權知晉州軍州事。[1]以前密州刺史張實爲潁州刺史，充本州團練使。[2]癸未，以六軍押牙、充左天武軍使劉彥珪爲澶州刺史。[3]辛卯，以右千牛衛大將軍劉璩充契丹宣諭使。[4]詔諸道兵馬元帥開幕除吏，一同天策上將府故事。[5]辛丑，以清海軍元從都押牙、隴州刺史吳鍔爲檢校司空。[6]癸卯，以兩浙衙内先鋒指揮使、守峯州刺史錢傳珦爲泗州刺史。[7]

[1]蔡敬思：人名。籍貫不詳。五代後梁將領。事見本書本卷、卷一三。　劉玘：人名。汴州雍丘（今河南杞縣）人。五代後梁、後唐將領。傳見本書卷六四、《新五代史》卷四五。　晉州：州名。治所在今山西臨汾市。

　　[2]張實：人名。籍貫不詳。五代後梁、後唐將領。事見本書本卷、卷三六。　穎州：州名。治所在今安徽阜陽市。　團練使：官名。唐代中期以後，於不設節度使的地區設團練使。掌本區各州軍事。

　　[3]六軍：泛指皇帝的禁衛軍。《周禮·夏官·司馬》："凡制軍，萬有二千五百人爲軍。王六軍。"　押牙：官名。即"押衙"。唐、五代時期節度使、元帥府等官署辟署的屬官。掌領儀仗侍衛、統率軍隊。參見劉安志《唐五代押牙（衙）考略》，武漢大學歷史系魏晋南北朝隋唐史研究室編《魏晋南北朝隋唐史資料》第 16 輯，武漢大學出版社 1998 年版。　劉彥珪：人名。籍貫不詳。五代後梁將領。本書僅此一見。　澶州：州名。唐、五代初，治所在今河南清豐縣。後晋天福四年（939），移治於今河南濮陽市。

　　[4]右千牛衛大將軍：官名。唐龍朔二年（662），改右奉宸衛大將軍而置，一員，掌侍衛宮禁及供御兵器儀仗，皇帝受朝之日，領備身左右升殿列侍，親射則率屬以從。貞元二年（786）添置上將軍前，爲右千牛衛長官。正三品。　劉璦：人名。籍貫不詳。後梁將領。本書僅此一見。　契丹宣諭使：官名。掌奉使宣諭朝廷旨意。

　　[5]諸道兵馬元帥：官名。唐末、五代臨時設置的高級軍事指揮官。　天策上將府：官署名。唐高祖李淵因李世民功高而爲其專設，位在王公之上，可自置官署。

　　[6]清海軍：方鎮名。治所在廣州（今廣東廣州市）。　隴州：州名。治所在今陝西隴縣。中華書局本有校勘記："'隴州'，吳存鍔墓誌（拓片刊《文物》一九九四年第八期）作'瀧州'。按墓誌云'公諱存鍔'，開平元年'加兵部尚書，守瀧州刺史'，貞明三年'加檢校司空'。吳存鍔，即吳鍔。"《輯本舊史》及《新五代史》均無瀧州之記載，墓誌誤，不取。　吳鍔：人名。籍貫不詳。本書僅此一見。

　　[7]兩浙：地區名。浙東、浙西的合稱。泛指今浙江全省及江

蘇南部一角。　衙內先鋒指揮使：官名。節度使府衙內先鋒部隊統兵將領。　泗州：州名。治所在今江蘇泗洪縣東南。

六月庚辰，以前東京馬步都指揮使兼左天武軍使雷景從爲汝州刺史，充本州防禦使。[1]辛卯，以租庸判官、光禄大夫、檢校司徒、行光禄卿張紹珪爲申州刺史。[2]壬辰，以權知晉州建寧軍軍州事、前安州刺史劉玘爲建寧軍節度觀察留後。[3]

[1]東京：地名。即後梁都城東京開封府（今河南開封市）。馬步都指揮使：官名。即馬步軍都指揮使。　雷景從：人名。籍貫不詳。後梁將領。本書僅此一見。　汝州：州名。治所在今河南汝州市。　防禦使：官名。唐代始置，設有都防禦使、州防禦使兩種。常由刺史或觀察使兼任，實際上爲唐代後期州或方鎮的軍政長官。

[2]光禄大夫：官名。西漢始設，掌論議。唐、五代爲散官。從二品。　申州：州名。治所在今河南信陽市。

[3]晉州建寧軍：方鎮名。治所在晉州（今山西臨汾市）。觀察留後：官名。唐、五代時，代行方鎮長官之職者稱留後，代行觀察使之職者即爲觀察留後。掌一州或數州軍政。

秋七月丁巳，以淄州刺史陳洪爲棣州刺史。[1]乙丑，以刑部員外郎封翹爲翰林學士。[2]丙寅，以汝州刺史楊延直爲左衛大將軍，以前左衛上將軍劉重霸爲起復雲麾將軍、右驍衛上將軍。[3]庚午，以六軍諸衛副使、起復雲麾將軍、檢校太保張業爲淄州刺史。[4]

[1]陳洪：人名。籍貫不詳。後梁官員。本書僅此一見。　棣州：州名。治所在今山東惠民縣。

[2]刑部員外郎：官名。隋始置。尚書省刑部頭司長官刑部郎中的副職。掌刑法及按覆刑獄等事。從六品上。　封翹：人名。籍貫不詳。後梁、後唐官員。事見本書本卷、卷三〇、卷四二。《輯本舊史》之影庫本粘籤：“封翹，原本作‘封堯’，今據《封舜卿傳》改正。”見《輯本舊史》卷六八《封舜卿傳》引《宋本册府》卷七七一《總録部·世官門》，又見《宋本册府》卷七八二《總録部·榮遇門》。　翰林學士：官名。由南北朝始設之學士發展而來，唐玄宗改翰林供奉爲翰林學士，備顧問、代王言。掌拜免將相、號令征伐等詔令的起草。

[3]楊延直：人名。籍貫不詳。後梁將領。事見本書卷二八。　劉重霸：人名。籍貫不詳。後梁將領。事見本書本卷、卷四、卷六、卷一三。　雲麾將軍：官名。南朝梁始置，唐、五代爲武散官。從三品。

[4]六軍諸衛副使：官名。後唐沿唐代舊制，置六軍、諸衛。以判六軍諸衛事爲禁軍六軍與諸衛的最高統帥，六軍諸衛副使爲其貳。　張業：人名。即張繼業。籍貫不詳。後梁、後唐將領。事見本書本卷、卷三〇、卷三二。中華書局本有校勘記：“《張繼業墓誌》（拓片刊《洛陽新獲墓誌》）：‘奪情授六軍副使，出爲淄沂二州牧’，本書卷三〇《唐莊宗紀四》：‘以權河陽留後、檢校太保張繼業依前權知河陽留後’，即其人。”見本書卷三〇同光元年（923）十一月辛酉條。又據《五代史闕文》張全義條：“晚年保證明宗，欲爲子孫之福，師方渡河，鄆都兵亂，全義憂恨不食，終以餓死。未死前，其子繼業訟弟汝州防禦使繼孫，莊宗貶房州司户，賜自盡。”明本《册府》卷九三四《總録部·告訐門》：“後唐張繼業爲河陽兩使留後。莊宗同光三年六月，繼業上疏稱：‘弟繼孫本姓郝，有母尚在，父全義養爲假子，令官衙内兵士。自皇帝到京，繼孫私藏兵甲，招置部曲，欲圖不軌……’勑：‘……宜竄逐於遐

方，仍歸還於姓氏……可貶房州司户參軍同正，兼勤復本姓。' 尋賜自盡，仍籍没資産。" 知張繼業爲張全義之子，先隨父歸後梁，后又隨父歸後唐。

　　八月辛巳，以左神武軍統軍周武爲寧州刺史，[1]以左崇安指揮使、前申州刺史劉仁鐸爲衍州刺史。[2]戊子，泰寧軍節度使張萬進賜名守進。[3]

　　[1]左神武軍統軍：官名。唐、五代禁軍左神武軍統兵官。從二品。　周武：人名。籍貫不詳。五代後梁將領。事見本書本卷。寧州：州名。治所在今甘肅寧縣。

　　[2]劉仁鐸：人名。籍貫不詳。後梁官員。本書僅此一見。衍州：州名。治所在今甘肅寧縣南六十里政平鄉。

　　[3]泰寧軍：方鎮名。唐乾寧四年（897）以沂海節度使號泰寧軍，治所在兗州（今山東濟寧市兗州區）。　張萬進：人名。又名張守進。雲州（今山西大同市）人。唐末、五代將領。傳見本書卷一三。《輯本舊史》之影庫本粘籤："案：吳縝《纂誤》云：'《末帝本紀》前作張萬進，後作守進，必有一誤。'"《輯本舊史》之影庫本批校："案：《歐陽史》不載賜名守進，吳縝《纂誤》云：'《紀》作張守進，《劉郭》《劉處讓傳》作張萬進，《紀》《傳》不同，未知孰是。' 蓋吳氏亦未詳考《薛史》也。" 見《新五代史》卷三《梁末帝紀》、吳縝《五代史纂誤》卷上《梁本紀》。

　　九月庚申，以遙領常州刺史張昌孫遙領壽州刺史，充本州團練使。[1]

　　[1]遙領：不親往任職，在他處遙遠監督之。　常州：州名。

治所在今江蘇常州市。 張昌孫：人名。籍貫不詳。五代後梁官員。事見本書本卷、卷五。 壽州：州名。治所在今安徽壽縣。

冬十月壬午，以權西面行營都監、右武衛上將軍張筠權知商州軍州事。[1]戊子，詔曰：“太子太傅李戩，多因釋教，誑惑群情，此後不得出入無恒。”[2]癸巳，以前崇德軍使張思綰爲左武衛上將軍。[3]己亥，以啓聖匡運同德功臣、諸道兵馬元帥、淮南鎮海鎮東等軍節度使、充淮南宣潤等四面行營都統、開府儀同三司、尚書令、吳越王錢鏐爲天下兵馬元帥。[4]壬寅，以尚書左丞吳藹爲工部尚書，充兩浙官告使。[5]是月，晉王自魏州還太原。[6]

[1]都監：官名。唐代中葉命將出征，常以宦官爲監軍、都監。後爲臨時委任的統兵官，稱都監、兵馬都監。掌屯戍、邊防、訓練之政令。 右武衛上將軍：中華書局本有校勘記：“‘右’原作‘左’，據劉本、彭本改。按本卷下文貞明四年三月壬午，以前右武衛上將軍張筠爲左衛上將軍。” 張筠：人名。海州（今江蘇連雲港市海州區）人。唐末、五代將領。傳見本書卷九〇、《新五代史》卷四七。 商州：州名。治所在今陝西商洛市商州區。

[2]太子太傅：官名。與太子太師、太子太保統稱太子三師。隋唐以後多作加官或贈官。從一品。 李戩：人名。籍貫不詳。五代後梁官員。本書僅此一見。 無恒：不正常。

[3]崇德軍使：官名。禁軍崇德軍之統兵官。 張思綰：人名。籍貫不詳。後梁將領。本書僅此一見。

[4]淮南：方鎮名。治所在揚州（今江蘇揚州市）。 鎮東：方鎮名。治所在越州（今浙江紹興市）。 宣：州名。治所在今安

徽宣城市。　潤：州名。治所在今江蘇鎮江市。　行營都統：官名。唐末、五代設諸道行營都統，作爲各道出征兵士的統帥。　開府儀同三司：官名。魏晋始置，隋唐時爲文散官之最高官階。多授功勳重臣。從一品。　尚書令：官名。秦始置。隋、唐前期爲尚書省長官，與中書令、侍中並爲宰相。因以李世民爲之，後皆不授，唐高宗廢其職。唐後期以李適、郭子儀有功而特授此職，爲大臣榮銜，不參與政務。五代因之。唐時爲正二品，後梁開平三年（909）升爲正一品。

　　[5]尚書左丞：官名。尚書省佐貳官。唐中期以後，與尚書右丞實際主持尚書省日常政務，權任甚重。正四品上。　吳藹：人名。籍貫不詳。五代大臣。事見本書本卷、卷六。　工部尚書：官名。隋始置。尚書省工部主官。掌百工、屯田、山澤之政令。唐中葉後漸成虚銜，部務由侍郎主持。正三品。　官告使：官名。唐末、五代設置，爲朝廷專送封官告身之使者。《輯本舊史》之影庫本粘籤：“官告使不見于《五代會要》，疑有舛誤。考《册府元龜》亦作官告，今姑仍其舊。”《九國志》卷七《後蜀》“授檢校户部尚書爲西川官告使”，明本《册府》卷二一三《閏位部·命使門》“又命將作少監姜弘道爲朗州旌節官告使副”。

　　[6]魏州：州名。治所在今河北大名縣。

　　閏十月丁卯，以前商州刺史徐瑠爲左驍衛上將軍，充西都大内皇墙使。[1]

　　[1]徐瑠：人名。籍貫不詳。五代後梁官員。本書僅此一見。西都：指洛陽。　皇墙使：官名。原爲皇城使，避後梁太祖朱温父朱誠諱改。唐末始置，爲皇城司長官，一般由君主的親信充任，以拱衛皇城。

　　十一月壬午，以中書侍郎、平章事鄭珏權判户部
事。[1]戊子，以寧州刺史周武爲武靜軍防禦使，守慶州
刺史。[2]以河潼軍使竇廷琬爲寧州刺史。[3]

　　[1]中書侍郎：官名。中書省副長官，唐後期三省長官漸爲榮
銜，中書侍郎、門下侍郎却因參議朝政而職位漸重，常常用爲以
"同三品"或"同平章事"任宰相者的本官。正三品。　平章事：
官名。"同中書門下平章事"的簡稱。唐高宗以後，凡實際任宰相
之職者，常在其本官後加同平章事的職銜。後成爲宰相專稱。後晋
天福五年（940），升中書門下平章事爲正二品。　鄭珏：人名。滎
陽（今河南滎陽市）人。五代後梁、後唐宰相。傳見本書卷五八、
《新五代史》卷五四。　判户部事：官名。尚書户部長官。

　　[2]武靜軍：方鎮名。治所在慶州（今甘肅慶陽市）。

　　[3]河潼軍：方鎮名。治所在虢州（今河南靈寶市）。　竇廷
琬：人名。籍貫不詳，世爲青州（今山東青州市）牙將。五代後
梁、後唐將領。傳見本書卷七四。

　　十二月，晋王自太原復至魏州。庚申，以左金吾衛
大將軍、充街使華温琪爲右龍虎軍統軍，[1]以右龍虎軍
統軍張彦勳爲商州刺史，以前西京大内皇墙使李項爲右
威衛上將軍，以左金吾衛上將軍李周彝權兼左街使。[2]
壬戌，以守太尉、兼中書令、河南尹、判六軍諸衛事、
魏王張宗奭爲天下兵馬副元帥。[3]丙寅，以西面行營馬
軍都指揮使、檢校太保、鄭州刺史、充本州防禦使王彦
章爲檢校太傅。[4]丁卯，以西面行營馬步都指揮使、左
龍虎軍統軍賀瓌爲檢校太傅、同中書門下平章事，充宣
義軍節度使、鄭滑濮等州觀察處置等使。[5]己巳，帝幸

洛陽，爲來年有事於南郊也。遂幸伊闕，親拜宣陵。[6]時租庸使趙巖勸帝郊天，且言：“帝王受命，須行此禮，願陛下力行之。”宰臣敬翔奏曰：“國家自劉鄩失律已來，府藏殫竭，箕斂百姓，供軍不暇，郊祀之禮，頒行賞賚，所謂取虛名而受實弊也。況晋人壓境，車駕未可輕動。”[7]帝不聽，遂行。是月，晋人陷楊劉城，帝聞之懼，遂停郊禮，車駕急歸東京。[8]癸酉，詔文武兩班，除元隨駕人數外，其餘並令御史司憲張袞部署，候車駕離京後一兩日，發赴東京。[9]甲戌，以天下兵馬副元帥、太尉、兼中書令、河南尹、魏王張宗奭爲西都留守。[10]

[1]左金吾衛大將軍：官名。原爲左候衛，唐高宗龍朔二年（662），採用漢執金吾舊名，改稱左金吾衛，設大將軍、將軍及長史、諸曹參軍，與其他各衛相同。以後又增設上將軍，掌宮中及京城日夜巡查警戒，隨從皇帝出行。正三品。　街使：官名。即左右街使。唐制，左右金吾衛所屬有左右街使各一人，佐助本衛翊府中郎將分察六街巡警，每日按鼓聲啓閉坊市之門。　華溫琪：人名。唐末、五代將領。傳見本書卷九〇、《新五代史》卷四七。　右龍虎軍統軍：官名。禁軍右龍虎軍統兵官。

[2]張彥勳：人名。籍貫不詳。五代後梁將領。本書僅此一見。李項：人名。籍貫不詳。後梁官員。本書僅此一見。　李周彝：人名。籍貫不詳。後梁將領。事見本書卷二、卷六。

[3]守太尉：官名。太尉與司徒、司空並爲三公，唐後期、五代多爲大臣、勳貴加官。正一品。官階低於官職加“守”字。　河南尹：官名。唐開元元年（713）改洛州爲河南府，治所在今河南洛陽市，河南府尹總其政務。從三品。　判六軍諸衛事：官名。五代沿唐代舊制，置六軍諸衛，以判六軍諸衛事爲禁軍六軍與諸衛的

最高統帥。　張宗奭：人名。濮州臨濮（今山東鄄城縣臨濮鎮）人。唐末、五代將領。傳見本書卷六三、《新五代史》卷四五。天下兵馬副元帥：唐、五代朝廷有重大軍事行動，則置元帥，統率天下軍隊。副元帥爲元帥之副。

[4]行營馬軍都指揮使：官名。行營馬軍長官。　檢校太保：官名。爲散官或加官，以示恩寵，無實際執掌。　鄭州：州名。治所在今河南鄭州市。　王彥章：人名。鄆州壽張（今山東梁山縣壽張集）人。後梁將領。傳見本書卷二一、《新五代史》卷三二。

[5]以西面行營馬步都指揮使：中華書局本有校勘記：“‘西面’原作‘東面’，據殿本、本書卷二三《賀瓌傳》、《通鑑》卷二六九改。”見《輯本舊史》卷二三、《通鑑》卷二六九貞明二年（916）條《考異》引《薛史·賀瓌傳》。《舊五代史考異》：“案《通鑑》：時論平慶州功，故賀瓌進秩。”見《通鑑》卷二六九貞明三年十二月丁卯條。　賀瓌：人名。濮陽（今河南濮陽市）人。唐末、五代將領。傳見本書卷二三、《新五代史》卷二三。　滑州：州名。治所在今河南滑縣。　濮：州名。治所在今山東鄄城縣。

[6]南郊：意爲都城南面之郊。代指南面郊區之祭天場所（圜丘），亦指祭天之禮（郊天）。　伊闕：縣名。治所在今河南伊川縣。　宣陵：後梁太祖朱溫的陵墓，位於今河南伊川縣東十公里常嶺村北的高臺地上。

[7]趙巖：人名。陳州宛丘（今河南淮陽縣）人。唐忠武軍節度使趙犨之子。五代後梁大臣。事見本書本卷、卷一四、《新五代史》卷四二。　敬翔：人名。同州馮翊（今陝西大荔縣）人。後梁大臣。傳見本書卷一八、《新五代史》卷二一。　箕斂：謂苛斂民財。

[8]楊劉：地名。黃河渡口。位於今山東東阿縣。唐、五代時爲黃河下游重鎮。　“是月”至“車駕急歸東京”：《舊五代史考異》：“案《通鑑》云：道路訛言晉軍已入大梁，扼汜水矣。從官皆憂其家，相顧涕泣，帝惶駭失圖，遂罷郊祀。”見《通鑑》卷

二七〇貞明三年十二月己巳條。

[9]御史司憲：官名。後梁置，掌監察百官。　張衮：人名。後梁大臣。事見本書卷三、卷五、卷一八。

[10]留守：官名。在陪都或軍事重鎮所設留守，由地方行政長官兼任。

貞明四年春正月，晉人寇鄆、濮之境。車駕至自洛陽。[1]庚辰，以蔡州刺史姚劼權知感化軍節度觀察留後。[2]乙酉，以前靜難軍馬步軍都指揮使黃貴爲蔡州刺史。[3]甲午，以右領軍衛上將軍齊奉國爲左金吾衛大將軍，[4]充街使。

[1]鄆：州名。治所在今山東東平縣。　車駕至自洛陽：《舊五代史考異》：“案：《五代春秋》作己卯，帝還東都。”見《五代春秋》卷上《梁末帝》。

[2]姚劼：人名。籍貫不詳。五代後梁官員。事見本書本卷。感化軍：方鎮名。後梁置。治所在華州（今陝西渭南市華州區）。節度觀察留後：官名。唐、五代時，代行方鎮長官之職者稱留後，代行觀察使之職者即爲觀察留後。掌一州或數州軍政。

[3]靜難軍：方鎮名。治所在邠州（今陝西彬縣）。　黃貴：人名。籍貫不詳。唐末、五代將領。事見本書本卷、卷八。

[4]右領軍衛上將軍：官名。十六衛之一，唐置，掌宮禁宿衛。從二品。　齊奉國：人名。籍貫不詳。唐末、五代將領。事見本書本卷、卷一〇、卷一九。

二月，遣將謝彥章帥衆數萬迫楊劉城。[1]甲子，晉王來援楊劉城，彥章之軍不利而退。

[1]謝彦章：人名。許州（今河南許昌市）人。後梁將領。傳見本書卷一六、《新五代史》卷二三。

三月壬午，以前右武衛上將軍張筠爲左衛上將軍。癸巳，以鎮國軍節度押衙、充本道馬步軍都指揮使江可復爲衍州刺史。[1]壬寅，鎮海鎮東等軍節度行軍司馬、秦州節度使、檢校太傅、同平章事馬綽加檢校太尉、同平章事，[2]依前鎮海鎮東等軍節度行軍司馬，餘如故，從錢鏐之請也。

[1]鎮國軍：方鎮名。後梁開平二年（908），改保義軍爲鎮國軍，治所在陝州（今河南三門峽市陝州區）。　江可復：人名。籍貫不詳。五代後梁將領。本書僅此一見。

[2]行軍司馬：官名。出征將領及節度使的屬官。掌軍籍符伍、號令印信，是藩鎮重要的軍政官員。　秦州：州名。治所在今甘肅天水市。此處代指雄武軍。　馬綽：人名。餘杭（今浙江杭州市）人。五代十國藩鎮將領。事見本書本卷、卷八。

夏四月丁未，以宣徽院使、[1]右衛上將軍趙轂權知青州軍州事，以宣徽院副使韋堅權知本院事。[2]己酉，以銀青光禄大夫、行中書侍郎、同中書門下平章事、權判户部鄭珏爲金紫光禄大夫，[3]中書侍郎、兼刑部尚書、平章事、集賢殿大學士、判户部、上柱國，[4]仍進封滎陽郡開國侯，加食邑五百户。[5]以金紫光禄大夫、行尚書吏部侍郎、上柱國、蘭陵縣開國男、食邑三百户蕭頃爲中書侍郎、同平章事，仍進封蘭陵縣開國伯，加食邑四百户。[6]庚戌，以前崇德軍使、前右武衛大將軍杜存爲右領軍衛上將軍。[7]甲寅，以刑部郎中、充史館修撰竇專爲翰林學士。[8]初，學士竇夢徵草錢鏐麻，貶蓬萊尉，[9]帝召專入翰林，遣崇政使李振問宰相云："專是宰臣蕭頃女婿，令中書商量可否。"[10]中書奏曰："宰相親情，不居清顯，避嫌之道，雖著舊規，若蒙特恩，亦有近例，固不妨事。"帝乃可之。己未，靈武節度使韓洙落起復，[11]授開府儀同三司，依前檢校太傅、同平章事。癸亥，以延州忠義軍節度使、太原西面招討應接使、檢校太師、兼中書令、渤海王高萬興兼鄜延兩道都制置使，餘如故。[12]時萬興弟鄜州節度使萬金卒，故有是命。[13]己巳，以開府儀同三司、守司空、兼門下侍郎、同平章事趙光逢爲司徒致仕，兼加食邑五百户，以光逢累上章請老故也。[14]辛未，詔宰臣敬翔權判諸道鹽鐵使務。[15]壬申，以太子賓客趙光胤爲吏部侍郎。[16]

[1]宣徽院使：官名。唐後期置。宣徽院的長官，初用宦官，五代以後改用士人。掌内諸司及三班内侍之名籍，郊祀、朝會、宴享供帳之儀，應内外進奉，悉檢視名物，用其印。《輯本舊史》之影庫本粘籤："宣徽院，原本作'宣嶽院'，考《五代會要》，宣徽院次于樞密院，今改正。"見《會要》卷二四宣徽使條。《通鑑》卷二四三長慶三年（823）四月丙申條胡注："唐中世以後，置宣徽院，以宦者主之。其大朝賀及聖節上壽，則宣徽使宣答。"
[2]趙毅：人名。籍貫不詳。五代後梁、後唐將領。事見本書本卷、卷五九。　青州：州名。治所在今山東青州市。　宣徽院副使：官名。宣徽院使副職。　韋堅：人名。籍貫不詳。五代大臣。事見本書本卷、卷七。

[3]銀青光禄大夫：官名。唐、五代散官。從三品。　金紫光禄大夫：官名。本兩漢光禄大夫。魏晉以後，光禄大夫之位重者，加金章紫綬，因稱金紫光禄大夫。北周、隋爲散官。唐貞觀後列入文散官。正三品。

[4]集賢殿大學士：官名。唐中葉置，位在學士之上，以宰相兼。掌修書之事。　上柱國：官名。北周武帝建德四年（575），置上柱國爲最高級勛官。隋唐沿置。五代後唐明宗天成三年（928）詔，今後凡加勋，先白武騎尉，經十二轉方授予上柱國。正二品。

　“以銀青光禄大夫”至“上柱國”：《通鑑》卷二六九繫於貞明二年（916）十月丁酉條，《考異》云：“《薛史·梁末帝紀》無珏初拜相年月。此年十月丁酉，以中書侍郎、平章事鄭珏兼刑部尚書、平章事，至貞明四年四月己酉，又云以中書侍郎、平章事鄭珏兼刑部尚書。疑貞明二年拜相，四年轉刑部尚書也。本傳云：‘累遷禮部侍郎，貞明中拜平章事。’《唐餘録·均帝紀》：‘貞明二年十月丁酉，禮部侍郎鄭珏爲中書侍郎、平章事。’今從之。又高若拙《後史補》云：‘珏應一十九舉，方捷，姓名爲第十九人，第行亦同；自登第凡十九年爲宰相。’今按珏光化三年及第，自光化三年至此年纔十七年矣，又不可合。”

[5]滎陽郡開國侯：封爵名。　食邑：即封地、封邑。食邑之名，蓋取受封者不之國，僅食其租稅之意。

[6]蕭頃：人名。京兆萬年（今陝西西安市長安區）人。後梁、後唐大臣。傳見本書卷五八。　中書侍郎、同平章事：中華書局本有校勘記：“原作‘中書門下平章事’，據《册府》卷一九九、《通鑑》卷二七〇改。按本書卷一〇《梁末帝紀下》：‘（貞明六年四月乙巳）以中書侍郎、平章事蕭頃爲集賢殿大學士、判户部事。’”見《宋本册府》卷一九九《閏位部·命相門》、《通鑑》卷二七〇貞明四年三月己酉條。《册府》卷一九九“頃”作“顗”。

[7]杜存：人名。籍貫不詳。五代後梁將領。本書僅此一見。

[8]刑部郎中：官名。尚書省刑部頭司刑部司長官。掌司法及

審核大理寺及州府刑獄。從五品上。　　史館修撰：官名。唐天寶以後，他官兼領史職者，稱史館修撰。　　竇專：人名。籍貫不詳。五代後梁、後唐大臣。事見本書本卷、卷二〇上、卷三一、卷三二。《舊五代史考異》："案：專，同州白水人，貞固之父也。貞固，《宋史》有傳。"見《宋史》卷二六二《竇貞固傳》。

[9]竇夢徵：人名。同州（今陝西大荔縣）人，一作棣州（今山東惠民縣）人。唐末進士，五代後梁、後唐官員。傳見本書卷六八。　　草麻：唐宋任命宰相等高級大臣的詔令，由翰林學士草擬，用黃白麻紙書寫，稱草麻。後在朝堂或正殿宣讀，是爲宣麻。　　蓬萊尉：官名。即蓬萊縣尉。

[10]崇政使：官名。爲崇政院長官。備顧問，參謀議。五代後梁開平元年（907）改樞密院置崇政院，設院使、副使各一人。後唐同光元年（923）復改崇政院爲樞密院，崇政院使亦改爲樞密使。　　李振：人名。河西（今甘肅武威市）人。五代後梁大臣。唐潞州節度使李抱真曾孫。祖、父在唐皆官郡守。傳見本書卷一八、《新五代史》卷四三。　　中書：官署名。即中書門下。唐玄宗時改政事堂置，設於中書省，爲宰相議政辦公之所，下設吏、樞機、兵、户、刑禮五房分主衆務。

[11]靈武：郡名。治所在今寧夏吳忠市。唐乾元元年（758），改名靈州。此處代指治所在靈州的方鎮朔方軍。　　韓洙：人名。籍貫不詳。五代將領。韓遜之子。事見本書卷一三二。《舊五代史考異》："案：原本作'韓殊'，考《韓遜傳》，洙即遜之子，《歐陽史》雜傳亦作'洙'，今改正。"見《新五代史》卷四六《康福傳》。

[12]延州：州名。治所在今陝西西安市。　　忠義軍：方鎮名。後梁改衛國軍置，治所在延州（今陝西延安市）。　　招討應接使：官名。戰時任命，兵罷則省。掌應接諸軍。　　高萬興：人名。河西（今甘肅武威市）人。五代將領，高懷遷之子。傳見本書卷一三二、《新五代史》卷四〇。　　鄜：州名。治所在今陝西富縣。　　都制置使：官名。唐後期臨時差遣官，用兵時爲控制地方秩序而設。同時

任兩道或以上，稱都制置使。

[13]萬金：人名。即高萬金。河西（今甘肅武威市）人。高萬興之弟。事見《舊五代史》卷一三二。

[14]門下侍郎：官名。唐三省之一的門下省副長官。唐後期三省長官漸爲榮銜，中書侍郎、門下侍郎却因參議朝政而職位漸重，常常用爲以“同三品”或“同平章事”任宰相者的本官。正三品。 趙光逢：人名。京兆奉天（今陝西乾縣）人。唐末大臣，後梁宰相。傳見本書卷五八、《新五代史》卷三五。

[15]諸道鹽鐵使：官名。全稱爲“諸道鹽鐵轉運使”。主管漕運、鹽鐵專賣等政務。唐末、五代常由宰相兼任。

[16]太子賓客：官名。爲太子屬官。唐高宗顯慶元年（656）始置。掌侍從規諫、贊相禮儀。正三品。 趙光胤：人名。京兆奉天（今陝西乾縣）人。趙光逢之弟。唐末進士，五代後梁大臣、後唐宰相。傳見本書卷五八。 吏部侍郎：官名。尚書省吏部副長官，協助吏部尚書掌文選、勳封、考課之政。正四品上。

五月甲戌，以荆南衙内馬步軍都指揮使、檢校司徒高從誨領濠州刺史。[1]乙亥，以特進、檢校太傅、前潁州團練使張實爲起復雲麾將軍，依前潁州團練使。庚辰，以工部尚書致仕孔拯爲國子祭酒。己丑，以太常少卿韋彖爲右諫議大夫。[2]

[1]荆南：方鎮名。唐至德二載（757）置。治所在荆州（今湖北荆州市荆州區）。後梁開平元年（907）朱温命高季興爲荆南節度使，末帝時封季興爲渤海王。後唐同光三年（925）受封爲南平王。稱南平國或荆南國。十國之一。 高從誨：人名。陝州硤石（今河南三門峽市陝州區）人，南平國主高季興長子。傳見本書卷一三三、《新五代史》卷六九。 濠州：州名。治所在今安徽鳳

陽縣。

[2]孔拯：人名。籍貫不詳。後梁官員。本書僅此一見。　國子祭酒：官名。國子監長官。主管全國教育行政，總領中央及地方學校。從三品。　太常少卿：官名。太常寺次官。協助太常卿管理禮樂、宗廟、祭祀事務。從四品。　韋象：人名。籍貫不詳。後梁官員。本書僅此一見。　右諫議大夫：官名。隸中書省。唐代置左、右諫議大夫各四人，分隸門下省、中書省。掌諫諭得失、侍從贊相。正四品下。

六月甲辰，以金紫光禄大夫、檢校司徒、歙州刺史朱令德爲忠武軍節度觀察留後。[1]己酉，以權知感化軍兩使留後、特進、檢校太保姚勔爲感化軍節度觀察留後。庚戌，上以秘書少監王翹爲將作監，以其父名秘故也。[2]丙辰，以左監門衛將軍康贊美爲商州刺史，以左衛上將軍張筠爲權知永平軍節度觀察留後，兼判大安府事。[3]戊午，以前景州刺史衛審符爲右衛大將軍。[4]庚申，以河陽節度、充北面行營排陣、兩京馬軍都軍使、光禄大夫、檢校太保謝彦章爲匡國軍節度、[5]陳許蔡等州觀察處置等使，以宣徽院副使韋堅權知河陽軍州事。

[1]歙州：州名。治所在今安徽歙縣。　朱令德：人名。籍貫不詳。五代後梁將領。事見本書本卷、卷二九。　忠武軍：方鎮名。治所在陳州（今河南淮陽縣）。

[2]秘書少監：官名。唐承隋制，置秘書省，設秘書少監二人協助秘書監工作。從四品上。　王翹：人名。籍貫不詳。後梁官員。本書僅此一見。

[3]左監門衛將軍：官名。唐置，掌宮禁宿衛。唐代置十六衛

之一。從三品。　康贊美：人名。籍貫不詳。後梁將領。事見本書本卷。　永平軍：方鎮名。治所在大安府（今陝西西安市）。　判大安府事：官名。五代後梁改京兆府（今陝西西安市）爲大安府。判大安府事爲其長官。

[4]景州：州名。治所在今河北東光縣。　衞審符：人名。籍貫不詳。後梁將領。本書僅此一見。

[5]河陽：方鎮名。全稱"河陽三城"。治所在孟州（今河南孟州市）。　排陣：官名。即排陣使。唐節度使所屬武官中有排陣使，五代後梁以後設於諸軍，爲先鋒之職。參見王軼英《中國古代排陣使述論》，《西北大學學報》2010年第6期。　兩京馬軍都軍使：中華書局本沿《輯本舊史》作"兩京馬軍都軍節度等使"，並有校勘記："本書卷一六《謝彦章傳》、《謝彦璋墓誌》（拓片刊《隋唐五代墓誌匯編·洛陽卷》第十五册）作'兩京馬軍都軍使'，按'節度'二字疑衍。""等"字亦衍，今删"節度等"三字。匡國軍：方鎮名。治所在同州（今陝西大荔縣）。

　　秋七月庚辰，以商州刺史康贊美爲起復雲麾將軍，依前商州刺史。辛卯，以前左驍衞上將軍楊詔爲右武衞上將軍。[1]戊戌，以前匡國軍節度使、檢校尚書左僕射羅周敬爲檢校司空、[2]守殿中監、駙馬都尉。[3]

　　[1]楊詔：人名。籍貫不詳。五代後梁將領。本書僅此一見。以前左驍衞上將軍楊詔爲右武衞上將軍：中華書局本有校勘記："《五代會要》卷二八：'（乾化元年十一月）仍以左監門衞上將軍楊沼爲左驍衞上將軍，充押領迴鶻還番使。'疑即其人。"見《會要》卷二八迴鶻條。
　　[2]羅周敬：人名。魏州貴鄉（今河北大名縣）人。五代軍閥。傳見本書卷九一。"周敬"，《舊五代史考異》："案：原本作

'用敬'，考《薛史·晋列傳》作周敬，《歐陽史·羅紹威傳》亦作子周敬，今改正。"見《輯本舊史》卷一四《羅紹威附周敬傳》、《新五代史》卷三九《羅紹威附周敬傳》。

　　[3]殿中監：官名。殿中省長官。掌宮廷供奉之事。從三品。
　　駙馬都尉：漢武帝始置，魏、晋以後公主夫婿多加此稱號。從五品下。

　　八月丙午，以右廣勝軍使劉君鐸爲虢州刺史。[1]戊申，以武寧軍節度副使李存權知宿州事。[2]辛亥，涇原節度使杜建徽加檢校太傅、[3]同平章事。建徽，[4]吳越王錢鏐之將也，遥領涇原節制，至是以其上請加恩，故有是命。乙卯，以蔡州刺史黄貴爲絳州刺史。[5]辛酉，以絳州刺史尹皓爲感化軍節度觀察留後。癸亥，以前永平軍節度副使張正己爲房州刺史。[6]乙丑，以宿州團練使趙麓權知河陽節度觀察留後，以左驍衛將軍劉去非爲郢州刺史。[7]戊辰，以權知永平軍節度觀察留後、兼判大安府事張筠爲永平軍節度觀察留後，依前兼判大安府事。是月，晋王率師次楊劉口，遂軍於麻家渡，北面招討使賀瓌以兵屯濮州北行臺村，對壘百餘日。[8]晋王以輕騎來覘，許州節度使謝彦章發伏兵掩擊，圍之數重，會救軍至，晋王僅以身免。

　　[1]右廣勝軍使：官名。禁軍右廣勝軍統兵官。　劉君鐸：人名。籍貫不詳。五代後梁、後唐將領。事見本書本卷、卷四一。　虢州：州名。治所在今河南靈寶市。
　　[2]武寧軍：方鎮名。治所在徐州（今江蘇徐州市）。　李存：人名。籍貫不詳。五代後梁將領。本書僅此一見。　宿州：州名。

治所在今安徽宿州市。

[3]涇原：方鎮名。治所在涇州（今甘肅涇川縣）。　杜建徽：人名。新城（今浙江杭州富陽區新登鎮）人。曾任吳越宰相。事見本書本卷、卷八、卷四四、卷八二。

[4]建徽：《舊五代史考異》：“案：原本訛作‘達徽’，今據《十國春秋》改正。”《十國春秋》爲清人吳任臣撰，今據本書卷四四《唐明宗紀十》長興四年十一月辛巳條、卷八二《晋少帝紀二》天福八年十一月辛丑條改。

[5]黄貴：人名。籍貫不詳。唐末、五代將領。事見本書本卷、卷八。　絳州：州名。治所在今山西新絳縣。

[6]尹皓：人名。籍貫不詳。後梁將領。傳見本書附録。　張正己：人名。籍貫不詳。後梁官員。本書僅此一見。　房州：州名。治所在今湖北房縣。

[7]趙麓：人名。籍貫不詳。後梁將領。本書僅此一見。　劉去非：人名。籍貫不詳。後梁將領。事見本書本卷、卷一三一。郢州：州名。治所在今湖北鍾祥市。

[8]麻家渡：地名。五代黄河渡口。位於今山東鄄（juàn）城縣。　濮州：州名。治所在今山東鄄城縣。

　　九月丁丑，静勝軍節度、崇裕等州觀察處置等使、特進、檢校太傅、同平章事温昭圖加檢校太尉。[1]甲午，崇政院副使張希逸加金紫光禄大夫，行秘書少監。乙未，起復雲麾將軍、檢校太保、壽州團練使張昌孫落起復，授光禄大夫、檢校太傅。[2]

[1]静勝軍：方鎮名。治所在崇州（今陝西銅川市耀州區）。崇：州名。治所在今陝西銅川市耀州區。　裕：州名。治所在今陝西富平縣美原鎮。　温昭圖：人名。華原（今陝西銅川市耀州

區）人。後梁、後唐將領。傳見本書卷七三、《新五代史》卷四〇。

[2]張希逸：人名。籍貫不詳。後梁將領。事見本書本卷、卷三〇。

冬十月辛丑朔，以前感化軍節度觀察留後、特進、檢校太保姚勍爲左龍虎統軍，充西都内外馬步軍都指揮使。以洛苑使、金紫光禄大夫、檢校司徒、守左威衛大將軍董璋爲右龍虎統軍。[1]己酉，以安南静海節度使、檢校司徒曲美爲檢校太保、同平章事。[2]庚戌，以商州刺史康贊美爲蔡州刺史。

[1]洛苑使：官名。唐、五代時期主管洛陽地區的宮苑。職事與宮苑使類似。初由宦官出任，後改用士人。

[2]静海：方鎮名。治所在交州（今越南河内市）。 曲美：人名。即曲承美。安南鴻州（今越南海陽寧江縣）人。五代軍閥。事見本書本卷、卷六。

十一月壬辰，前懷州刺史朱勍授起復雲麾將軍，依前懷州刺史。十二月庚子朔，晋王領軍迫行臺寨，距寨十里結營而止。[1]北面招討使賀瓌殺許州節度使謝彦章、濮州刺史孟審澄、別將侯温裕等於軍，以謀叛聞，爲行營馬步都虞候朱珪搆之也。晋王聞之，喜曰：“彼將帥不和，亡無日矣。”[2]丁未，以行營諸軍馬步都虞候、光禄大夫、檢校太保、曹州刺史朱珪爲檢校太傅，充匡國軍節度觀察留後，依前行營諸軍馬步都虞候。癸丑，詔曰：“行營諸軍馬步都虞候、匡國軍節度觀察留後朱珪，

昔以寇戎未滅，兵革方嚴，所期朝夕之間，克弭烟塵之
患，每於將帥，別注憂勞。而謝彥章、孟審澄、侯溫裕
忽搆異圖，將萌逆節，賴朱珪挺施貞節，密運沈機，果
致梟擒，免資讎敵。特加異殊之命，用旌忠孝之謀，便
委雄藩，俾荷隆渥。可檢校太傅，充平盧軍節度、淄青
登萊等州觀察處置、[3]押新羅渤海兩番等使、[4]兼行營諸
軍馬步軍副都指揮使，仍進封沛國郡開國侯。"乙巳，
起復雲麾將軍、檢校太保、陳州刺史、惠王友能，[5]鎮
國軍節度、陝虢等州觀察處置等使、起復雲麾將軍、檢
校太保、邵王友誨，[6]並落起復，加檢校太傅。以前房
州刺史牛知業爲右羽林軍統軍。[7]癸亥，北面招討使賀
瓌率大軍與晉人戰於胡柳陂，[8]晉人敗績。是日既晡，
復爲晉人所敗。初，晉人起軍將襲東京，乃下令軍中老
弱悉歸於鄴。[9]是月二十二日，晉王次臨濮，賀瓌、王
彥章自行臺寨率軍躡之。二十四日，至胡柳陂，晉王領
軍出戰，瓌軍已成列，晉王以騎突之，王彥章一軍先
敗，彥章走濮陽。晉人輜重在陣西，瓌領軍薄之，晉人
大奔，自相蹈籍，死者不可勝紀，晉大將周德威歿於
陣。[10]瓌軍乃登土山，列陣於山之下，晉王復領兵來
戰，[11]瓌軍遂敗。翌日，晉人攻濮陽，陷之，京師
戒嚴。

[1]行臺寨：地名。今地不詳。　結營：駐扎兵營。
[2]孟審澄：人名。籍貫不詳。五代後梁將領。事見本書本卷、
卷一六、卷二三。　別將：官名。一般也作偏將代稱。唐軍設有別
將一職，各折衝府亦設別將。　侯溫裕：人名。籍貫不詳。後梁將

領。事見本書本卷、卷一六、卷二三。　朱珪：人名。籍貫不詳。五代後梁將領，時爲後梁檢校太傅、匡國軍節度觀察留後、行營諸軍馬步都虞候。傳見本書附錄。　"北面招討使賀瓌殺許州節度使謝彦章"至"亡無日矣"：《舊五代史考異》："案《通鑑》：賀瓌密譖謝彦章于帝，因與朱珪伏甲以殺彦章。蓋賀瓌密奉帝旨也。《五代春秋》《歐陽史》皆以賀瓌專殺爲文，恐非事實。"見《五代春秋》卷上《梁末帝》、《新五代史》卷三《梁末帝紀》，亦見《通鑑》卷二七〇貞明四年（918）十二月丁未條。

[3]登：州名。治所在今山東蓬萊市。　萊：州名。治所在今山東萊州市。

[4]新羅：朝鮮古國。4世紀以後逐漸強大。935年爲王氏高麗所取代。傳見本書卷一三八、《新五代史》卷七四。　渤海：古國名。武周聖曆元年（698），粟末靺鞨首領大祚榮建立政權。唐玄宗先天二年（713），唐朝册封大祚榮爲渤海郡王，其國遂以渤海爲名。傳見本書卷一三八、《新五代史》卷七四。　押新羅渤海兩番等使：官名。唐、五代主管與新羅、渤海等東亞政權的部分外交、貿易等事務。

[5]惠王友能："友能"，人名。即朱友能。朱溫長兄朱全昱之子。傳見本書卷一二、《新五代史》卷一三。"惠王"，《輯本舊史》之影庫本粘籤："惠王，原本作'忠王'，今據《歐陽史》改正。"見《新五代史》卷三《梁末帝紀》、卷一三《廣王全昱傳》，又見《輯本舊史》卷一二《宗室列傳》，《宋本册府》卷四九一《邦計部·蠲復門》）。

[6]友誨：人名。即朱友誨。朱溫長兄朱全昱之子。傳見本書卷一二、《新五代史》卷一三。

[7]牛知業：人名。籍貫不詳。後梁將領。本書僅此一見。

[8]胡柳陂：地名。位於今河南濮陽市。

[9]鄩：地名。即鄩都。治所在今河北大名縣。

[10]周德威：人名。朔州馬邑（今山西朔州市朔城區東北）

人。唐末、五代河東將領。傳見本書卷五六、《新五代史》卷二五。

[11]晋王復領兵來戰："兵"，明本《册府》卷二一七《閏位部·交侵門》作"軍"。

貞明五年春正月，晋人城德勝，[1]夾河爲柵。

[1]德勝：地名。原爲德勝渡，黄河重要渡口之一。位於今河南濮陽市。

二月乙巳，以宣徽院副使韋堅權知徐州軍事。[1]

[1]徐州：州名。治所在今江蘇徐州市。

三月己卯，以華州感化軍留後尹皓爲華州節度使，加檢校太保、同平章事。癸未，制削奪兗州節度使張守進在身官爵，以其叛故也。仍命劉鄩爲兗州管内安撫制置使，[1]領兵以攻之。[2]

[1]兗州：州名。治所在今山東濟寧市兗州區。　安撫制置使：官名。唐後期臨時差遣官，用兵時爲控制地方秩序而設。

[2]"制削奪兗州節度使張守進"至"領兵以攻之"：《舊五代史考異》："案：張守進歸晋，《本紀》繫於五年三月，《張萬進傳》作四年七月，《劉鄩傳》仍作五年。《通鑑考異》嘗並舉《紀》《傳》之互文以明《薛史》之難據，因定從《莊宗實録》作四年八月。今以當日事勢考之，藩鎮反覆，向背無常，陰謀詭秘，姑示含容，討罪遣師，須有顯迹。蓋守進潛附于晋，自在四年秋，至削奪官爵，聲罪致討，則五年春事也。《薛史》採用舊聞，不加修飾，

故語必徵實。若《五代春秋》以守進叛爲五年事，《歐陽史》又以劉鄩討之爲四年事，皆删改成文，自爲臆斷，不如《薛史》之存其實也。"《輯本舊史》卷一三《張萬進傳》載萬進於"貞明四年冬據城叛命，遣使送款於晉王"，卷二三《劉鄩傳》載貞明五年"張萬進反，北結晉人爲援，末帝遣鄩攻之"，《通鑑》卷二七〇貞明四年（918）八月己酉條據《莊宗實録·莊宗列傳》定該日萬進遣使附晉且求援。

　　夏四月壬寅，以永平軍留後、兼判大安府事張筠爲永平軍節度使、檢校太保，行大安尹。庚戌，以鎮海軍北面水陸都指揮使、湖州刺史、檢校太傅錢傳璟遥領宣州寧國軍節度使，加同平章事。[1] 是月，賀瓌攻德勝南城，以艨艟戰艦横於河，以扼津濟之路。[2] 晉人斷其艨艟，濟軍以援南城，瓌等退軍。

　　[1] 北面水陸都指揮使：官名。吳越國在湖州設立，職掌不詳，當是北面水陸兩軍統兵官。　"以鎮海軍北面水陸都指揮使"至"加同平章事"：《吳越備史》卷一貞明三年（917）春三月載傳璟結銜云："王子贊正安國功臣、鎮海軍北面水陸都指揮使、金紫光禄大夫、檢校太保、守湖州刺史、大彭縣開國子食邑五百户。"
　　[2] 德勝南城：德勝沿黄河設城，河北岸爲北城，南岸爲南城。艨（méng）艟（chōng）：亦作"艨衝"。古代戰船。

　　五月己巳，山南東道節度使、檢校太傅孔勍加同平章事。[1] 丁亥，以延州節度使、鄜延兩道都制置、太原西面招討應接等使、渤海王高萬興爲檢校太師、兼中書令，[2] 充保大忠義等軍節度、[3] 鄜延管内觀察等使。是

月，以行營諸軍左廂馬軍都指揮使、鄭州防禦使王彥章
爲許州匡國軍節度觀察留後，依前行營諸軍左廂馬軍都
指揮使。

[1]山南東道：方鎮名。治所在襄州（今湖北襄陽市）。 孔
勍：人名。兗州（今山東濟寧市兗州區）人。唐末、五代藩鎮軍
閥。傳見本書卷六四。

[2]渤海王：中華書局本沿《輯本舊史》作“渤海郡王”，並
有校勘記：“本卷上文作‘渤海王’。按本書卷八《梁末帝紀上》：‘
（貞明元年）延州節度使、太原西面招討應接使、檢校太師、兼中
書令、渤海郡王高萬興進封渤海王。’”但未改，現改。又據《宋
本冊府》卷一九六《閏位部·封建門》知貞明元年（915）二月高
萬興已由渤海郡王進封爲渤海王。

[3]保大：方鎮名。治所在鄜州（今陝西富縣）。

六月壬戌，以天驥院使李隨權知登州軍州事。[1]

[1]天驥院使：官名。唐置小馬坊，後梁改爲天驥院。掌管御
馬。長官爲天驥院使。 李隨：人名。籍貫不詳。五代後梁官員。
本書僅此一見。

秋七月，晋王自魏州還太原。

八月乙未朔，滑州節度使賀瓌卒，輟視朝三日，詔
贈侍中。是月，命開封尹王瓚爲北面行營招討使。[1]瓚
乃與許州留後王彥章等率大軍自黎陽濟，營於楊村，[2]
造浮梁以通津路。

[1]開封尹：官名。五代除後唐外均定都開封，因置開封府尹。執掌京師政務。從三品。　王瓚：人名。太原祁（今山西祁縣）人。唐河中節度使王重盈之子。五代後梁將領，官至開封尹。傳見本書卷五九。

[2]楊村：地名。位於今河南濮陽市西南。

九月丙寅，制削奪廣州節度使、南平王劉巖在身官爵，[1]以其將謀僭號故也。仍詔天下兵馬元帥錢鏐指揮攻討。

[1]廣州：州名。治所在今廣東廣州市。　劉巖：人名。又名劉龑。上蔡（今河南上蔡縣）人。劉謙之子，劉隱之弟。五代十國南漢國建立者。傳見本書卷一三五、《新五代史》卷六五。

冬十月，晋王復至魏州。是月，劉鄩攻下兗州，擒張守進，夷其族。

十一月丁丑，以兗州安撫制置使、特進、檢校太傅、大彭郡開國公劉鄩爲兗州節度使、開府儀同三司、檢校太尉、同平章事，賞平兗之功也。辛卯，王瓚帥師至戚城，[1]遇晋軍，交綏而退。

[1]戚城：地名。位於今河南濮陽市。

十二月戊戌，晋王領軍迫河南寨，王瓚率師禦之，獲晋將石家才。[1]既而瓚軍不利，瓚退保楊村寨，晋人陷濮陽。[2]《永樂大典》卷六千六百五。[3]

[1]石家才：人名。又名石君立。趙州昭慶（今河北隆堯縣）人。五代將領。傳見本書卷六五。《舊五代史考異》："案：《通鑑》石家才作石君立。考《薛史》列傳，君立一名家才。"中華書局本沿《輯本舊史》作"家才"，並有校勘記："'家才'，原作'家財'，據彭校、《舊五代史考異》卷一引文、本書卷二二《王檀傳》、《册府》卷二一七、卷三六九改。"石家才共有四個名字：《輯本舊史》卷六四本傳爲已驗證符合原本者，稱："石君立，亦謂之石家財。"《宋本册府》卷四一四《將帥部·赴援門》一條條主爲石君立，錄自《輯本舊史》本傳；另一條條主爲石嘉才，錄自《唐莊宗實錄》，《册府》編者不知兩人實爲同一人。《宋本册府》卷三六九《將帥部·攻取門》王檀條，稱石家才爲"蕃將"。明本《册府》卷二一七《閏位部·交侵門》貞明五年（919）十二月戊戌條言"獲晉將石家才"。

[2]晉人陷濮陽：《舊五代史考異》："案：上文四年十二月已云晉人攻濮陽，陷之，至此復云晉人陷濮陽，前後重複。《通鑑考異》歷引《薛史》《閻寶》《李嗣昭傳》及《莊宗實錄》而斷之曰：去冬唐雖得濮陽，棄而不守，今年復攻拔之也。參考事勢，當得其實。"見《通鑑》卷二七一貞明五年十二月戊戌條《考異》。

[3]《大典》卷六六〇五"梁"字韻"末帝（一）"事目。

舊五代史　卷一〇

梁書十

末帝紀下

　　貞明六年春正月戊子，以曹州刺史朱漢賓爲安州宣威軍節度使。[1]以許州匡國軍節度觀察留後、[2]充散指揮都軍使、檢校太傅王彥章爲匡國軍節度使，[3]進封開國侯，[4]軍職如故。

　　[1]貞明：後梁末帝朱友貞年號（915—921）。　曹州：州名。治所在今山東曹縣西北。　刺史：官名。漢武帝始置。州一級行政長官。總掌考核官史、勸課農桑、地方教化等事。唐中期以後，節度使、觀察使轄州而設，刺史爲其屬官，職任漸輕。從三品至正四品下。　朱漢賓：人名。亳州譙縣（今安徽亳州市）人。五代後梁、後唐將領。傳見本書卷六四、《新五代史》卷四五。　安州：州名。治所在今湖北安陸市。　宣威軍：方鎮名。治所在安州（今湖北安陸市）。　節度使：官名。唐時在重要地區所設掌握一州或數州軍事、民事、財政的長官。

　　[2]許州：州名。治所在今河南許昌市。　匡國軍：方鎮名。

後梁改忠武軍置，治所在許州（今河南許昌市）。　節度觀察留後：官名。唐、五代時，代行方鎮長官之職者稱留後，代行觀察使之職者即爲觀察留後。掌一州或數州軍政。

〔3〕檢校太傅：官名。爲散官或加官，以示恩寵，無實際執掌。王彥章：人名。鄆州壽張（今山東梁山縣壽張集）人。五代後梁將領。傳見本書卷二一、《新五代史》卷三二。

〔4〕開國侯：封爵名。

二月癸丑，宣州節度使錢傳璙起復，[1]依前檢校太傅、同平章事、[2]宣州節度使，以其丁内艱故也。

〔1〕宣州：州名。治所在今安徽宣城市。此處代指寧國軍。《舊五代史考異》：“案：原本宣州訛作‘亘州’，今據《十國春秋》改正。”《十國春秋》爲清人吳任臣撰。今據《吳越備史》卷一貞明六年二月條改。　錢傳璙：人名。錢鏐之子。事見本書本卷、卷九。

〔2〕同平章事：官名。“同中書門下平章事”的簡稱。唐高宗以後，凡實際任宰相之職者，常在其本官後加同平章事的職銜。後成爲宰相專稱。後晉天福五年（940），升中書門下平章事爲正二品。

三月丁亥，以前申州刺史張紹珪爲大理卿。[1]

〔1〕申州：州名。治所在今河南信陽市。　張紹珪：人名。籍貫不詳。五代後梁、後唐官員。事見本書本卷、卷九、卷三一。大理卿：官名。大理寺長官。掌邦國折獄詳刑之事。從三品。

夏四月己亥，制曰：[1]

王者愛育萬方，慈養百姓，恨不驅之仁壽，撫之以淳和。[2]而炎黃有戰伐之師，堯舜有干戈之用，諒不獲已，其猶病諸。然則去害除妖，興兵動衆，殺黑龍而濟中土，[3]刑白馬而誓諸侯。[4]終能永逸暫勞，以至同文共軌，古今無異，方冊具存。朕以眇末之身，託億兆之上，四海未乂，八年于茲，業業兢兢，日慎一日。雖踰山越海，肅慎方來；[5]而召雨徵風，蚩尤尚在。[6]顧茲殘孽，勞我大邦，將士久於戰征，黎庶疲於力役。木牛暫息，則師人有乏爨之憂；流馬盡行，則丁壯有無聊之苦。況青春告謝，朱夏已臨，妨我農時，迫我戎事。永言大計，思致小康，宜覃在宥之恩，稍示殷憂之旨。用兵之地，賦役實煩，不有蠲除，何使存濟。除兩京已放免外，應宋、亳、輝、[7]潁、鄆、齊、[8]棣、滑、鄭、[9]濮、沂、密、[10]青、登、萊、[11]淄、陳、許、[12]均、房、襄、[13]鄧、泌、[14]隨、陝、華、[15]雍、晉、絳、[16]懷、汝、商等三十二州，[17]應欠貞明四年終以前夏秋兩稅，并鄆、齊、滑、濮、襄、晉、輝等七州，兼欠貞明四年已前營田課利物色等，並委租庸使逐州據其名額數目矜放。[18]所在官吏，不得淹停制命，徵督下民，致恩澤不及於鄉間，租稅虛捐於帳籍。其有衷私遠年債負，[19]生利過倍，自違格條，所在州縣，不在更與徵理之限。兗州城內，自張守進違背朝廷，[20]結連蕃寇，久勞攻討，頗困生靈，言念傷殘，尋加給復。應天下見禁罪人，如犯大辟合抵極刑者，[21]宜示好生，特令減死。除準格律常赦不原外，徒流已下，[22]遞減一等。左降官未經量移者與量移，[23]已量移者便與復資云。

[1]夏四月己亥，制曰：中華書局本有校勘記："'己亥'，原作'丁亥'，據《册府》卷二〇八、卷四九一、《新五代史》卷三《梁本紀》改。按是月癸巳朔，無丁亥，己亥爲初七。" 見明本《册府》卷二〇八《閏位部·恩宥門二》、《宋本册府》卷四九一《邦計部·蠲復門三》、《新五代史》卷三《梁末帝紀》。制文全文亦見於《册府》卷四九一。

[2]恨不驅之仁壽，撫之以淳和：中華書局本有校勘記："原作'恨不驅之仁壽撫以淳和'，據《永樂大典》卷一三四九七引《五代《薛史》、《册府》卷四九一改。"《大典》卷一三四九七爲 "制" 字韻 "事韻"。

[3]殺黑龍而濟中土：傳說水中黑龍興風作浪，女媧殺之以拯救冀州百姓。《淮南子·覽冥訓》："於是女媧鍊五色石以補蒼天，斷鼇足以立四極，殺黑龍以濟冀州。"

[4]刑白馬而誓諸侯：指白馬之盟。西漢建立後，漢高祖劉邦剪除異姓諸侯王，封劉氏子弟爲王，殺白馬歃血爲誓："非劉氏而王者，天下共擊之。"

[5]肅慎：民族名。古有肅慎國，傳說在今山東一帶，向舜朝貢，後遷往東北。三國時有挹婁之名，北魏稱勿吉。三者關係複雜，不一定是同一民族。隋唐時稱靺鞨，遼稱女真。參見孫進己、孫泓《女真民族史》，廣西師範大學出版社2010年版。

[6]蚩尤尚在：《輯本舊史》之影庫本粘籤："'蚩'字下原本脱'尤'字，今據文增入。"《册府》卷四九一不脱 "尤" 字，可

據補。

[7]宋：州名。治所在今河南商丘市睢陽區。　亳：州名。治所在今安徽亳州市。　輝：州名。治所在今山東單縣。"輝"，中華書局本有校勘記："此字原闕，據《册府》卷四九一補。"

[8]潁：州名。治所在今安徽阜陽市。　鄆：州名。治所在今山東東平縣。　齊：州名。治所在今山東濟南市。

[9]棣：州名。治所在今山東惠民縣。"棣"，中華書局本有校勘記："原作'魏'，據《册府》卷四九一改。《永樂大典》卷一三四九七引五代《薛史》此字係墨釘，疑係避朱棣諱改。《舊五代史考異》卷一：'原本脱"魏"字，今據《册府元龜》增入。'"《宋本册府》卷四九一作"棣"。　滑：州名。治所在今河南滑縣。

[10]濮：州名。治所在今山東鄄城縣。　沂：州名。治所在今山東臨沂市。　密：州名。治所在今山東諸城市。

[11]青：州名。治所在今山東青州市。　登：州名。治所在今山東蓬萊市。　萊：州名。治所在今山東萊州市。

[12]淄：州名。治所在今山東淄博市淄川區。　陳：州名。治所在今河南淮陽縣。

[13]均：州名。治所在今湖北丹江口市。　房：州名。治所在今湖北房縣。　襄：州名。治所在今湖北襄陽市。

[14]鄧：州名。治所在今河南鄧州市。　泌：州名。治所在今河南唐河縣。"泌"，中華書局本有校勘記："原作'沁'，據劉本、《册府》(明本)卷四九一改。按《新唐書》卷四〇《地理志四》：'泌州淮安郡……武德五年以唐城山更名唐州……天祐三年朱全忠徙治泌陽，表更名。'本書卷一五〇《郡縣志》有唐州，與上文襄州、鄧州，下文隨州同屬山南道。"《舊五代史》之《地理志》，《輯本舊史》誤作《郡縣志》。唐州屬山南道，所據者爲《大典》卷一七三八二爲"道"字韻"地理事韻"，尚需證其是否出自《舊五代史‧地理志》)。

[15]隨：州名。治所在今湖北隨州市。　陝：州名。治所在今

河南三門峽市陝州區。　華：州名。治所在今陝西渭南市華州區。

[16]雍：州名。治所在今陝西西安市。　晉：州名。治所在今山西臨汾市。　絳：州名。治所在今山西新絳縣。

[17]懷：州名。治所在今河南沁陽市。　汝：州名。治所在今河南汝州市。　商：州名。治所在今陝西商洛市商州區。

[18]營田：指屯田。政府組織士兵或召募流民種田。　租庸使：官名。唐代爲主持催徵租庸地稅的財政官員。後梁、後唐時，租庸使取代鹽鐵、度支、户部長官，掌中央財政。

[19]其有衷私遠年債負：中華書局本有校勘記：“‘衷私’，原作‘私放’，據《永樂大典》卷一三四九七引五代《薛史》、《册府》卷四九一改。”

[20]兖州：州名。治所在今山東濟寧市兖州區。　張守進：人名。又名張萬進。雲州（今山西大同市）人。唐末、五代將領。傳見本書卷一三。

[21]大辟：死刑的通稱。

[22]徒：强制犯人勞役。　流：將犯人流放。

[23]左降：又稱左遷。貶官。　量移：將被貶謫到邊遠地區的官員，調到近處任職。　左降官未經量移者與量移：中華書局本有校勘記：“‘左’原作‘除’，據《永樂大典》卷一三四九七引五代《薛史》改。”

庚子，宗正卿朱守素上言：[1]“請依前朝置匭院，令諫議大夫專判。”[2]從之，乃以右諫議大夫鄭韜光充知匭使。[3]乙巳，以右僕射兼門下侍郎、同平章事、[4]監修國史、判度支、[5]開國公敬翔爲弘文館大學士、[6]延資庫使、諸道鹽鐵轉運等使，[7]餘如故。以中書侍郎兼刑部尚書、[8]平章事、集賢殿大學士、判户部事鄭珏爲監修國史、[9]判度支。以中書侍郎、平章事蕭頃爲集賢殿大學士、[10]判户部事。以尚書左丞李琪爲中書侍郎、平章事。[11]丙午，吏部侍郎趙光胤爲尚書左丞。[12]己酉，以河中護國軍節度副大使、[13]知節度事、制置度支解縣池場等使、[14]開府儀同三司、守太保、兼中書令、[15]冀王友謙依前守太保、兼中書令、兼同州節度使，[16]餘如故。癸丑，鄜延節度使兼西面招討接應等使、[17]檢校太師、[18]兼中書令、渤海王高萬興進封延安王，[19]賜號匡時定節功臣。前衡州長史劉騭進所撰《地理手鏡》十卷。[20]己未，以租庸判官、尚書工部郎中張鋭爲户部郎中，充崇政院學士。[21]辛酉，以前吏部侍郎盧協爲禮部侍郎。[22]

[1]宗正卿：官名。秦始置宗正，南朝梁始有宗正卿之官。由宗室充任。掌皇族外戚屬籍。正三品。　朱守素：人名。籍貫不詳。五代後梁、後唐官員。事見本書本卷、卷三九。

[2]匭（guǐ）院：官署名。匭使院的簡稱。唐睿宗（實爲武則天執政）垂拱元年（685）始設，隸屬中書省，以諫議大夫及補闕、拾遺一人爲知匭使。署門外設有方函，有自薦、申冤、舉報等事宜者，分類投匭。　諫議大夫：官名。秦始置，掌朝政議論。隋唐仍置，有左、右諫議大夫四人，分屬門下、中書二省。掌諫諭得失，侍從贊相。唐後期、五代多以本官領他職。唐初爲正五品上，會昌二年（842）升爲正四品下。後晉天福五年（940）爲正四品，後周顯德五年（958）復改爲正五品上。

[3]鄭韜光：人名。洛京河清（今河南濟源市）人。唐宣宗外孫，唐末、五代官員。傳見本書卷九二。　知匭使：官名。匭使院長官。《舊五代史考異》：“案：原本‘知匭’作‘知匭’，考《通典》唐三省官有知匭使，今改正。”見《通典》卷二一《職官三》

門下省條、又見《舊唐書》卷四三《職官志二》。

[4]右僕射：官名。秦始置。隋、唐前期以左、右僕射佐尚書令總理六官，綱紀庶務；如不置尚書令，則總判省事，爲宰相之職。唐後期多爲大臣加銜。從二品。　門下侍郎：官名。門下省副長官。唐後期三省長官漸爲榮銜，中書侍郎、門下侍郎却因參議朝政而職位漸重，常常用爲以“同三品”或“同平章事”任宰相者的本官。正三品。

[5]監修國史：官名。北齊始置史館，以宰相爲之。唐史館沿置，爲宰相兼職。　判度支：官名。度支本爲户部的一司，唐中期以後特派大臣判度支，後來獨立於户部之外，稱度支使或知度支事，或稱勾當度支使。後判度支、判户部及鹽鐵轉運使所在官署合稱三司。至五代後唐，合爲一職，稱三司使。

[6]開國公：封爵名。　敬翔：人名。同州馮翊（今陝西大荔縣）人。後梁大臣。傳見本書卷一八、《新五代史》卷二一。　弘文館大學士：官名。唐初設弘文館，後設學士、大學士。大學士常由次相兼任。

[7]延資庫使：官名。唐宣宗大中三年（849）改備邊庫爲延資庫，專門儲備全國軍費。長官稱延資庫使，以宰相兼任。後梁延續這一制度。參見杜文玉《五代十國制度研究》，人民出版社2006年版，第146—147頁。　諸道鹽鐵轉運使：官名。主管漕運、鹽鐵專賣等政務。唐末、五代常由宰相兼任。

[8]中書侍郎：官名。中書省副長官，唐後期三省長官漸爲榮銜，中書侍郎、門下侍郎却因參議朝政而職位漸重，常常用爲以“同三品”或“同平章事”任宰相者的本官。正三品。　刑部尚書：官名。尚書省刑部主官。掌天下刑法及徒隸、勾覆、關禁之政令。正三品。

[9]集賢殿大學士：官名。唐中葉置，位在學士之上，以宰相兼掌修書之事。　判户部事：官名。尚書户部長官。　鄭珏：人名。榮陽（今河南榮陽市）人。五代後梁、後唐宰相。傳見本書卷

五八、《新五代史》卷五四。

[10]蕭頃：人名。京兆萬年（今陝西西安市長安區）人。後
梁、後唐大臣。傳見本書卷五八。

[11]尚書左丞：官名。尚書省佐貳官。唐中期以後，與尚書右
丞實際主持尚書省日常政務，權任甚重。正四品上。　李琪：人
名。河西敦煌（今甘肅敦煌市）人。五代大臣。傳見本書卷五八、
《新五代史》卷五四。　以尚書左丞李琪爲中書侍郎、平章事：
《通鑑》卷二七一繫於貞明六年（920）四月乙亥條。

[12]吏部侍郎：官名。尚書省吏部副長官，協助吏部尚書掌文
選、勳封、考課之政。正四品上。　趙光胤：人名。京兆奉天（今
陝西乾縣）人。趙光逢之弟。唐末進士，五代後梁大臣、後唐宰
相。傳見本書卷五八。

[13]河中護國軍：方鎮名。護國軍原爲河中軍。治所在河中府
（今山西永濟市西南蒲州鎮）。　節度副大使：官名。方鎮中僅次於
節度使之使職，如持節，則位同於節度使。

[14]知節度事：官名。方鎮實際掌權者。　制置度支解縣池場
使：官名。主管解縣（今山西運城市鹽湖區）鹽池。

[15]開府儀同三司：官名。魏晉始置，隋唐時爲文散官之最高
官階。多授功勳重臣。從一品。　守太保：官名。太保與太師、太
傅並爲三師。唐後期、五代多爲大臣、勳貴加官。加“守”字，説
明地位低於太保。　中書令：官名。漢代始置。隋、唐前期爲中書
省長官，屬宰相之職；唐後期多爲授予元勳大臣的虛銜。正二品。

[16]友謙：即朱友謙。許州（今河南許昌市）人。朱温養子，
唐末、五代軍閥。傳見本書卷六三、《新五代史》卷四五。　同州：
州名。治所在今陝西大荔縣。

[17]鄜延：方鎮名。治所在鄜州（今陝西富縣）。　招討接應
使：官名。戰時任命，兵罷則省。常以大臣、將帥或地方軍政長官
兼任。掌招撫討伐、接應等事務。

[18]檢校太師：官名。爲散官或加官，以示恩寵，無實際執

掌。太師，與太傅、太保並爲三師。中華書局本沿《輯本舊史》作
"檢校太保"，並有校勘記："'檢校太保'，本書卷九《梁末帝紀
中》、卷三〇《唐莊宗紀四》作'檢校太師'。"

[19]渤海王高萬興：人名。河西（今甘肅武威）人。唐末、
五代將領，高懷遷之子。傳見本書卷一三二、《新五代史》卷四〇。
"渤海王"，中華書局本沿《輯本舊史》作"渤海郡王"，並有校勘
記："'渤海郡王'，本書卷八《梁末帝紀上》作'渤海王'。按
《册府》卷一九六：'貞明元年二月，進封延州節度使、渤海郡王高
萬興爲渤海王。六年四月，進封延安王。'"但未改。今據本書三
本紀及《宋本册府》卷一九六《閏位部·封建門》改。

[20]衡州：州名。治所在今湖南衡陽市。　長史：官名。州府
屬官。協助處理州府公務。正四品上至正六品上。　劉驚：人名。
籍貫不詳。唐末、五代官員。本書僅此一見。

[21]租庸判官：官名。租庸使屬官。租庸使，唐代爲主持催徵
租庸地稅的財政官員。後梁、後唐時，租庸使取代鹽鐵、度支、户
部長官，爲主管中央財政的長官。　尚書工部郎中：官名。唐始
置。尚書省工部之工部司長官，位在侍郎之下、員外郎之上。主持
工部司事務。掌城池土木之工役程式。從五品上。　張鋭：人名。
籍貫不詳。五代後梁官員。本書僅此一見。　户部郎中：官名。即
尚書省户部頭司户部司長官。掌户口、土田、賦役、貢獻、優復、
婚姻、繼嗣等事。從五品上。　崇政院學士：官名。此處當指崇政
院直學士。後梁開平二年（908）於崇政院置，選有政術、文學者
爲之，其後又改爲直崇政院。

[22]盧協：人名。籍貫不詳。後梁大臣。事見本書本卷、卷
六。　禮部侍郎：官名。尚書省禮部次官。協助禮部尚書掌禮儀、
祭享、貢舉之政。正四品下。　以前吏部侍郎盧協爲禮部侍郎：中
華書局本有校勘記："下一'吏部侍郎'，殿本、孔本作'禮部侍
郎'。"

五月乙丑，故左衛上將軍齊奉國贈太傅。[1]詔曰："應文武朝官，或有替罷多年，漂流在外者，宜令中書門下量才除授，[2]勿使栖遲。或有進士策名，累年未釋褐者，[3]與初任一官；已釋褐者，依前資敘用。"乙酉，升宋州爲大都督府，[4]其餘廢大都督府額。

[1]左衛上將軍：官名。唐置，掌宮禁宿衛。唐代置十六衛，即左右衛、左右驍衛、左右武衛、左右威衛、左右領軍衛、左右金吾衛、左右監門衛、左右千牛衛，各置上將軍，從二品；大將軍，正三品；將軍，從三品。　齊奉國：人名。籍貫不詳。五代後梁將領。事見本書本卷、卷九、卷一九。　太傅：官名。與太師、太保並爲三師。唐後期、五代多爲大臣、勳貴加官。正一品。

[2]中書門下：官署名。唐玄宗時改"政事堂"置，設於中書省，爲宰相議政辦公之所，下設吏、樞機、兵、户、刑禮五房分主衆務。

[3]策名：指進士及第。　釋褐：指進士及第授官。

[4]大都督府：地方高級軍政機構。始設於三國時期。唐、五代爲某些重要府州的軍政機構。

六月，遣兗州節度使劉鄩帥華州節度使尹皓、[1]崇州節度使温昭圖、莊宅使段凝領軍攻同州。[2]先是，河中朱友謙襲陷同州，節度使程全暉單騎奔京師。[3]友謙以其子令德爲同州留後，表求節旄，不允。[4]既而帝慮友謙怨望，遂命兼鎮同州。制命將下而友謙已叛，遣使求援於晉，故命將討之。

[1]劉鄩：人名。密州安丘（今山東安丘市）人。唐末、五代

將領。傳見本書卷二三、《新五代史》卷二二。"遣兗州節度使劉鄩"下之"帥"字原無，據《通鑑》卷二七一貞明六年（920）六月條補。　尹皓：人名。籍貫不詳。後梁將領。傳見本書附錄。

[2]崇州：州名。治所在今陝西銅川市耀州區。　溫昭圖：人名。華原（今陝西銅川市耀州區）人。後梁、後唐將領。傳見本書卷七三、《新五代史》卷四〇。　莊宅使：官名。唐始置。掌管兩京地區官府掌握的莊田、磨坊、店鋪、菜園、車坊等產業。　段凝：人名。開封（今河南開封市）人。其妹爲朱温美人，因其妹而爲朱温親信。後梁將領。傳見本書卷七三、《新五代史》卷四五。

[3]程全暉：人名。籍貫不詳。後梁將領。事見本書本卷。"程全暉單騎奔京師"，《舊五代史考異》："案《歐陽史》本紀：河中節度使朱友謙襲同州，殺其節度程全暉。據《薛史》，則程全暉奔還京師，未嘗見殺也。《歐陽史》列傳仍同《薛史》。《五代春秋》又作六年春事。"《五代春秋》卷上於梁末帝貞明六年春載朱友謙襲陷同州。《通鑑》卷二七一繫程全暉單騎奔京師事於貞明六年四月己卯條，係追述前事。

[4]令德：人名。即朱令德。許州（今河南許昌市）人。朱友謙之子。事見本書卷六三。　留後：官名。唐、五代節度使多以子弟或親信爲留後，以代行節度使職務，亦有軍士、叛將自立爲留後者。掌一州或數州軍政。　節旄：亦作"節髦"。古代符節上所飾的旄牛尾。此處代指節度使。

九月庚寅，以供奉官郎公遠充契丹歡好使。[1]晉王遣都將李嗣昭、李存審、王建及率師來援同州，[2]戰于城下。我師敗績，諸將以餘衆退保華州羅文寨。

[1]供奉官：官名。泛指侍奉皇帝左右的臣僚，亦爲東、西頭供奉官通稱。　郎公遠：人名。籍貫不詳。五代後梁官員。本書僅

此一見。　九月庚寅，以供奉官郎公遠充契丹歡好使：《舊五代史考異》：“案《遼史》：神册五年九月，梁遣郎公遠來聘，即是年事也。《遼史》載神册元年，梁遣郎公遠來賀，《薛史》失載。”《輯本舊史》孔本案語：“案《遼史》：神册五年九月己丑朔，梁遣郎公遠來聘。與《薛史》合。又天贊二年四月，梁遣使來聘，即龍德三年也，《薛史》不載。”見《遼史》卷二《太祖本紀下》，又見《新五代史》卷三《梁末帝紀》貞明六年（920）九月庚寅記事。

　[2]李嗣昭：人名。汾州（今山西汾陽市）人。唐末、五代李克用義子、部將。傳見本書卷五二、《新五代史》卷三六。　李存審：人名。陳州宛丘（今河南淮陽縣）人。原姓符名存。後唐將領。傳見本書卷五六、《新五代史》卷二五。　王建及：人名。許州（今河南許昌市）人。後唐將領。傳見《新五代史》卷二五。

　　冬十月，陳州妖賊毋乙、董乙伏誅。[1]陳州里俗之人，喜習左道，依浮圖氏之教，[1]自立一宗，號曰“上乘”。不食葷茹，誘化庸民，揉雜淫穢，宵聚晝散，州縣因循，遂致滋蔓。時刺史惠王友能恃戚藩之寵，[3]動多不法，故奸慝之徒，望風影附。毋乙數輩，漸及千人，攻掠鄉社，長吏不能詰。是歲秋，其衆益盛，南通淮夷，朝廷累發州兵討捕，反爲賊所敗，陳、潁、蔡三州大被其毒。[4]羣賊乃立毋乙爲天子，其餘豪首，各有樹置。至是發禁軍及數郡兵合勢追擊，賊潰，生擒毋乙等首領八十餘人，械送闕下，並斬於都市。

　[1]毋乙、董乙：人名。籍貫不詳。事見本書本卷。
　[2]浮圖：梵語音譯，又作佛陀。泛指佛教。
　[3]友能：人名。即朱友能。朱温長兄朱全昱之子。傳見本書

卷一二、《新五代史》卷一三。

[4]陳、穎、蔡三州大被其毒：《輯本舊史》之影庫本粘籤：
"穎、蔡，原本訛作'穎葵'，今據文改正。"五代無葵州，陳州、
穎州、蔡州三州相鄰。

龍德元年春正月癸巳，詔諸道入奏判官，[1]宜令御
史臺點檢，合從正衙退後，[2]便於中書門下公參辭謝，
如有違越，具名銜聞奏。應面賜章服，仍令閤門使取本
官狀申中書門下，受敕牒後，方可結入新銜。[3]甲辰，
以河東道行營西面應接使、前靜勝軍節度、[4]崇裕等州
觀察處置等使、[5]特進、檢校太尉、同平章事溫昭圖爲
匡國軍節度、[6]陳許蔡等州觀察處置等使。以北面行營
副招討使、匡國軍節度、陳許蔡等州觀察處置等使、光
禄大夫、檢校太傅王彦章爲宣義軍節度副大使，[7]知節
度事、鄭滑濮等州觀察處置等使，依前北面副招討使。

[1]龍德：後梁末帝朱友貞年號（921—923）。　判官：官名。
爲長官的佐吏，協理政事，或備差遣。

[2]御史臺：官署名。東漢始置。古代國家的中央監察機構。
掌糾察官吏違法、肅正朝廷綱紀。大事廷辯，小事奏彈。　正衙：
即正殿。唐代以大明宮宣政殿爲正衙。唐後期以來，在正衙舉行的
每日朝參，亦稱正衙。

[3]章服：綉有日月星辰圖案的禮服，每圖一章，天子十二章，
大臣依品級遞減。　閤門使：官名。唐代中期始設，掌扈從乘輿、
朝會禮儀、大宴引贊、引接朝見等事務。初以宦官充任，五代改用
武將。　敕牒：委任官吏的任命文書。　結銜：官員在正式文書和
著述上具名時，將所帶的各類官銜按一定順序聯結起來，也稱"繫

衜”。

[4]河東道：道名。唐太宗貞觀元年（627）設，位於黄河以東、太行山以西，大致相當於今山西和河北西北部。 靜勝軍：方鎮名。治所在崇州（今陝西銅川市耀州區）。

[5]裕：州名。治所在今陝西富平縣美原鎮。 觀察處置使：官名。唐肅宗乾元元年（758）停諸道採訪處置使、黜陟使而置，掌考察州縣官吏政績，後兼理民事、軍事，並兼刺史。宋朝諸州沿置，有實任與遥領之別，後多用爲武臣及宗室寄禄官。

[6]特進：官名。西漢末期始置，授給列侯中地位較特殊者。隋唐時期，特進爲文散官，授給有聲望的文官。正二品。

[7]副招討使：官名。行營統兵官。位次行營都統、招討使。掌招撫討伐事務。 光禄大夫：官名。西漢始設，掌論議。唐、五代爲散官。從二品。 宣義軍：方鎮名。治所在滑州（今河南滑縣）。

二月己未，以權知靜勝軍節度觀察留後、前汝州防禦使華温琪爲靜勝軍節度觀察留後，[1]依前檢校太傅。丙寅，以荆南節度使、檢校太師、兼中書令、渤海郡王高季昌爲守中書令，[2]依前荆南節度使。庚午，以晋州建寧軍節度觀察留後劉玘爲晋州節度使、檢校太保。[3]壬申，史館上言：“伏見北齊文士魏收著《後魏書》，[4]于時自魏太武之初，[5]至于北齊，書不獲就，乃大徵百官家傳，刊總斟酌，隨條甄舉，搜訪遺亡，數年之間，勒爲一代典籍，編在北史，固非虚言。臣今請明下制，勑内外百官及前資士子、帝戚勲家，並各納家傳，具述父祖事行源流及才術德業灼然可考者，並纂述送史館。如記得前朝會昌已後公私，[6]亦任抄録送官，皆須直書，

427

不用文藻。兼以兵火之後，簡牘罕存，應内外臣僚，曾有奏行公事，關涉制置，或討論沿革，或章疏文詞，有可採者，並許編録送納。候史館修撰之日，考其所上公事，與中書門下文案事相符會，或格言正辭詢訪不謬者，並與編載。所冀忠臣名士，共流家國之耿光；孝子順孫，獲記祖先之丕烈。而且周德見乎殷紀，舜典存乎禹功，非唯十世可知，庶成一朝大典。臣叨庸委任，獲領監修，將黷素湌，輒干玄覽。”詔從之。鹽鐵轉運使敬翔奏：“請於雍州、河陽、徐州三處重置場院税茶。”[7]從之。己卯，禮部尚書、充西都副留守兼判尚書省事崔沂奏：“西京都省，凡有公事奏聞，常須借印施行，伏請鑄尚書省分司印一面。”[8]從之。是月，鎮州大將王德明殺其帥王鎔，[9]自稱留後，遣使來求援。宰臣敬翔請許之，租庸使趙巖等以爲不可，[10]乃止。

　　[1]華温琪：人名。後梁大臣，傳見本書卷九〇、《新五代史》卷四七。　“以權知静勝軍”至“静勝軍節度觀察留後”：《舊五代史考異》：“案：《通鑑》作貞明六年事，與《薛史》繫龍德元年異。”見《通鑑》卷二七一貞明六年（920）九月條。

　　[2]荆南：後梁開平元年（907）朱温命高季昌爲荆南節度使，梁末帝時封季昌爲渤海王。後唐同光三年（925）受封爲南平王。稱南平國或荆南國。十國之一。　高季昌：人名。後改名高季興，陝州硤石（今河南三門峽市陝州區硤石鄉）人。南平（即荆南）開國君主。傳見本書卷一三三、《新五代史》卷六九。《輯本舊史》之影庫本粘籤：“季昌，原本訛作‘杏昌’，今據《十國春秋》改正。”見《十國春秋》卷一〇〇《武信王世家》。《十國春秋》爲清人吳任臣撰。高季昌之名在《輯本舊史》中多見。卷一三三爲其本

傳，言其本名季昌，唐莊宗即位，避其廟諱改名季興。

[3]建寧軍：方鎮名。五代後梁貞明三年（917）改定昌軍置，治所在晉州（今山西臨汾市）。 劉玘：人名。汴州雍丘（今河南杞縣）人。五代後梁、後唐將領。傳見本書卷六四、《新五代史》卷四五。

[4]史館：官署名。官修史書之機構。北齊始置。唐初隸秘書省著作局。唐貞觀三年（629）移於禁中，隸門下省。修本朝史由史官負責，修前代史多由他官編纂，宰相監修，正式確立史館修史、宰相監修之制。開元二十五年（737），徙史館於中書省。天寶後，他官兼領史職者，謂之史館修撰，初入者爲直館。五代沿置。北齊：朝代名。公元550年，高洋取代東魏，自立爲帝，國號齊，都鄴（今河北臨漳西）。577年爲北周所滅。 魏收：人名。北齊鉅鹿郡下曲陽（今河北晉州市）人。撰有《魏書》。傳見《北齊書》卷三七。 《後魏書》：書名。即《魏書》。北齊魏收編撰，記北魏之史的紀傳體史書，現存一百一十四卷。

[5]太武：即北魏太武帝拓跋燾，廟號世祖。紀見《魏書》卷四上、卷四下。

[6]會昌：唐武宗李炎的年號（841—846）。

[7]河陽：縣名。治所在今河南孟州市。 場院：政府設立的專賣、征稅場所。

[8]禮部尚書：官名。尚書省禮部主官。掌禮儀、祭享、貢舉之政。正三品。 西都、西京：地名。治所在今河南洛陽市。 副留守：官名。古代皇帝出巡或親征時指定親王或大臣留守京城，綜理國家軍事、行政、民事、財政，稱京城留守。在陪都或軍事重鎮也常設留守，以地方長官兼任。副留守即其副貳。 判尚書省事：官名。此處指西京尚書省長官。 崔沂：人名。博州（今山東聊城市）人。唐宰相崔鉉之子，後梁大臣。傳見本書卷六八。 都省：官署名。指西京尚書省。 分司：唐代職官制度之一。中央官員分在陪都執行職務的，稱爲分司。

[9]鎮州：州名。治所在今河北正定縣。　王德明：人名。即張文禮。被王鎔收爲義子，賜姓王，名德明。燕（今河北北部）人。五代將領。傳見本書卷六二。　王鎔：人名。回鶻人。唐末、五代軍閥，朱温封趙王。傳見本書卷五四、《新五代史》卷三九。　"是月"至"王鎔"：《舊五代史考異》："案《五代春秋》：三月，趙人張文禮弑其君鎔。《薛史》及《通鑑》作二月。"見《通鑑》卷二七一龍德元年（921）二月條："德明復姓名曰張文禮，盡滅王氏之族。"

[10]趙巖：人名。陳州宛丘（今河南淮陽縣）人。唐忠武軍節度使趙犨之子。後梁大臣。事見本書卷九、卷一四。

　　三月丁亥朔，祠部員外郎李樞上言："請禁天下私度僧尼，及不許妄求師號、紫衣。如願出家受戒者，皆須赴闕比試藝業施行，願歸俗者，一聽自便。"[1]詔曰："兩都左右街賜紫衣及師號僧，委功德使具名聞奏。今後有闕，方得奏薦，仍須道行精至，夏臘高深，方得補填。[2]每遇明聖節，兩街各許官壇度七人。[3]諸道如要度僧，亦仰就京官壇，仍令祠部給牒。今後只兩街置僧録，諸道僧正並廢。"[4]己丑，以前兵部郎中杜光乂爲左諫議大夫致仕。[5]壬寅，改襄州鄀縣爲沿夏縣，亳州焦夷縣爲夷父縣，密州漢諸縣爲膠源縣，[6]從中書舍人馬縞請也。[7]

　　[1]祠部員外郎：官名。禮部祠部司副職，與祠部郎中共掌祭祀、占卜、醫藥、僧尼簿籍等。從六品上。　李樞：人名。籍貫不詳。五代後梁官員。本書僅此一見。　師號：朝廷對道行出衆僧人賜予的稱號。　紫衣：紫色袈裟。武則天時始賜僧人紫袈裟。　一

聽自便：《輯本舊史》之影庫本粘籤："自便，原本作'自使'，今據文改正。"

[2]左右街：官署名。指左右街僧錄司，唐朝始置，屬鴻臚寺。主管僧尼帳籍及僧官補授。 夏臘：僧尼出家的年數。佛教以七月十六日爲歲首，七月十五日爲除夕。以夏臘計算年歲。

[3]明聖節：後梁末帝朱友貞誕辰，爲九月十二日。 壇度：指臨壇。僧尼登臨戒壇，舉行授戒儀式，完畢後稱臨壇大德。

[4]諸道僧正並廢：中華書局本有校勘記："'諸道'，原作'道錄'，據彭校、《册府》卷一九四改。"見《宋本册府》卷一九四《閏位部·崇釋老門》。

[5]兵部郎中：官名。尚書省兵部頭司兵部司長官。唐高祖改兵曹郎置，員二人：一掌武官階品、衛府名數、校考、給告身之事；一掌軍籍、軍隊調遣名數、朝集、錄賜、告假等事。高宗、武則天、玄宗時，一度隨本部改名司戎大夫、夏官郎中、武部郎中。五代因之。從五品上。 杜光乂：人名。籍貫不詳。後梁官員。本書僅此一見。 左諫議大夫：官名。隸門下省。唐代置左、右諫議大夫各四人，分隸門下省、中書省。掌諫諭得失，侍從贊相。正四品下。

[6]鄢縣、沿夏縣：縣名。治所在今湖北省宜城市東南。 焦夷縣、夷父縣：縣名。治所在今安徽亳州市東南。 漢諸縣、膠源縣：縣名。治所在今山東諸城市。

[7]中書舍人：官名。中書省屬官。掌起草文書、呈遞奏章、傳宣詔命等。正五品上。 馬縞：籍貫不詳。後梁、後唐官員。傳見本書卷七一、《新五代史》卷五五。

夏四月，陳州刺史惠王友能反，[1]舉兵向闕，帝命將出師逆擊，敗之。友能走保陳州。詔張漢傑率兵進討。[2]敕開封府太康、襄邑、雍丘三縣，[3]遭陳州賊軍奔衝，其夏稅只據見苗輸納。[4]

[1]夏四月，陳州刺史惠王友能反：《舊五代史考異》：“案：
《歐陽史》作三月，與《薛史》異。”見《新五代史》卷三《梁末
帝紀》，又《通鑑》卷二七一繫於龍德元年（921）四月條。
[2]張漢傑：人名。清河（今河北清河縣）人。張歸霸之子。
五代後梁將領。傳見本書附録、《新五代史》卷二二。《舊五代史
考異》：“案：原本漢傑作‘衡傑’，今據《通鑑》改正。”見《通
鑑》卷二七一龍德元年四月條。
[3]太康：縣名。治所在今河南太康縣。　襄邑：縣名。治所
在今河南睢縣。　雍丘：縣名。治所在今河南杞縣。
[4]“敕開封府”至“見苗輸納”：敕文見《宋本册府》卷四
九一《邦計部·蠲復門三》，但繫於七月。

五月丙戌朔，制曰：

朕聞惟辟動天，惟聖時憲，[1]故君爲善則天降
之以福，爲不善則降之以灾。朕以眇末之身，託於
王公之上，不能荷先帝艱難之運，所以致蒼生塗炭
之危。兵革荐興，灾害仍集，内省厥咎，蓋由朕
躬。故北有犬戎猾夏之師，[2]西有蒲、同亂常之旅，
連年戰伐，積歲轉輸，虜劉我士民，侵據我郡邑。
師無宿飽之饋，家無擔石之儲。而又水潦爲灾，蟲
蝗作沴，[3]戒譴作於上，怨咨聞於下。而況骨肉之
内，竊弄干戈，畿甸之中，輒爲陵暴。但責躬而罪
己，敢怨天以尤人。蓋朕無德以事上玄，[4]無功以
及兆庶，不便於時者未能去，有益於民者未能行，
處事昧於酌中，發令乖於至當，招致灾患，引翼禍

殃。罪在朕躬，不敢自赦。夙夜是懼，寢食靡寧，將勵己以息災，爰布澤而從欲。今以薰風方扇，[5]旭日初昇，朔既視於正陽，[6]曆宜更於嘉號。庶惟新之令，敷華夏以同歡；期克念之心，與皇王而合道。其貞明七年，宜改爲龍德元年。應天下見禁罪人，除大辟罪外，遞減一等。德音到後，[7]三日內疏理訖奏。應欠貞明三年、四年諸色殘欠，五年、六年夏秋殘稅，[8]並放。侍衛親軍及諸道行營將士等第頒賜優賞，[9]已從別敕處分。左降官與量移，已經量移者與復資。長流人各移近地，已經移者許歸鄉里。前資朝官寄寓遠方，仰長吏津置赴闕。[10]內外文武常參官、節度使、留後、刺史，父母亡歿者並與封贈。[11]公私債負，納利及一倍已上者，不得利上生利。先經陣歿將校，各與追贈云。

以宣和庫使、守右領衛將軍李巖權知兗州軍州事。[12]丁亥，詔曰："郊禋大禮，[13]舊有渥恩；御殿改元，比無賞給。今則不循舊例，別示特恩。其行營將士賞賚已給付本家，宜令招討使霍彥威、[14]副招討使王彥章、陳州行營都指揮使張漢傑曉示諸軍知委。"

[1]時憲：依據天道建立法令。《尚書·說命中》："惟天聰明，惟聖時憲。"僞《孔安國傳》："憲，法也。言聖王法天以立教。"

[2]犬戎：戎人的一支。多指少數民族。此處指沙陀李存勗勢力。

[3]蟲蝗作沴：中華書局本有校勘記："'沴'，原作'疹'，據殿本改。"

[4]上玄：上天。

[5]薰風：指初夏的暖風。　今以薰風方扇：《輯本舊史》之影庫本粘籤：“方扇，原本作‘方羽’，今據文改正。”

[6]正陽：夏曆的四月。《左傳·莊公二十五年》：“唯正月之朔，慝未作。”晋·杜預注：“正月，夏之四月，周之六月，謂正陽之月。”

[7]德音：用以指帝王的詔書。唐、宋詔敕之外，別有德音一體，用於施惠寬恤之事，猶言恩詔。

[8]五年、六年夏秋殘稅：中華書局本有校勘記：“‘夏秋殘稅’，原作‘夏稅殘稅’，據劉本、彭本、《册府》卷四九一改。”見《宋本册府》卷四九一《邦計部·蠲復門三》龍德元年（921）五月丙戌條。

[9]侍衛親軍：後梁宮城守衛部隊。

[10]前資朝官：五代時朝代更替頻繁，凡前朝所授常參官官資稱前資朝官。　津置：資助路費。

[11]常參官：唐制，文官五品以上及兩省供奉官、監察御史、員外郎、太常博士，每日朝參，稱爲常參官。　封贈：皇帝賜予官員父母、祖先與妻室以爵位名號，存者稱封，已死稱贈。

[12]宣和庫使：官名。唐、五代內諸司使之一，掌內庫之宣和庫。　右領衛將軍：官名。即右領軍衛將軍。唐置，掌宮禁宿衛。唐代置十六衛，右領衛爲其一，掌宮禁侍衛。從三品。　李嚴：人名。後梁官員。本書僅此一見。

[13]郊禋（yīn）：在南郊圜丘舉行祭天禮。

[14]霍彥威：人名。洺州曲周（今河北曲周縣）人。後梁、後唐將領。傳見本書卷六四、《新五代史》卷四六。

是月，兗州節度使、充河東道行營都招討使劉鄩卒。[1]

[1]“是月”至“劉鄩卒”：《通鑑》卷二七一龍德元年（921）五月丁亥條：“鄩既敗歸，以疾請解兵柄，詔聽於西都就醫，密令留守張宗奭酖之，丁亥，卒。”

六月己亥，以都點檢諸司法物使、檢校司徒、行左驍衛大將軍李肅爲右威衛上將軍。[1]

[1]都點檢諸司法物使：官名。疑主管法物，即皇帝儀仗隊所用器物。　行左驍衛大將軍：官名。唐代置十六衛，左驍衛爲其一，掌宮禁宿衛。正三品。文散官高於職事官，稱行。　李肅：人名。籍貫不詳。五代將領。事見本書本卷、卷三四、卷四二、卷一〇九等。　右威衛上將軍：官名。唐代置十六衛，右威衛爲其一，掌宮禁宿衛。從二品。

秋七月，陳州朱友能降。庚子，詔曰：“朕君臨四海，子育兆民，唯持不黨之心，庶叶無私之運。其有齒予戚屬，雖深敦敘之情；干我國經，難固含弘之旨。[1]須遵常憲，以示至公。特進、檢校太傅、使持節陳州刺史、兼御史大夫、上柱國、食邑三千戶惠王友能，列爵爲王，頒條治郡，受元戎之寄任，[2]處千里之封疆。就進官資，已登崇貴，時加錫賚，以表優隆。宜切知恩，合思盡節，撫俗當申於仁政，佐時期効於忠規。而狃彼小人，納其邪説，忽稱兵而向闕，敢越境以殘民，侵犯郊畿，驚撓輦轂，[3]遠邇咸嫉，謀畫交陳。及興問罪之師，旋驗知非之狀，瀝懇繼陳於章表，束身願赴於闕庭，備述艱危，覬加寬恕。朕得不自爲屈己，姑務安仁，特施貸法之恩，蓋舉議親之律。詢於事體，抑有朝章，止行退責之文，用塞衆多之論。可降封房陵侯。於戲！君臣之體，彼有不恭；伯仲之恩，予垂立愛。顧兹輕典，豈稱羣情，凡在臣僚，當體朕意。"甲辰，制以特進、檢校太傅、衡王友諒可封嗣廣王。[4]

[1]敦敘：親厚，和睦。　國經：國家綱紀。　含弘：包容。
[2]元戎：統帥，主將。　寄任：託付重任。
[3]輦轂：皇帝的車輿。代指皇帝或京城。
[4]友諒：人名。即朱友諒。朱全昱之子，後梁太祖朱温之姪。後梁建國，初封衡王，後襲封廣王。傳見本書卷一二、《新五代史》卷一三。

　　冬十月，北面招討使戴思遠攻德勝寨之北城，晋人來援，思遠敗於戚城。[1]

[1]戴思遠：人名。籍貫不詳。後梁、後唐將領。傳見本書卷六四。　德勝寨：地名。原爲德勝渡，黃河重要渡口之一。位於今河南濮陽市。　北城：德勝沿黃河設城，河北岸爲北城，南岸爲南城。　戚城：地名。位於今河南濮陽市。

　　龍德二年春正月，戴思遠率師襲魏州。[1]時晋王方攻鎮州，故思遠乘虚以襲之，陷成安而還，思遠遂急攻德勝北城，[2]晋將李存審極力拒守。[3]

[1]魏州：州名。治所在今河北大名縣。
[2]成安：縣名。治所在今河北成安縣。　陷成安而還，思遠

遂急攻德勝北城：中華書局本有校勘記："'還'字原闕，據《冊府》卷二一七補。按《通鑑》卷二七一：'拔成安，大掠而還。'"見明本《冊府》卷二一七《閏位部·交侵門》、《通鑑》卷二七一龍德二年（922）二月條之追述。《冊府》誤作龍德元年。

　　[3]晋將李存審極力拒守：《輯本舊史》之影庫本粘籤："李存審，原本脱'存'字，今據文增入。"李存審之名即見上引《通鑑》卷二七一。

　　二月，晋王以兵至，思遠收軍而退，復保楊村。[1]

　　[1]楊村：地名。位於今河南濮陽市西南。　"二月"至"復保楊村"：明本《冊府》卷二一七《閏位部·交侵門》。《通鑑》卷二七一龍德二年（922）二月條："晋王聞德勝勢危，二月，自幽州赴之，五日至魏州。思遠聞之，燒營遁還楊村。"

　　八月，段凝、張朗攻衛州，下之，獲刺史李存儒以獻。[1]戴思遠又下淇門、共城、新鄉等三縣。[2]自是澶州之西、相州之南，[3]皆爲梁有，晋人失軍儲三分之一焉。

　　[1]張朗：人名。徐州蕭縣（今安徽蕭縣）人。五代後梁、後唐、後晋將領。傳見本書卷九〇。　衛州：州名。治所在今河南衛輝市。　李存儒：人名。籍貫不詳。李存勗部將。李存儒本俳優，李存勗以其有膂力，故用爲衛州刺史，既而誅斂無度，人皆怨之，故爲後梁所襲。事見本書本卷、卷二九。
　　[2]淇門：地名。位於今河南浚縣。　共城：縣名。治所在今河南輝縣市。　新鄉：縣名。治所在今河南新鄉市。
　　[3]澶州：州名。唐、五代初，治所在今河南清豐縣。後晋天福四年（939）移治於今河南濮陽市。　相州：州名。治所在今河

南安陽市。

龍德三年春三月，晋潞州節度留後李繼韜遣使以城歸順。[1]先是，繼韜父嗣昭爲潞州節度使，戰歿於鎮州城下，晋王欲以嗣昭長子繼儔襲父位。[2]繼韜在潞州，即執繼儔囚之，遣使來送款，仍以二幼子爲質。澤州刺史裴約不從繼韜之謀，帝命董璋爲澤州刺史，[3]令將兵攻之。

[1]潞州：州名。治所在今山西長治市。　李繼韜：人名。汾州（今山西汾陽市）人。李嗣昭之子。五代後唐將領。傳見本書卷五二、《新五代史》卷三六。

[2]繼儔：人名。即李繼儔。汾州（今山西汾陽市）人。李嗣昭之子，李繼韜之兄。事見本書卷五二、《新五代史》卷三六。

[3]澤州：州名。治所在今山西澤州縣。　裴約：人名。籍貫不詳。初爲潞州牙將，五代後唐將領。傳見本書卷五二、《新五代史》卷三二。　董璋：人名。籍貫不詳。五代後梁、後唐將領。傳見本書卷六二、《新五代史》卷五一。

夏四月己巳，晋王即唐帝位於魏州，改天祐二十年爲同光元年。[1]

[1]天祐：唐昭宗李曄開始使用的年號（904）。唐哀帝李柷即位後沿用（904—907）。唐亡後，河東李克用、李存勗仍稱天祐，沿用至天祐二十年（923）。五代其他政權亦有行此年號者，如南吴、吴越等，使用時間長短不等。　同光：後唐莊宗李存勗年號（923—926）。

閏月壬寅，唐軍襲鄆州，[1]陷之，巡檢使前陳州刺史劉遂嚴、[2]本州都指揮使燕顒奔歸京師，[3]皆斬於都市。

[1]鄆州：州名。治所在今山東東平縣。

[2]巡檢使：官名。五代始設巡檢，設於京師、陪都、重要的州及邊防重鎮。設於都城的稱京城巡檢使、都巡檢、都巡檢使。掌治安。　劉遂嚴：人名。籍貫不詳。五代後梁將領。本書僅此一見。

[3]都指揮使：官名。唐末、五代行軍統兵主帥。參見杜文玉《晚唐五代都指揮使考》，《學術界》1995年第1期。　燕顒：人名。籍貫不詳。後梁將領。本書僅此一見。

五月，以滑州節度使王彥章爲北面行營招討使。[1]辛酉，王彥章率舟師自楊村寨浮河而下，[2]斷德勝之浮梁，攻南城，下之，殺數千人。唐帝棄德勝之北城，併軍保楊劉。[3]己巳，王彥章、段凝圍楊劉城。

[1]滑州：州名。治所在今河南滑縣。

[2]王彥章率舟師自楊村寨浮河而下：《舊五代史考異》：“案：原本舟師訛‘州師’，今據《通鑑》改正。”《通鑑》卷二七二同光元年（即龍德三年，923）五月辛酉條載彥章具舟於楊村，乘流而下。又見《宋本冊府》卷三六九《將帥部·攻取門二》。

[3]楊劉：地名。唐宋時期黃河渡口。位於今山東東阿縣。

六月乙亥，唐帝引軍援楊劉，潛軍至博州，築壘於河東岸。[1]戊子，王彥章、杜晏球率兵急攻博州之新壘，[2]不克，遂退保于鄒家口。[3]

[1]博州：州名。治所在今山東聊城市。

[2]杜晏球：人名。又名王晏球。籍貫不詳。五代將領。傳見本書卷六四。　新壘：地名。位於今山東聊城市。

[3]鄒家口：地名。位於今山東東平縣西。此處與下文，中華書局本沿《輯本舊史》作"鄒口"。《通鑑》卷二七二同光元年（923）六月戊子條云"彥章解圍，退保鄒家口"。胡注："麻家口、馬家口、鄒家口，皆沿河津渡之口，亦因其土人所居之姓以爲地名。"據補。

秋七月丁未，唐帝引軍沿河而南，王彥章棄鄒家口復至楊劉。己未，自楊劉拔營退保楊村寨。八月，以段凝代王彥章爲北面行營招討使。戊子，段凝營於王村，引軍自高陵渡河，略臨河而還。[1]董璋攻澤州，下之。庚寅，唐帝軍於朝城，[2]先鋒將康延孝率百騎奔於唐，盡洩其軍機。[3]命滑州節度使王彥章率兵屯守鄆之東境。

[1]王村：地名。位於今河南濮陽市。《通鑑》卷二七二胡注："王村，亦因土人王氏聚居之地爲名。"　高陵：地名。即高陵津。黃河渡口。位於今河南濮陽市。《通鑑》卷二七二胡注："《新唐書·地理志》，澶州臨黃縣東南有盧津關，一名高陵津。"　略臨河而還：中華書局本有校勘記："'略'，原作'復'，據《冊府》卷二一七改。"見明本《冊府》卷二一七《閏位部·交侵門》。

[2]唐帝軍於朝城：中華書局本有校勘記："原作'胡城'，據本書卷二九《唐莊宗紀三》、《冊府》卷五七、卷一二六、《通鑑》卷二七二改。按《新唐書》卷三九《地理志三》，朝城屬河北道魏

州。”見《輯本舊史》卷二九《唐莊宗紀三》同光元年（923）八月庚寅條、《宋本冊府》卷五七《帝王部・英斷門》、明本《冊府》卷一二六《帝王部・納降門》，《通鑑》卷二七二同光元年八月庚寅條。

[3]康延孝：人名。代（今山西代縣）人。後梁、後唐將領。傳見本書卷七四、《新五代史》卷四四。 “先鋒將”至“盡洩其軍機”：明本《冊府》卷一二六、《通鑑》卷二七二均繫此事於同光元年八月戊戌條。

九月戊辰，彥章以衆渡汶，與唐軍遇於遞公鎮，[1]彥章不利，退保中都。[2]

[1]汶：河流名。即今山東大汶河。 遞公鎮：地名。又名遞坊鎮。在今山東東平縣南。中華書局本有校勘記：“原作‘遞防鎮’，據《通鑑》卷二七二《考異》引《薛史》、《大事記續編》卷七二引《舊史》改。《冊府》卷二〇、卷五七、卷二一七、卷四二五、卷四四三、《通鑑》卷二七二作‘遞坊鎮’，按《通鑑》卷二七二《考異》：‘《薛史》作“遞公鎮”，今從實録。’”見明本《冊府》卷二〇《帝王部・功業門二》、《宋本冊府》卷五七《帝王部・英斷門》、明本《冊府》卷二一七《閏位部・交侵門》、卷四二五《將帥部・死事門二》、卷四四三《將帥部・敗衄門三》、《通鑑》卷二七二同光元年（923）九月戊辰條。

[2]中都：縣名。治所在今山東汶上縣。

冬十月辛未朔，日有食之。甲戌，唐帝引師襲中都，王彥章兵潰，於是彥章與監軍張漢傑及趙廷隱、劉嗣彬、李知節、康文通、王山興等皆爲唐人所獲。[1]翌日，彥章死于任城。[2]帝聞中都之敗，唐軍長驅將至，遣張漢倫馳驛召段凝於河上，[3]漢倫墜馬傷足，復限水潦，不能進。時禁軍尚有四千人，朱珪請以拒唐軍，帝不從，登建國門召開封尹王瓚，謂之曰：“段凝未至，社稷繫卿方略。”[4]瓚即驅軍民登城爲備。或勸帝西奔洛陽，趙巖曰：“勢已如是，一下此樓，誰心可保。”乃止。俄報曰：“晋軍過曹州矣。”帝置傳國寶於臥內，俄失其所在，已爲左右所竊迎唐帝矣。帝召控鶴都將皇甫麟，[5]謂之曰：“吾與晋人世讎，不可俟彼刀鋸。卿可盡我命，無令落讎人之手。”麟不忍，帝曰：“卿不忍，將賣我耶！”麟舉刀將自刭，帝持之，因相對大慟。戊寅夕，麟進刃於建國樓之廊下，帝崩。[6]麟即時自刭。遲明，唐軍攻封丘門，[7]王瓚迎降。唐帝入宮，妃郭氏號泣迎拜。[8]初，許州獻綠毛龜，宮中造室以蓄之，命曰“龜堂”。帝嘗市珠於市，既而曰：“珠數足矣。”衆皆以爲不祥之言。帝末年改名“瑱”，“字一十一，十月一八日”，[9]果以一十一年至十月九日亡。唐帝初入東京，聞帝殂，憮然歎曰：“敵惠敵怨，不在後嗣。朕與梁主十年對壘，恨不生見其面。”[10]尋詔河南尹張全義收葬之，其首藏於太社。[11]晋天福二年五月，詔太社先藏唐朝罪人首級，許親屬及舊僚收葬。時右衛上將軍婁繼英請之，會繼英得罪，乃詔右衛上將軍安崇阮收葬焉。[12]《永樂大典》卷六千六百五。[13]

[1]監軍：官名。爲臨時差遣，代表朝廷協理軍務、督察將帥。五代時常以宦官爲監軍。　趙廷隱、劉嗣彬、李知節、康文通、王

山興：人名。籍貫不詳。五代後梁將領。事見本書本卷、卷三〇。

[2]任城：縣名。治所在今山東濟寧市。

[3]張漢倫：人名。清河（今河北清河縣）人。張漢傑之兄。後梁大臣。事見本書本卷、卷三〇。

[4]朱珪：人名。籍貫不詳。五代後梁將領，時爲後梁檢校太傅、匡國軍節度觀察留後、行營諸軍馬步都虞候。傳見本書附録。

建國門：宮城門。爲開封皇城南門。　王瓚：人名。太原祁（今山西祁縣）人。唐河中節度使王重盈之子。後梁將領，官至開封尹。傳見本書卷五九。

[5]控鶴都將：控鶴軍統兵官。控鶴爲部隊番號，後梁侍衛親軍之一。　皇甫麟：人名。籍貫不詳。後梁將領。事見本書本卷、卷三〇。《舊五代史考異》：“案：《通鑑考異》引《莊宗實録》作皇甫鏻，《歐陽史》從《薛史》作‘麟’。”《通鑑》從《薛史》見卷二七二同光元年（923）十月條。

[6]建國樓：五代後梁都城開封宮城正南門樓。位於今河南開封市。　帝崩：《舊五代史考異》：“案《五代會要》：末帝年三十六。”見《會要》卷一帝號條。

[7]封丘門：城門名。位於今河南開封市。

[8]妃郭氏：梁末帝朱友貞之妃。籍貫不詳。傳見《新五代史》卷一三。

[9]帝末年改名“瑱”，“字一十一，十月一八日”：《舊五代史考異》：“案：此句疑有脱衍，蓋當時傅會者析‘王’字爲‘一十一’，析‘真’字爲‘十月一八’也。《册府元龜》作‘或解云“瑱”字“一十一，十月一八”’，知此句‘日’字因下文有‘日’字而衍，今姑仍其舊。”對《舊五代史考異》所引之“《册府元龜》作‘或解云“瑱”字“一十一”’”，中華書局本有校勘記：“‘瑱’，原作‘瑱’，據殿本、劉本、彭校及本卷正文改。《册府》（宋本）卷一八二作‘瑱’‘瑱’不一。”

[10]恨不生見其面：《通鑑》卷二七二同光元年十月己卯條

《考異》引《實錄》作"恨不生識其面"。

[11]太社：皇帝爲祈福、報功而設立的祭祀土神、穀神的場所。　尋詔河南尹張全義收葬之，其首藏於太社：《舊五代史考異》："案《通鑑·後唐紀》：辛巳，詔王瓚收朱友貞尸，殯于佛寺，漆其首函之，藏于太社。《薛史》作張全義，當別有據。"見《通鑑》卷二七二同光元年十月辛巳條。

[12]天福：五代後晋高祖石敬瑭年號（936—942）。出帝石重貴沿用至九年（944）。後漢高祖劉知遠繼位後沿用一年，稱天福十二年（947）。　婁繼英：人名。籍貫不詳。五代後梁、後唐、後晋將領。傳見《新五代史》卷五一。　安崇阮：人名。一作安重阮。潞州上黨（今山西長治市）人。唐、五代將領。傳見本書卷九〇。

乃詔右衛上將軍安崇阮收葬焉："右"，中華書局本沿《輯本舊史》原作"左"，並有校勘記："'左'，《新五代史》卷一三《梁家人傳》、《通鑑》卷二八一作'右'。按本書卷七六《晋高祖紀二》：'（天福二年九月）以右龍武統軍安崇阮爲右衛上將軍。'"但未改。現據上述諸書改。

[13]《大典》卷六六〇五"梁"字韻"末帝（一）"事目。

史臣曰：末帝仁而無武，明不照姦，上無積德之基可乘，下有弄權之臣爲輔，卒使勁敵奄至，大運俄終。雖天命之有歸，亦人謀之所誤也。惜哉！《永樂大典》卷六千六百五。

舊五代史　卷一一

梁書十一

后妃列傳第一[1]

[1]《輯本舊史》之原輯者案語："《梁后妃傳》,《永樂大典》闕全篇,其散見者僅得四條。今採《北夢瑣言》《五代會要》諸書分注於下,以存當日之事蹟。"

文惠王太后

文惠皇太后王氏,開平初追謚,[1]梁太祖母,單州單父人也。[2]其生三子:長曰廣王全昱,次曰朗王存,其次太祖。[3]

[1]開平:後梁太祖朱溫年號(907—911)。　文惠皇太后王氏,開平初追謚:《大典》卷一三三五二"謚"字韻"歷代皇后謚(一)"事目。

[2]梁太祖:即後梁太祖朱溫。紀見本書卷一至卷七、《新五代史》卷一至卷二。　單州:州名。治所在今山東單縣。　單父:縣名。治所在今山東單縣。

[3]廣王全昱：人名。即朱全昱。朱温的兄長。傳見本書卷一二、《新五代史》卷一三。 朗王存：人名。即朱存。朱温的兄長。傳見《新五代史》卷一三。 "梁太祖母"至"其次太祖"：《新五代史》卷一三《文惠皇后王氏傳》。

梁祖家世爲儒，祖信，父誠，皆以教授爲業。[1]誠蚤卒，有三子俱幼。母王氏，携養寄於同縣人劉崇家。[2]昆弟之中，唯温狡猾無行。崇母撫養之，崇弟兄嘗加譴杖。一日，偷崇家釜而竄，爲崇追回，崇母遮護，以免撲責。善逐走鹿，往往及而獲之。[3]

[1]信：人名。即朱信。朱温的祖父。事見本書卷一。 誠：人名。即朱誠。朱温的父親。事見本書卷一。
[2]劉崇：人名。單州單父（今山東單縣）人。事見本書卷一、本卷。
[3]"梁祖家世爲儒"至"往往及而獲之"：《北夢瑣言》卷一七梁祖爲傭保條。《輯本舊史》本傳引之爲注文。"崇弟兄嘗加譴杖"，《輯本舊史》注引《北夢瑣言》"弟兄"作"兄弟"，意同。《新五代史》卷一三《文惠皇后王氏傳》："太祖壯而無賴，縣中皆厭苦之。崇患太祖惰墮不作業，數加笞責，獨崇母憐之，時時自爲櫛沐，戒家人曰：'朱三非常人也，宜善遇之！'"

又崇母常見其有龍蛇之異。它日，與仲兄存入黃巢中作賊，[1]伯兄昱與母王氏尚依劉家。温既辭去，不知存亡。及温領鎮於汴，[2]盛飾輿馬，使人迎母於崇家。王氏皇恐，辭避深藏，不之信，謂人曰："朱三落拓無行，何處作賊送死，焉能自致富貴？汴帥非吾子也。"

使者具陳離鄉去里之由，歸國立功之事，王氏方泣而信。是日，與崇母並迎歸汴，溫盛禮郊迎，人士改觀。崇以舊恩，位至列卿，爲商州刺史。[3]王氏以溫貴，封晉國太夫人。[4]

[1]黄巢：人名。曹州冤句（今山東菏澤市）人。唐末農民起義領袖。傳見《舊唐書》卷二〇〇下、《新唐書》卷二二五下。

[2]汴：州名。治所在今河南開封市。

[3]商州：州名。治所在今陝西商洛市商州區。　刺史：官名。漢武帝始置。州一級行政長官。總掌考核官吏、勸課農桑、地方教化等事。唐中期以後，節度、觀察使轄州而設，刺史爲其屬官，職任漸輕。從三品至正四品下。

[4]"又崇母常見其有龍蛇之異"至"封晉國太夫人"：《北夢瑣言》卷一七梁祖爲傭保條。《新五代史》卷一三《文惠皇后王氏傳》："黄巢起，太祖與存俱亡爲盗，從黄巢攻廣州，存戰死。"

仲兄存於賊中爲矢石所中而卒。溫致酒於母，歡甚，語及家事，謂母曰："朱五經辛苦業儒，不登一命，今有子爲節度使，無忝先人矣。"母不懌，良久，謂溫曰："汝致身及此，信謂英特，行義未必如先人。朱二與汝同入賊軍，身死蠻徼，孤男稚女，艱食無告。汝未有恤孤之心，英特即有，諸無取也。"溫垂涕謝罪，即令召諸兄子皆至汴，友寧、友倫皆立軍功，[1]位至方鎮。[2]

[1]友寧：人名。即朱友寧。朱溫之姪，唐末、五代將領。傳見本書卷一二、《新五代史》卷一三。　友倫：人名。即朱友倫。

朱溫之侄。傳見本書卷一二、《新五代史》卷一三。

[2]“仲兄存於賊中爲矢石所中而卒”至“位至方鎮”：《北夢瑣言》卷一七梁祖爲傭保條。

太祖性孝愿，奉太后未嘗小失色，朝夕視膳，爲士君子之規範。帝嚴察用法，無纖毫假貸，太后言之，帝頗爲省刑。[1]

[1]“太祖性孝愿”至“帝頗爲省刑”：《大典》卷一七一七〇“孝”字韻“帝王之孝（一）”事目。“帝頗爲省刑”，《宋本册府》卷一八九《閏位部·孝德門》作“常頗爲省刑”。《新五代史》卷一三《文惠皇后王氏傳》：“太祖剛暴多殺戮，后每誡之，多賴以全活。”

大順二年秋，[1]后疾，卜者曰：“宜還故鄉。”乃歸。卒於午溝。[2]太祖即位，立四廟，追尊皇考爲穆皇帝，后曰文惠皇后。[3]

[1]大順：唐昭宗李曄年號（890—891）。

[2]午溝：地名。位於今安徽碭山縣。

[3]“大順二年秋”至“后曰文惠皇后”：《新五代史》卷一三《文惠皇后王氏傳》。《新五代史》卷二《梁太祖紀下》開平元年（907）七月己亥條：追尊“妣王氏謚曰文惠”。《通鑑》卷二六六繫此事於開平元年四月辛未。《宋本册府》卷一八九《閏位部·奉先門》繫於開平元年四月，不書日。

元貞張皇后

元貞皇后張氏，乾化中追謚。[1]碭山富室女，父蕤，曾爲宋州刺史。[2]溫時聞張有姿色，私心傾慕，有麗華之歎。[3]及溫在同州，[4]得張於兵間，因以婦禮納之。溫以其宿款，深加敬異。[5]生末帝。[6]太祖貴，封魏國夫人。[7]

[1]乾化：後梁太祖朱溫年號（911—912），末帝沿用（913—915）。　元貞皇后張氏，乾化中追謚：《大典》卷一三三五二"謚"字韻"歷代皇后謚（一）"事目。

[2]碭（dàng）山：縣名。治所在今安徽碭山縣。　蕤：人名。即張蕤。碭山人，張皇后之父。本書僅此一見。　宋州：州名。治所在今河南商丘市睢陽區。

[3]麗華：人名。即張麗華。籍貫不詳。陳後主陳叔寶之貴妃。傳見《陳書》卷七。

[4]同州：州名。治所在今陝西大荔縣。

[5]"碭山富室女"至"深加敬異"：《北夢瑣言》卷一七梁祖張夫人條。"碭山富室女"，《新五代史》卷一三《元貞皇后張氏傳》作"單州碭山縣渠亭里富家子"。"敬異"，《輯本舊史》卷一一引《北夢瑣言》作"禮異"。

[6]末帝：即朱友貞。後梁皇帝，913年至923年在位。乾化三年（913）發動政變，誅殺朱友珪，即皇帝位。後唐軍渡河進逼開封，末帝勢窮自殺。後梁遂亡。紀見本書卷八至卷一〇、《新五代史》卷三。

[7]"生末帝"至"封魏國夫人"：《新五代史》卷一三《元貞皇后張氏傳》。

張賢明有禮，溫雖虎狼其心，亦所景伏。每謀軍國計，必先延訪，或已出師，中途有所不可，張氏一介請旋，如期而至。其信重如此。[1]太祖時時暴怒殺戮，后嘗救護，人賴以獲全。[2]

[1]"張賢明有禮"至"其信重如此"：《北夢瑣言》卷一七梁祖張夫人條。"每謀軍國計"，《輯本舊史》卷一一一引《北夢瑣言》作"每軍謀國計"。

[2]"太祖時時暴怒殺戮"至"人賴以獲全"：《新五代史》卷一三《元貞皇后張氏傳》。

郴王友裕攻徐州，破朱瑾於石佛山，[1]瑾走，友裕不追，太祖大怒，奪其兵。友裕惶恐，與數騎亡山中，久之，自匿於廣王。后陰使人教友裕脱身自歸，友裕晨馳入見太祖，拜伏庭中，泣涕請死，太祖怒甚，使左右捽出，將斬之。后聞之，不及履，走庭中持友裕泣曰："汝束身歸罪，豈不欲明非反乎?"太祖意解，乃免。[2]

[1]郴王友裕：人名。即朱友裕。朱温長子。傳見本書卷一二、《新五代史》卷一三。　徐州：州名。治所在今江蘇徐州市。　朱瑾：人名。宋州下邑（今河南夏邑縣）人。朱瑄之弟。唐末將領。傳見《舊唐書》卷一八二、本書卷一三、《新五代史》卷四二。石佛山：山名。即今江蘇徐州市南雲龍山。其東南嶺有大石佛，故名。

[2]"郴王友裕攻徐州"至"乃免"：《新五代史》卷一三《元貞皇后張氏傳》。《通鑑》卷二五九景福二年（893）二月條："（友裕）以二千騎逃入山中。"胡注："《薛史·元貞張后傳》作

‘二十騎’，《朱友裕傳》作‘數騎’。二千騎太多，當以二十騎爲是。”則原本《舊五代史·元貞皇后張氏傳》確有此事。

初收兗、鄆，[1]得朱瑾妻，溫告之云：“彼既無依，寓於輜車。”張氏遣人召之，瑾妻再拜，張氏答拜泣下，謂之曰：“兗、鄆與司空，同姓之國，昆仲之間，以小故尋干戈，致吾姒如此。設不幸汴州失守，妾亦似吾姒之今日也。”又泣下，乃度爲尼，張恒給其費。[2]司空，太祖時檢校官也。[3]

[1]兗：州名。治所在今山東濟寧市兗州區。　鄆：州名。治所在今山東東平縣。

[2]“初收兗、鄆”至“張恒給其費”：《北夢瑣言》卷一七梁祖張夫人條。“乃度爲尼”，《新五代史》卷一三《元貞皇后張氏傳》作“太祖爲之感動，乃送瑾妻爲尼”。

[3]檢校司空：官名。爲散官或加官，加此官以示恩寵，無實際職掌。司空，與太尉、司徒並爲三公。　司空太祖時檢校官也：《新五代史》卷一三《元貞皇后張氏傳》。

天祐元年，[1]后以疾卒。太祖即位，追册爲賢妃。初葬開封縣潤色鄉。[2]末帝立，追謚曰元貞皇后，[3]祔于宣陵。[4]

[1]天祐元年：中華書局本《新五代史》校勘記：“宗文本作‘天復元年’。《通鑑》卷二六二：‘（天復元年）全忠聞張夫人疾亟，遽自河中東歸。’吳蘭庭《纂誤補》卷二以爲張氏當卒於此時。”見《通鑑》卷二六二天復元年（902）二月戊辰條。

[2]開封縣：縣名。治所在今河南開封市祥符區。

[3]追謚曰元貞皇后：原作“追謚曰元貞皇太后”，中華書局本《新五代史》校勘記：“‘皇太后’，《五代會要》卷一作‘皇后’。錢大昕《考異》卷六二謂‘太’字衍。”見《會要》卷一皇后條，繫於乾化二年（912）十一月二十三日。按，《新五代史》卷一三《文惠皇后王氏傳》云：“追尊皇考爲文穆皇帝，后曰文惠皇后。”無“太”字，錢説是，據此刪。

[4]宣陵：朱溫的陵墓，位於今河南伊川縣東十公里常嶺村北的高臺地上。　“天祐元年”至“祔于宣陵”：《新五代史》卷一三《元貞皇后張氏傳》。

　　張既卒，繼寵者非人。及僭號後，大縱朋淫，骨肉聚麀，帷薄荒穢，以致友珪之禍，起於婦人。始能以柔婉之德，制豺虎之心，如張氏者，不亦賢乎？[1]

[1]“張既卒”至“不亦賢乎”：《北夢瑣言》卷一七梁祖張夫人條。《輯本舊史》之原輯者案語：“《五代會要》所載，內職有梁太祖昭儀陳氏、昭容李氏，《歐陽史》並見《家人傳》。”見《會要》卷一內職條、《新五代史》卷一三《昭儀陳氏、昭容李氏傳》。

張德妃

　　末帝德妃張氏，[1]其父歸霸，[2]事太祖爲梁功臣。帝爲王時，以婦聘之。帝即位，將册妃爲后，妃請待帝郊天，[3]而帝卒不得郊。貞明元年，妃病甚，帝遽册爲德妃，其夕薨，年二十四。[4]

[1]末帝德妃張氏：《大典》卷一二六六"妃"字韻"德妃"事目。《輯本舊史》之原輯者案語："《五代會要》：少帝妃張氏，乾化五年九月二十四日册爲德妃，其夕薨。又案《歐陽史·次妃郭氏傳》云：晋天福三年，詔太社先藏罪人首級，許親屬收葬，乃出末帝首，遣右衛將軍安崇阮與妃同葬之。妃卒洛陽。龐元英《文昌雜録》云：梁均王，晋天福中始葬，故妃張氏獨存。考功員外商鵬爲誌文曰：'七月有期，不見望陵之妾；九疑無色，空餘泣竹之妃。'今案：末帝德妃張氏早薨，後與末帝同葬，而次妃郭氏，天福中尚存。《歐陽史》不明言同葬者爲何妃，《文昌雜録》誤以尚存者爲故妃張氏，蓋傳聞之失實也。今《薛史·梁后妃傳》雖闕，參考《梁末帝紀》及《晋高祖紀》，定爲德妃張氏同葬云。又案：《五代史》無《外戚傳》。《五代會要》云：梁太祖長女安陽公主，降羅廷規，開平三年八月追封。長樂公主，降趙巖，開平元年五月十一日封。普寧公主，降昭祚王氏，開平元年五月十一日封。金華公主，開平二年十月封。真寧公主，乾化三年十月五日封。少帝長女壽春公主，乾化三年四月五日封。第二女壽昌公主，貞明元年九月二十三日封。今考《通鑑考異》引《梁功臣列傳》云：羅廷規尚安陽公主，又尚金華公主。《薛史·羅紹威傳》亦載開平四年，詔金華公主出家爲尼。是金華公主實歸羅氏，而《五代會要》不載，亦闕文也。"

[2]歸霸：人名。即張歸霸。清河（今河北清河縣）人。唐末、五代將領。傳見本書卷一六、《新五代史》卷二二。

[3]郊天：又稱南郊。指南面郊區之祭天場所（圜丘），亦指祭天之禮。古人用"郊""南郊""有事於南郊"指代在南郊之圜丘舉行的郊天典禮。

[4]貞明：後梁末帝朱友貞年號（915—921）。　貞明元年：中華書局本《新五代史》原作"貞明五年"，有校勘記："本卷下文《康王友孜傳》、《舊五代史》卷八《梁末帝紀一》、《通鑑》卷二八九皆繫其事於貞明元年。《五代會要》卷一：'少帝妃張氏，乾化五年九月二十四日册爲德妃，其夕薨。'按乾化五年即貞明元年。"但

未改，今據改。　　"其父歸霸"至"年二十四"：《新五代史》卷一三《德妃張氏傳》。

郭次妃

次妃郭氏，父歸厚，事梁爲登州刺史。[1]妃少以色進，梁亡，唐莊宗入汴，梁故妃妾，皆號泣迎拜。[2]賀王友雍妃石氏有色，[3]莊宗召之，石氏慢罵，莊宗殺之。次以召妃，妃懼而聽命。已而度爲尼，賜名誓正，[4]居于洛陽。初，莊宗之入汴也，末帝登建國樓，謂控鶴指揮使皇甫麟曰："晉，吾世讎也，不可俟彼刀鋸，卿可盡我命，無使我落讎人之手！"[5]麟與帝相持慟哭。是夕，進刃於帝，麟亦自剄。莊宗入汴，命河南張全義葬其尸，藏其首於太社。[6]晉天福三年，[7]詔太社先藏罪人首級，許親屬收葬，乃出末帝首，遣右衛將軍安崇阮與妃同葬之。[8]妃卒洛陽。[9]

[1]歸厚：人名。即郭歸厚。籍貫不詳。本書僅此一見。　登州：州名。治所在今山東蓬萊市。
[2]唐莊宗：即李存勗。代北沙陀部人。後唐開國皇帝。紀見本書卷二七至卷三四、《新五代史》卷四至卷五。　汴：中華書局本《新五代史》校勘記："'汴'宗文本作'宫'。"
[3]賀王友雍：人名。即朱友雍。朱溫之子。傳見本書卷一二。
[4]賜名誓正：中華書局本《新五代史》校勘記："錢大昕《考異》卷六二：'"誓"當作"晉"，即"辯"字，六朝俗體，所謂巧言爲辯也。'"
[5]建國樓：後梁都城開封宫城正南門樓，位於今河南開封市。

控鶴指揮使：官名。控鶴軍統兵官，分左右。控鶴爲禁軍番號，主要職責爲防守宮城。　皇甫麟：人名。籍貫不詳。五代後梁將領。事見本書卷一〇、卷三〇。　晋，吾世讎也：中華書局本《新五代史》校勘記："原作'吾晋世讎也'，據宋甲本、宗文本改；'晋天福三年'，《舊五代史》卷一〇《梁末帝紀下》、卷七六《晋高祖紀二》、《通鑑》卷二八一、《册府》卷四二皆繫其事於天福二年。"

[6]張全義：人名。濮州臨濮（今山東鄄城縣）人。唐末將領，後降於諸葛爽。傳見本書卷六三、《新五代史》卷四五。　太社：皇帝爲祈福、報功而設立的祭祀土神、穀神的場所。

[7]天福：五代後晋高祖石敬瑭年號（936—942）。出帝石重貴沿用至九年（944）。後漢高祖劉知遠繼位後沿用一年，稱天福十二年（947）。

[8]遣右衛將軍安崇阮與妃同葬之：龐元英《文昌雜録》卷六："梁均王，晋天福中始葬。故妃張氏獨存，考功員外商鵬爲誌文曰：'七月有期，不見望陵之妾；九疑無色，空餘泣竹之妃。'"據《輯本舊史》卷一一《末帝德妃張氏傳》之原輯者案語，與末帝同葬者乃張德妃，而次妃郭氏天福中尚存。則此商鵬之誌文當屬郭氏。右衛將軍，官名。本書卷九〇《安崇阮傳》記安崇阮以右衛上將軍致仕，疑此處脱"上"字。右衛上將軍，官名。唐置，掌宮禁宿衛。唐代置十六衛，即左右衛、左右驍衛、左右武衛、左右威衛、左右領軍衛、左右金吾衛、左右監門衛、左右千牛衛，各置上將軍，從二品；大將軍，正三品；將軍，從三品。安崇阮，人名。一作"安重阮"。潞州上黨（今山西長治市）人。唐代將領。傳見本書卷九〇。

[9]"次妃郭氏"至"妃卒洛陽"：《新五代史》卷一三《次妃郭氏傳》。